本书系苏州市哲学社会科学基金重点项目——"城镇化进程中的乡村治理研究"的最终研究成果

一个苏南乡村的治理之道

——张家港永联村调查

高峰　马德峰　王俊敏　著

苏州大学出版社

图书在版编目(CIP)数据

一个苏南乡村的治理之道:张家港永联村调查/高峰,马德峰,王俊敏著. —苏州:苏州大学出版社,2018.8
ISBN 978-7-5672-2355-4

Ⅰ.①—… Ⅱ.①高… ②马… ③王… Ⅲ.①农村-群众自治-调查研究-张家港 Ⅳ.①D638

中国版本图书馆 CIP 数据核字(2018)第 131410 号

书　　名:	一个苏南乡村的治理之道 ——张家港永联村调查
著　　者:	高　峰　马德峰　王俊敏
责任编辑:	周建国
装帧设计:	吴　钰
出版发行:	苏州大学出版社(Soochow University Press)
社　　址:	苏州市十梓街1号　邮编:215006
印　　装:	宜兴市盛世文化印刷有限公司
网　　址:	www.sudapress.com
邮购热线:	0512-67480030
销售热线:	0512-65225020
开　　本:	700mm×1000mm　1/16　印张:15　字数:254千
版　　次:	2018年8月第1版
印　　次:	2018年8月第1次印刷
书　　号:	ISBN 978-7-5672-2355-4
定　　价:	45.00元

凡购本社图书发现印装错误,请与本社联系调换。服务热线:0512-65225020

序言

　　工业化、城镇化作为现代化经济的主要表征，大大改变了传统社会的形貌。自2011年中国城镇人口占总人口比重达到51.27%开始，可以说城镇社会已经成为中国社会的主导形态，乡土中国正在快速转变为城镇中国。截至2017年年底，中国城镇化率已达58.52%。然而，由于幅员辽阔，人口总量巨大，所以中国目前乡村人口的绝对规模依然庞大，乡村社会依然在变迁的过程中以多种形式广泛存在，并作为社会运行的基础对整个社会体系的运行和发展产生重要影响。乡村社会没有（实际上也不可能、不应该）退出人们视野，乡村社会研究并非是可有可无的领域，而应该成为社会学中国化和乡村振兴的重要支撑。

　　历史地看，乡村治理由来已久。在不同历史时期、不同的体制环境下为了应对不同的治理需求，也存在着有差别的治理模式。特别是在近代市场化、工业化、城镇化的浪潮下，一些乡村的衰败乃至解体导致了诸多社会问题，向人们提出了严峻的乡村治理问题。中华人民共和国成立以前，由于整体性的社会困境，一些改良形式的乡村治理或建设均收效甚微，甚至不可避免地走向失败。直到中华人民共和国成立，在彻底改造整个社会基础结构，确立社会主义制度之后，我国的乡村治理才迈进了新时期。但是，日益僵化的计划经济体制也造成了乡村治理的一些困境，最为突出的就是乡村发展迟缓，贫困现象严重。改革开放以来，乡村治理发展很快，人民生活在整体上得到显著改善。农村土地制度改革、村民自治制度确立以及劳动就业的市场化、乡村社会的非农化、信息技术的快速发展和城乡发展的不均衡等，日益凸显了乡村发展与治理之间的矛盾，使得乡村治理面临着新形势、新问题、新挑战，迫切需要开展创新性研究。

党的十九大报告提出实施乡村振兴战略，明确了坚持农业农村优先发展，实现产业兴旺、生态宜居、乡风文明、治理有效、生活富裕的总要求，强调加强农村基层基础工作，健全自治、法治、德治相结合的乡村治理体系。这为新时代的乡村治理提供了新背景，也提出了新任务。乡村治理如何与时俱进、转型升级，就成为当前理论和实践的重大议题。如何加强国家顶层设计与基层自觉行动相结合，如何重视市场经济元素作用的发挥，重视乡村自身的基础结构和潜能挖掘，并将落脚点定位在经济共同体、利益共同体和家园共同体的社区建设上，开创乡村社会治理新局面，推动乡村社会新发展，这些都是值得深入思考和研究的问题。苏州大学高峰教授的研究团队受有关部门委托和领导，在深入调研基础上完成的《一个苏南乡村的治理之道：张家港永联村调查》，正是在这方面的有益探索，尤其是其聚焦于乡村治理与乡村发展的关联，更加凸显了课题的普遍意义。

该书作者将苏南经济发达地区永联村的治理实践作为研究对象，以个案分析的方式，通过实地走访和观察，广泛收集资料，试图探索中国社会转型背景下的乡村发展历程和治理之道。全书按照治理领域进行架构和安排，主要就村庄政治、集体经济、社会事务、社区文化、生态环境、基层政府服务供给等内容予以展开描述，展示了永联村所走过的工业化引领，带动城镇化，进而推动农业和农村现代化的发展道路。其中，把十多年来村民实现集中居住，村庄体量变大，成为超级村庄这一阶段作为重点，围绕村民的需求转变和乡村治理面临的各种难题，在认真进行"把脉"会诊的基础上，梳理归纳出一些乡村治理的"良方"对策，并分别从政府、"乡能"、村庄自组织、村制民约四个方面，总结提炼出永联村发展和治理协同背后的"机理"，即基层政府是乡村治理获得稳定的资源供给与制度供给的保障；乡村精英运用周边资源和个人魅力，成为乡村治理格局的规划者和执行者；村庄自组织的发展，能有效促进乡村社会的整合协调；乡村制度规范的建设，规定了村庄治理行为的维度，发挥着约束与激励的作用……探索永联村发展和治理的协同演进之理，正是该书作者的努力目标，相信他们的努力也会给予读者以启示。

当然，该书也有值得讨论和进一步完善的地方。以治理领域作为基本框架，一定程度上遮蔽了对治理主体、治理方式和其他治理要素的研究。在表达方式上，总体叙述比较丰富和具体，融分析于叙述方面还可以进一步强化。更好地处理诸如此类的关系，有助于推动研究的深入，贡献更好的成果。无论如何，关注新时代的乡村治理，促进发展与治理的协同演进，不断满足人民日益增长的对美好生活的需要，这一方向是值得充分肯定的。我们期待在作者与读者的深入互动中，不断加强该领域的研究，促进更多更好的治理实践，共同推进乡村振兴战略的落实，开创中国城乡关系的新未来，同时也贡献于新时代中国社会学的发展。

洪大用 教授

（中国人民大学副校长、中国社会学会副会长）

目录

- 第一章　导　论 1
  - 第一节　研究背景 1
  - 第二节　研究视角 3
  - 第三节　研究设计 7
- 第二章　发展历程与治理演变 15
  - 第一节　村庄发育——村政联治 15
  - 第二节　村庄工业化——村企合治 27
  - 第三节　村庄城镇化——多元共治 34
- 第三章　集体经济 44
  - 第一节　集体经济组织 44
  - 第二节　集体资产的确权和经营 54
  - 第三节　集体经济利益分配办法 69
  - 第四节　信任与监督 73
- 第四章　公共管理与公共服务 80
  - 第一节　现实诉求与政府职能转型 81
  - 第二节　乡村合作共治的实践探索 85
  - 第三节　实践价值与未来走向 96
- 第五章　社会事务 102
  - 第一节　社会事务的"问题"扫描 102
  - 第二节　社会事务的治理 106
  - 第三节　社会事务面临的治理挑战 125

- **第六章　社区文化** ············· 129
  - 第一节　社区文化导入 ············· 129
  - 第二节　社区文化供给及其运作探索 ············· 133
  - 第三节　社区文化治理的困境及应对 ············· 155
- **第七章　村庄政治** ············· 159
  - 第一节　革命话语下的永联村政 ············· 159
  - 第二节　改革浪潮下的永联村政 ············· 162
  - 第三节　工业涌动下的永联村政 ············· 167
  - 第四节　民主实践中的永联村政 ············· 170
- **第八章　美丽村镇** ············· 179
  - 第一节　人地关系演进与区域功能规划 ············· 179
  - 第二节　清洁工业：永钢 ············· 183
  - 第三节　生态农业：永联现代农林基地 ············· 193
  - 第四节　绿色居住：永联小镇 ············· 207
- **第九章　结论与讨论** ············· 213
  - 第一节　乡村治理中的国家 ············· 214
  - 第二节　乡村治理中的"乡能" ············· 217
  - 第三节　乡村治理中的组织 ············· 220
  - 第四节　乡村治理中的制度与规范 ············· 224

后记 ············· 230

第一章　导　论

第一节　研究背景

法国社会学家孟德拉斯（Henri Mendras）在其经典著作《农民的终结》一书中指出，"10 亿~20 亿农民站在工业文明的入口处，这就是在 20 世纪下半叶当今世界向社会科学提出的主要问题……较之工业的高速增长，农业的缓慢发展可以给人一种安全稳定、千年平衡的印象，与工业的狂热相对照，农民的明哲适度似乎是永恒：城市和工业吸引着所有的能量，但乡村始终哺育着恬静美满、安全永恒的田园牧歌式幻梦，而工业化和城市化的铁律打破了原有的平衡，震撼和改变了整个社会结构"①。D. 哈列维将这种转变定性为"历史的加速"，为了把变化导入社会体系的自身运转，社会的整体配置被根本改变，一种静态的或几乎静态的平衡被一种动态的平衡所取代，从而造成连续的不平衡。剧烈的转变常常会导致乡村人口的大量外流，城市数量和城市居住人口的比例不断增加，乡村社会出现衰落解体，传统意义上的"小农"走向终结。

当然，上述转变似乎还有另外一种可能，就是乡村生活的城市化，走向集镇社区发展之路，即改变农民旧有生产和生活方式，转变乡村社会的经济社会结构，使农民变为居民，从传统人过渡到现代人，通过就地转型的方式推动当地城镇化发展，城乡之间差别趋于消失。英国学者埃比尼泽·霍华德（Ebenezer Howard）在《明日的田园城市》中指出："城市和乡村都各有其优点和相应缺点，而城市—乡村则避免了二者的缺点。"② 比较而言，后一种

---

① 孟德拉斯. 农民的终结 [M]. 李培林, 译. 北京：中国社会科学出版社, 1991：1-6.
② 埃比尼泽·霍华德. 明日的田园城市 [M]. 金经元, 译. 北京：商务印书馆, 2006：17.

转变可能更加符合农村人口比重过高的东方社会国家。中国是传统的农业大国,农业人口占到全部人口的70%左右,农业在整个国民经济中居于基础地位,这使得国家无论怎么推进城市化,现有城市无法吸纳众多乡村剩余劳动力,今后几十年内仍然会有数以亿计的人口生活在农村,故亟须转化思维将农村建设好,全面进入小康社会和基本实现现代化,让生活在乡村的农民享受城市市民的待遇,过上类似城市的便利生活。在中国珠三角和长三角等经济发达地区,这种转变已在加速进行。其典型例子之一就是苏南地区兴起并推行的"三集中"措施。

21世纪初,苏南地区富裕乡镇开始出现小规模的"农民集中居住"试验。由于苏南地区正处工业化的高速发展阶段,大量中青年农民进城务工或经商,自然村落人口数量减少,变成所谓的"空心村"。当地基层政府便尝试把一些人口较少的自然村落撤并,集中到人口大村,或者集中建设一批公寓型居住小区,辅以相应基础设施配套。此举改变了农村"垃圾靠风刮,污水靠蒸发"和"屋内现代化,屋外脏乱差"的居住环境,提高了农民的生活质量。伴随着居住向社区集中,工业也开始向园区集中,原本分散的中小企业,特别是乡镇企业逐步集中到经济园区,形成具有一定规模的和分工协作的产业基地,这大大降低了企业基础设施的建设成本以及原材料和产成品的物流成本支出,还减少了工业生产与农村发展的摩擦,有利于实现工业发展的规模效应和聚集效应,推动企业的发展壮大。与此同时,农业也向规模集中,原来分散的土地集中起来,走向规模化、集约化经营之路,形成"一村一品、一镇一业"的特色经济。它有利于进一步增强农业的生态、生活、增收三大功能,有利于转变农业的增长方式,拉长农业产业链、提高附加值,有利于提高农业生产经营的市场化程度,从而全面拓展农业发展空间、提高农业的可持续发展能力。

集中整治之后的苏南乡村村落,空间外观布局有了显著的优化提升,更为重要的是其内部体系和功能特性也发生了不易察觉的变化,传统的熟人社会演变成"半熟人社会"。学者贺雪峰对此有一精辟的概括:"在半熟人社会中,村民之间已由熟识变为认识,由意见总是一致变为总有少数反对派存在,由自然生出规矩和信用到相互商议达到契约或规章;由舆论压力到制度压力;由自然村的公认转变到行政村的选任;由礼治变为法治,由无讼变为契约,由无为变为有为，由长老统治变为能人政治。"① 不可否认，村落的转变过程充满着利益摩擦和文化碰撞，同时伴随着巨变的失落和超越的艰难，这提醒我们需要关注乡村治理的基础条件，要求我们立足现实去加以考察乡村巨变。只有着眼于实践过程，我们才能避免受理念化了的建构的误导，尤其是避免受意识形态化了的建构的误导。同时，着眼于实践中未经表达的逻辑，正是我们用以把握不同于现有理论框架的新的概念的一条可能的道路。② 为此，本研究将采取个案研究的方式，对城乡一体化背景之下的乡村治理加以分析，揭示其治理之道。

第二节 研究视角

实践发展历程表明，乡村社会治理远非人们头脑中想象的那样简单。无论从20世纪二三十年代开始的乡村建设运动，还是新中国成立之后不久的农村改造运动，还是改革开放背景下开列的诸多乡村建设项目清单，实际都没有很好地在乡村社会落地生根、开花结果。詹姆斯·C. 斯科特告诫我们，用失败来形容发展的灾难是远远不够的，关键在于解释这些20世纪乌托邦式的大型社会工程失败背后所隐含的逻辑。而上述未取得令人满意效果的运动或项目留给世人的重要启示之一便是乡村治理或者改造必须建立在对乡村社会的充分了解和认识之上，外在制度嵌入要考虑乡村内生社会基础，并将两者结合起来。

一、乡村治理与国家的互动

国家—社会的分析框架是乡村治理研究的传统立场，焦点集中在国家与乡村社会的互动，以及如何重构公共权力的合法化权威来源。詹姆斯·C. 斯科特指出：现代国家总是力图梳理社会，使社会情况变得更加清楚，以便使国家更容易执行征兵、征税、治安等职能……③ 通过反复梳理和渐进渗透，国家政权试图建立对乡村社会的控制，将触角伸向它想要到达的地方。依据国家和社会在关系调整中的力量强弱、地位高低不同，存在四种常见的国家

---

① 贺雪峰. 乡村治理的社会基础 [M]. 北京：中国社会科学出版社，2003：52.
② 黄宗智. 认识中国——走向从实践出发的社会科学 [J]. 中国社会科学，2005（1）：88.
③ 詹姆斯·C. 斯科特. 国家的视角——那些试图改善人类状况的项目是如何失败的 [M]. 王晓毅，译. 北京：社会科学文献出版社，2004：1-2.

—社会的关系模式：弱国家、弱社会，弱国家、强社会，强国家、弱社会，强国家、强社会。乡村社会的发展前景与国家控制乡村社会的强度有关。如果国家认为推动农业发展是更为务实、效率更高、震荡更小的选择，那么，国家就有必要依托合力的"强国家、强社会、强关联"的关系框架，沿着减少城乡差距和城乡一体化的方向，对村庄发展进行更多谋划和投入。[①] 国家—社会视角立足于政治国家与公民社会两个不同的领域，展示的是现代化建设的宏观结构性条件以及可资获取的资源，它决定了乡村治理的现存空间及其资源限度，其主要缺陷在于忽略乡村治理中基于目标向善的多主体行动过程，缺乏由下而上的乡村自主回应反馈，最终无法应对乡村治理性危机，也容易得出片面的研究结论。因此，乡村治理在关注外部结构和可用资源的基础上，更主要的是要内部挖潜，理顺关系，形成强大合力。

二、乡村治理与市场的互动

乡村社会的转型离不开所处的社会经济环境，在转型时期，乡村越来越被卷入市场经济乃至为市场社会所建构。卡尔·波兰尼对欧洲工业文明兴起的经济史研究表明：物品的生产和分配的秩序都被委托给自发调节的市场机制，劳动力、土地与货币在虚构的帮助下得以组织起来变成纯粹的商品，它意味着要让社会的运转从属于市场。与过去经济嵌入社会关系相反，现在社会关系被嵌入经济体系之中。当国家政策向通过更多地依赖于市场的自发调节的脱嵌方向移动时，普通人就会被迫承受高昂的代价。工人及其家庭变得更容易处于失业状态，农民被暴露在更大的国际竞争之下，而且这两个群体都被要求在更少得到帮助的情况下硬挺下去，承担市场伴随而来的风险。当不受限制的市场所产生的后果变得昭然若揭时，人们会抵制它，会通过从市场自发调节的信条中抽身而退来挽救社会并使自然环境免于毁灭。[②]

施坚雅关于中国农村集市的研究表明，中国农村并不一概排斥市场元素，农村存在着相当发达的市场网络，农民有着商品生产与交换的需要、兴趣和能力。但是，詹姆斯·C.斯科特关于东南亚农民道义经济学的研究以及舒尔茨关于农民与农业改造的研究等表明，一方面，农民对市场经济的态度是有条件的，或者说是随着条件变化而变化的。农民对市场抱着一种安全

---

① 毛丹，等. 村庄大转型——浙江乡村社会的发育 [M]. 杭州：浙江大学出版社，2008：29-30.
② 卡尔·波兰尼. 大转型：我们时代的政治与经济起源 [M]. 冯刚，等，译. 杭州：浙江人民出版社，2007：15-18.

接"、城乡一体的基础设施网络；合理配置城乡公共资源，统筹城乡服务管理，建立教育、卫生、养老、文化、社会治安等资源的共享机制，促进城乡公共事业均等化发展；完善促进就业政策体系，健全公共就业服务平台，加大就业援助力度，强化职业技能培训，优化城乡就业环境等，全方位推进城乡一体化公共就业服务体系建设。处于衔接地带的集镇社区成为城市辐射的首选对象，并被赋予社区经济共同体、社区治理共同体以及新型社区（移民）定位等多重角色任务。新农村建设开始向合作共同体、利益共同体的方向努力。社区与村民之间本质上是一种"服务—奉献"关系，这种关系模式适应了社区民主化、生活伦理化的时代潮流，对现阶段农村社区从熟人社会向陌生人社会转变具有较强的现实解释力，较之国家与社会之间的"控制—监督"关系更适合指导当前乡村治理实践。[1] "社区的迅速成长已经改变了社会治理的格局，而且为人们重构社会治理体系留下了无限的想象空间"[2]，通过"五脏俱全"的社区单位集中展现了居民的生活方式与社会问题，有助于我们全盘了解社会特征和文化形态。鉴于此，本研究拟在集镇社区层面上加以展开永联乡村治理分析。

国内已有学术研究在乡村治理由谁主导、乡村治理功用如何、乡村治理结构架设以及乡村治理困境等方面取得较大成果，呈现出如下的特点：①注重联系实际，研究重心由政治民主问题转移到治理问题，从村民自治的外生性价值移向内生机制，围绕乡村治理实践及其暴露出的核心议题入手并提出相应的对策建议，现实紧迫感强。②采取多维视角扫描，从政治学、社会学、管理学、经济学等多维学科视角对乡村治理议题做了政策探讨和实践经验总结，拓宽了乡村治理的研究视域，研究成果为村民自治政策的制定和学界的后续研究提供了参考借鉴价值。③运用分类研究的基本思想，将全国乡村治理情况按照相应标准分成若干类型，然后观察分析各种类型化村庄的治理路径及其适用条件，这有助于深化公众对区域复杂乡村治理的认识，以及掌握全国乡村治理的大致轮廓。

当然，已有研究也还存在不足之处：其一，研究分析框架缺乏创新。乡村治理架构要么存在较大缺陷，难以避开抽象的制度化陷阱；要么就是缺少现实可操作性，忽略了重要关节及技术，故采用何种治理模式促进乡村社会

---

[1] 孔德斌，刘祖云. 社区与村民：一种理解乡村治理的新框架 [J]. 农业经济问题，2013 (3)：40 – 47.

[2] 张康之，石国亮. 国外社区治理自治与合作 [M]. 中国言实出版社，2012：1.

的转型发展，我们尚需一个更加科学、更加完善的分析框架。其二，乡村治理的内在基础研究有待深入。乡村治理研究要对乡村治理的内在运作逻辑进行解剖，重点研究乡村治理究竟是怎样展开的，自上而下的政策、制度和法律在乡村运转实践的过程、机制和后果如何等，已有研究在这些方面深入不够。鉴于此，本研究拟结合典型个案研究，细致剖析乡村治理的运作机制和蕴涵机理，以求服务于基层治理实务。

第三节 研究设计

美国社会学家艾尔·巴比（Earl Babbie）指出："研究设计就是设计一个发现某事物的战略，虽然设计的细节会因研究对象不同而有所不同，但它通常包括两个方面：第一，必须尽量明确要发现的东西；第二，必须采用最好的方法进行研究。"[①] 乡村治理研究需要高度重视研究设计环节。

一、治理概念范畴

"治理"一词最早来源于1989年世界银行首创的"治理危机"概念，后来在公共事务管理、社会组织、权力制度等诸层面得以广泛应用。联合国全球治理委员会1995年发表的《我们的全球伙伴关系》中对治理做出权威的界定：治理是各种公共的或者私人的个人和机构管理其共同事物的诸多方式的总和。它是使相互冲突的或不同的利益得以调和并采取联合行动的持续的过程。它既包括有权迫使人们服从的正式制度和规则，也包括各种人们同意或以为符合其利益的非正式的制度安排。治理不同于统治，它具有如下特征：治理不是一整套规则，也不是一种活动，而是一个过程；治理的过程不是控制，而是协调；治理既涉及公共部门，也包括私人部门；治理不是一种正式的制度，而是持续的互动。[②] 基于全球乡村治理模式的视野，乡村治理内涵包括三个相互联系的基本方面：其一，能够动员政治支持，获得民众的广泛信任；其二，能够提供良好的公共服务，满足村民的服务需要；其三，

[①] 艾尔·巴比. 社会研究方法基础[M]. 邱泽奇, 译. 北京：华夏出版社，2004：69.
[②] 俞可平. 治理与善治[M]. 北京：社会科学文献出版社，2000：4-5.

能够有效地管理冲突,具有良好的冲突协调机制。① 我国学者徐勇结合中国本土化情境认为:"治理是通过一定权力的配置和运作对社会加以领导、管理和调节,从而达到一定目的的活动。它包括一是领导或统治者所发挥的作用;二是社会成员所扮演的角色。"② 张润泽、杨华认为乡村治理是一种综合治理,它将农村的政治、经济、文化、社会诸元素都统摄进来,以更广泛、更宏大的视野观察农村生活,而不囿于单纯民主化治理的村民自治。③ 综合上述对治理概念的若干界定,我们认为,现代治理具有以下几个显性特征:

第一,治理主体的多元性。治理是各主体之间建立的良性合作性治理,它不再是单一的政府社会管理主体,而是各种社会组织、私人机构以及个体共同参与的公共事务管理活动,力图在一定区域范围内维护秩序,满足公众需求。

第二,治理内容的多元化。治理的目的是在各种不同的社会关系中运用权力去引导、控制和规范公众的各种活动,最大限度地增进公共福祉,而不是仅仅为了统治集团的私利。

第三,治理手段的多路径。治理是一个协商、合作与上下互动的过程,它包括公共权威的规范基础、处理公共事务的方式和对公共资源的管理协调,不单单是一个自上而下的行政指令下达过程。

第四,治理过程的阶段性。治理是全方位的系统工程,需要遵循小步走原则,循序渐进;需要不断探索,寻求适宜的发展路径;需要及时总结经验教训,提炼精细化的社会技术,并将之不断充实到治理设计当中;治理过程的阶段性特征明显,有着一定的时间轨迹。

自 20 世纪 80 年代开始我国推行村民自治制度,力图形成"乡镇政权与村民自治"的"乡政村治"模式,即国家基层政权设立在乡镇,在乡镇以下的村组实行村民自治,做到政府政务与乡村事务分离,互不干涉,村治真正实现"民主选举、民主决策、民主管理、民主监督"的权利,达到村民自我管理、自我教育、自我服务的目的。从这一点来讲,乡村治理的重心就是落在基层的村级治理。

---

① 周运清,王培刚. 全球乡村治理视野下的中国乡村治理的个案分析 [J]. 社会,2005 (6): 89 - 91.
② 徐勇. GOVERNANCE:治理的阐释 [J]. 政治学研究,1997 (1):63 - 67.
③ 张润泽,杨华. 转型期乡村治理的社会情绪基础:概念、类型及困境 [J]. 湖南师范大学学报(社会科学版),2006 (4):11 - 13.

二、研究方式

乡村治理研究较为困难，除需要长时间持续的关注外，还需找好典型对象，选好适用方法。

1. 个案研究（Case Study）

本研究确定的关注对象是地处苏南地区的永联村。它位于苏州张家港市的东北部，隶属南丰镇行政管辖。发展起点上的永联村自身条件并不佳，是从长江江湾里围垦出来的一片荒滩，地势低洼，涝灾频发，是苏南地区面积最小、人口最少、经济发展最为落后的乡村村落。改革开放之后，在党的改革开放政策的指引下，在村组领导班子的带领下，永联村民弘扬"敢破敢立、自强不息、团结奉献、实干争先"精神，打破"以粮为纲"的思想禁锢，挖塘养鱼兴办副业；冒着"割尾巴"风险，卷起裤脚以做"无米之炊"的气概办钢厂；探寻"以工补农"的发展道路，实现农业增效、农民增收；坚持共同富裕，主动合并周边村庄，谱写出"以工兴村，以钢强村"的发展篇章。昔日的穷村跃升为苏南地区面积最大、人口最多、实力最强的富裕乡村，先后荣获"全国文明村""国家级生态村""全国民主法治示范村"等多项桂冠荣誉。工业化的牵引，带动城镇化，进而全面推动农业、农村现代化的发展。永联村正以居住方式城镇化、生产方式产业化、生活方式市民化、就业方式多样化、管理方式规范化、收入方式多元化，实现着由传统村庄向"中国永联"现代集镇的转变，成为基本实现现代化在农村大地上的现实样本。目前，全村98%的村民实现集中居住，98%的耕地实现集体流转，98%的劳动力实现就业，98%的村民享受到比城市居民更优越的福利保障。如图1-1所示，在10.5平方千米的村域范围内，小镇水乡（2万人）、现代工厂（占地近6 000亩）、高效农庄（占地8 000亩）、文明风尚，构成一幅"中国特色农村现代画"。我们认为，永联集镇社区既符合现代城镇的功能定位，又能体现乡村元素的功能要求，已成为乡村发展的利益共同体，再也不是传统意义上的散居型村落，它代表着乡村发展的未来景象。

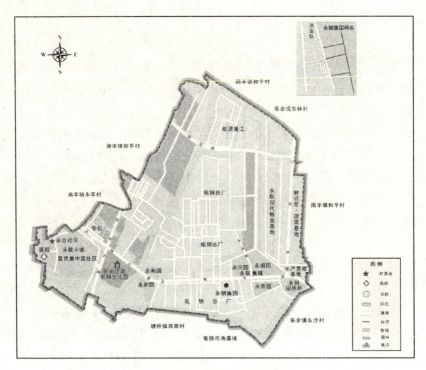

图 1-1　永联村行政区域示意图

本研究运用个案研究（Case Study）法进行，个案研究是通过解剖"麻雀"的方法来实现对某类现象深入、详细和全面的认识，它遵循分析性的扩大化推理逻辑，即直接从微观个案归纳推理上升至一般结论。学术界普遍认为，个案研究面临的最大困难是研究发现或者所得结论能否进行外推，进而获得更具一般性的概括。也就是说，基于个案研究能否获得超出个案适用范围或限制的知识？这是个案研究始终要面临的超越性问题。① 对此，学者王宁指出，在个案的代表性不清楚的情况下，实现外推的关键在于选取具有典型性的个案。典型性是个案体现某一类别的现象或共有的性质，依据事物共性类型的不同表现形式，存在集中性、极端性和启示性三种不同的典型性。普遍现象的共性类型，选择个案研究可以遵循集中性标准，即以集中某个类别现象的主要特征和属性的典型载体为对象；反常现象的共性类型，选择个案对象的标准往往是极端性标准，即以最反常的个案作为研究对象；未知类型的共性，个案对象的选择往往是启示性标准，即所选个案对某类现象最具

---

① 王富伟. 个案研究的意义和限度 [J]. 社会学研究，2012 (5)：1-24.

有揭示性意义。① 借助于个案分析,可以不断肯定或者否定某些结论,在研究不断的累积和接力中完成认识。就乡村治理普遍现象而言,研究适宜选取集中展现现象主要特征和属性的载体。永联乡村建设具有地缘优势,符合典型个案要求的集中性标准,它代表着经济发达地区的乡村治理水平。从过去依附土地、逃离土地再到现在的盘活土地,永联乡村三十余年来人地关系的演变,清楚地勾勒出该村集镇社区之路。土地已不再是负担或者麻烦,而是"乡愁"的载体,农民过上幸福生活并不一定要离土进城,而就地集镇化不一定意味着城市的扩张和乡村的凋零,更为关键的是在乡村治理工作中不断总结提炼出的宝贵经验,为我国乡村建设提供了一个示范样板。其具体经验有:一是具有全心全意为民服务、有责任担当的领导班子,积极谋划引领、助推社会主义新农村建设;二是工业化、信息化、城镇化、农业现代化同步发展的永联模式,通过工业化牵引带动城镇化,与信息化融合,继而实现农村、农业现代化;三是乡村发展秉持共建共享、共同富裕理念,永联为村民保留永钢集团25%的股权,每年保证集体可支配收入8 000万元以上,为集镇社区建设提供牢固的机制保证和稳定的资金来源,保障村民共享企业发展成果的权利。基于上述三点,可以说,永联乡村治理模式具有强大的生命力,并且也是可以复制和推广的。我们希冀通过解剖这个具有先导和示范意义的"麻雀",以典型个案的方式来帮助我们科学把握乡村治理的内涵实质,最终服务于社会主义新农村建设实践。

2. 资料收集过程

利用空间地理位置临近的优势,课题组前后四次前往张家港永联村开展实地调研,收集一手资料。2014年5月9—10日,利用参加在永联村举办的中国"三农"发展研讨会"城镇化进程中的乡村治理"(农民日报社主办)的机会,收集南丰镇永联村的材料汇编,以及全国乡村治理的典型材料。2014年6月23—27日,课题组前往永联村开展乡村治理主题的探索性调研,与永联经济合作社、永合社区和当地社会组织负责人开展座谈交流,同时收集相关主题的电子资源数据。2014年7月5—22日,课题组利用暑假时间,组织具有社会调查经验的社会学专业学生对南丰镇社会管理服务中心永联分中心、永合社区、永联村经济合作社、永钢集团、永联村的社会组织进行正式调研,以获取点上的重要资料。2014年9月2—7日,课题组再次前往永联村

---

① 王宁. 代表性还是典型性——个案的属性与个案研究方法的逻辑基础[J]. 社会学研究,2002(5):123-125.

一个苏南乡村的治理之道
——张家港永联村调查

开展乡村治理议题的深化研究,重点关注生态环境、社区文化和社会事务等内容资料,并对收集的已有资料查漏补缺。本研究资料收集以无结构式访谈和实地观察法为主。在访谈内容上,按照不同的治理主体分门别类,并注意找寻关键信息掌握者,以更加全面了解乡村社区的治理情况。

课题组在永联村经济合作社访谈资料的收集围绕:① 村庄合并过程中是否遇到一些困难?如何加以解决应对的?② 村民社员资格如何认定?社员身份具有哪些权益?③ 永联乡村集体资产如何保值增值?④ 现代农业体系如何构建?相关生态保护举措有哪些?⑤ 永联村民的文化诉求是什么?乡村如何满足村民自身的文化权益?⑥ 永联家庭精神文明建设的具体做法?成效如何?⑦ 永联村民在议事厅如何参与村务管理和村务决策的?

课题组在永合社区访谈收集的资料主要是:① 社区的基本生态图:人口、户数、居民成分等;② 社区自治及居民参与情况;③ 社区管理服务状况,包括计划生育、民事调解、社区党建、社区照顾等。

社会组织访谈,关注的内容主要包括:① 社会组织的数量以及功能定位;② 社会组织慈善公益活动的开展情况;③ 社会组织的年度报告及对未来工作的设想;④ 社会组织的财务公开状况。

在南丰镇社会管理服务中心永联分中心,课题组拟与中心负责同志座谈:① 永联分中心成立的背景及其组织概况?② 分中心公共管理与公共服务的主要内容是什么?③ 乡村现实关系如何?以及乡村管理边界如何界定划分?④ 分中心公共管理服务过程中存在的问题与挑战有哪些?

课题组在永钢集团访谈的焦点主要涵盖:① 经营性企业与乡村的关系定位;② 企业如何来反哺农业,实现共生共荣;③ 企业如何与乡村一起,针对外来打工者实施有效的服务管理;④ 企业在社区文化建设和公益慈善活动的参与担当情况。

观察法主要凭借调查者的敏锐感知和随身相机等辅助设备去观察、了解正在发生发展的情况,重点考察永联村民的社会交往、娱乐闲暇、文化习俗以及公共物品提供等,做到典型事件与日常琐碎生活细节相结合。此外,还采用文献法作为资料收集的补充,搜集包括永联建村以来的基本数据,如人口(数量、结构)、土地、经济收入、村办企业产值等指标数值;永联村"两委"工作日志,永联村治资料;永联(永钢)内部出版的刊物(如《永联村讯》);以及围绕永联撰写的著作、报告和对外宣传材料等,为研究明晰背景和提供线索。最后,对收集上来的所有资料,经整理审核后采取定性分析的方法进行处理，在此基础上撰写有关内容。

三、理论基础

本研究主要依托社会工程思想。社会工程思想萌芽于19世纪，社会学鼻祖奥古斯丁·孔德（Auguste Comte）提出将研究自然界的观察法、实验法等科学方法应用于人类社会，并提出基于社会秩序的社会静力学和基于进步机制的社会动力学。20世纪上半叶，社会工程的概念被社会科学家加以明确，所谓社会工程，就是人们以社会技术为中介，改造社会世界、调整社会关系、协调社会运行的实践活动。[①] 与自然工程迅速而剧烈地改变周围环境景观不同，社会工程往往通过对社会世界的主动介入、积极改造，创设出适应发展进步之需的新的制度、模式或运行机制。社会的发展与变迁在本质上具有"工程"特征，每当我们提出一个改造社会的方案，拟定一项新的社会政策，我们就在进行社会工程的研究和实践活动。[②] 社会工程思维的核心在于社会模式的设计与实施，在把握规律、法则的基础上，人们通过对象设计构思出发展蓝图，再通过过程设计将发展蓝图转化为现实。乡村治理作为一项庞大的系统工程，在实施过程中遵循着上述思想，需要最后提交实施方案和运作线路图。

四、研究框架内容

本研究重点阐述城乡一体化背景下的乡村治理要义，采取从集体经济、公共管理与公共服务、社会事务、社区文化、村庄政治、生态环境等乡村治理要务上予以展开，见图1-2所示。题目中的治理之道具有双重含义，借助于乡村典型个案，研究首先描述永联乡村的发展历程及治理演变，包括传统村治、村企合治、多元共治时期下的治理机制。然后，探讨集体经济，关注集体土地、集体资产、集体资本等集体经济纽带，剖析乡村经营管理体制，并讨论集体经济上的监管体制和风险防范；拉入基层政府，交代城乡一体化背景下基层政府的公共管理与公共服务内容，总结政府延伸公共管理与公共服务的成功经验和具体问题，对政府延伸公共管理与公共服务提出建议；引入社会事务，在对集中居住出现的种种问题进行扫描的基础上，阐明

[①] 田鹏颖. 社会工程哲学引论［M］. 北京：人民出版社，2006：272.
[②] 王宏波. 社会工程的概念和方法［J］. 西安交通大学学报（社会科学版），2000（1）：46.

社会事务治理的内容,包括纠纷调解、社区教育、物业管理、社区照顾,揭示社会事务治理的形成机制和面临挑战;聚焦社区文化,从居民社区文化需求入手,分析永联社区文化供给及其运作探索,包括闲暇文化、家庭邻里文化、社团文化、公益慈善文化,揭示当前社区文化治理的困境及应对策略;着重分析城乡一体化背景下的村庄政治,具体包括村(居)民自治、村(居)民组织化和社区党建等内容;引入美丽村镇,分析永联空间拓展和布局规划,阐述乡村资源利用和环境整治,探讨构建生态经济,包括清洁工业、生态农业、生态旅游等。以上部分,实际是对永联乡村治理道路的描述,道路是具体有形的,易被公众理解掌握。而研究最后是对乡村治理之道的总结与讨论,该"道"则无形的,是通过总结提炼出来的带有共性的道理或者机理,涵盖乡村治理中的国家(政府),乡村治理中的能人(精英),乡村治理中的组织(村庄整合),乡村治理中的制度与规范等维度,并展望我国乡村治理的未来走向,这些需要公众去接力思考。

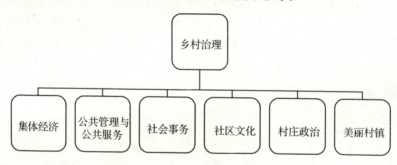

图 1-2　乡村治理研究的基本框架

第二章 发展历程与治理演变

永联村不过四十几年的历史,但它却浓缩了当代中国农村的经济和社会变迁。除了初期围垦造田、移民建村的特殊经历外,永联村走过了一条农业起家,工业化牵引,带动城镇化,进而全面实现农业、农村现代化的发展道路,村民生活也从一穷二白到温饱有余,再到全面小康,进而向富裕迈进。在此过程中,永联村顺势而为,与时俱进,适时调整乡村治理结构,先后经历了村与县乡政府联治,村与永钢集团合治,村经济合作社与南丰镇社会管理服务中心永联分中心、永合社区、永钢集团、社会组织"五位一体,共融分治"的乡村治理模式。全国处于不同发展阶段并面临着各自发展阶段的治理问题的村庄,都会程度不同地在永联村看到自己的影子,找到适合自己的发展和治理经验。

第一节 村庄发育——村政联治

一、围垦建村

永联村的前身为七〇圩,是沙洲县(1986年9月改为张家港市)1970年围垦长江滩地而成。实际上,七〇圩的成陆条件并不成熟,可是当时沙洲县为什么决定围垦呢?首先是为了解决坍江地区的移民问题。同时由于这块滩地处在与常熟交界处,自己如果不早动手,就会让常熟围了去,而且这是最后一只圩,错过这个村就没有这个店了。而1970年的大形势是"全国农业学大寨",沙洲学大寨的重要内容就是向荒滩要田。但由于滩地没有沉积好,仓促围垦,导致了先天不足。据估计,七〇圩当时只围500亩就差不多,其余的面积再淤涨成熟十多年才可以围垦。结果围垦总面积翻了一倍多，有 1 175 亩，其中好地 800 亩，低洼田 222 亩。整个圩子西高东低，其中坡耕地、半高田、龟背田、冷浸田、锅底田占了一半以上。低洼处比吴淞口低 5 米左右，水终年不干。最东面的一块地干脆是白水滩，长期种"走脚田"。

1970 年夏，七〇圩围成后，按照谁出劳力谁受益的办法，由南丰、兆丰、鹿苑、大新等几个公社，把土地分到各自下属的生产大队，再由各大队分至生产队，采取种"走脚田"的形式进行耕作收割。1971 年秋收后，组织动迁。计划按可耕地一亩迁一人，平均每人 1.2 亩，其中宅基地 0.2 亩。每人还有 30 元的搬迁费，50～80 元的公益金。房子是砖瓦结构的，每户 2 间，由大队统一砌好。搬家的东西也用队里的水泥船统一运来。加之新圩的土壤有机质多，都是芦苇、野茭白的烂根，地肥，所以被动员搬迁的农民大部分是愿意来的。① 截至 1971 年冬，从上述 4 个公社、108 个村安排迁入 255 户，692 人。其中大新 36 户，156 人；兆丰 29 户，116 人；鹿苑 13 户，52 人；合兴 1 户，3 人；南丰 156 户，315 人。这些人组成了新的南丰公社 23 大队。② 大队设 7 个生产队，按照户籍来源相对集中划分，其中 1、2、3、4 生产队为南丰籍，5 队为鹿苑籍，6 队为大新籍，7 队为兆丰籍。至 1973 年末，动迁基本结束，共迁入 192 户，766 人。迁来的人大体上分为四种：

第一种是名声、脾性不太好的，头上长角、身上长刺的，不讲理，好打架的。这部分人最多，属于当地不安定因素，原生产队不想要的，乘机送瘟神。第二种是家里弟兄比较多的，以前没有计划生育，一家三四个、五六个孩子的都有，家庭非常困难，有的没有批到宅基地，也造不起房子。第三种是天灾人祸造成的赤贫户、照顾户、光棍憨头，原大队早就想甩包袱的。第四种是出身不好的，属于"四类分子"（地主分子、富农分子、反革命分子、坏分子），原来受压抑，希望改变环境的。③

然而，来到这个新地方，等待他们的只是贫困、饥饿以及连绵不断的自然灾害和无休无止的政治斗争。全村社员的生产是按班按点，集体出工，俗称"大呼隆"。分配主要根据劳动工分，俗称"大锅饭"。为了拿工分，社员一切听从生产队长指挥，自己没有任何自主权。人都绑在地上，农业以外的要"割尾巴"。副业由生产队、大队搞，打工以集体为单位。社员出外挣

---

① 新望. 村庄发育、村庄工业的发生与发展 [M]. 北京：生活·读书·新知三联书店，2004：59.
② 编委会. 沙洲县志 [M]. 南京：江苏人民出版社，1992：125.
③ 新望. 村庄发育、村庄工业的发生与发展 [M]. 北京：生活·读书·新知三联书店，2004：63.

钱几乎全部上交。在这样的生产和分配条件下,全大队60%～70%的人家吃不饱,村民举债、乞讨、偷摸、打架,成了家常便饭,所谓"大吵三六九,小吵天天有"。也因为穷困,这里的干群关系更加紧张。因而,23大队被公认为张家港市最穷、最乱的村。因而,后来有50余户又迁回了原籍。"三年困难时期"以后,尤其是20世纪70年代中后期,这样的村在江南实属少见。

二、工作组七进六出

正因为这样,这个村庄自始至终配备着村政联合、阵容强大的治理班子。

1970年5月成陆后,沙洲县革命委员会分别抽调南丰的商茂坤和兆丰的罗世成进驻七〇圩,建立七〇圩"筹建小组",并由商茂坤任组长,罗世成任副组长,鹿苑陈忠保和大新陆丙春为组员。筹建小组的主要任务是维持七〇圩在当时隶属关系尚未明确情况下的生产和生活秩序,组织动迁,筹建班子。筹建小组中,商茂坤和罗世成二人不属于七〇圩人,是外派干部,其余二人是七〇圩的人。1971年4月,23大队革命委员会成立,委员共有7人,庞金才任副主任。同时成立党支部,共有3名党员,商茂坤兼书记,庞金才是副书记,还有一名党员是朱永祥。此后,筹建小组撤销,由庞金才主持工作。[1]

23大队设立以后,由于新圩刚形成,村民来自各方,彼此都不太了解,人员素质也参差不齐,再加上农田地势高低和土质悬殊较大,村里不断产生各种矛盾和难题,急需一个较权威的、能独立处理农村工作中各种矛盾和难题的领导班子,承担起全大队的工作重任。但已经成立的大队党支部和革委会,似乎缺乏足够的权威担此重任。1972年年初,南丰公社党委决定派出工作组进驻23大队,帮助或协调开展全大队工作。后来,县和公社又先后派出工作组进驻23大队。从1972年起至1978年止,前后共派了七批工作组。[2]

第一批工作组,由南丰公社于1972年元月派出,负责人为南丰供销社党支部书记杨友生,工作组共1人,主要工作任务是抓生产任务目标落实、积极发动全大队开展抗(涝)灾自救、建立二级核算即全大队统一核算制度、围绕政治中心展开批林批孔运动、整顿大队领导班子增

---

[1] 编委会. 永联村志 [M]. 南京:江苏凤凰出版社,2015:288-289.
[2] 编委会. 永联村志 [M]. 南京:江苏凤凰出版社,2015:296-297.

强战斗力、建立正常的革命生产秩序。1972年11月，第一批工作组撤回。

第二批工作组随即进驻23大队。县公安局干事沈金奇担任组长，副组长卞燕春，工作组由8人组成。主要工作任务是针对23大队革命生产秩序较混乱、小偷小摸现象较严重的现状，重点展开治乱、治偷专项斗争，割资本主义"尾巴"，展开"四清"工作即清理大队财务账目、清理集体储备粮、清理上级救济款、清理偷盗行为者，号召全大队社员开展积肥造肥活动，大积大造自然肥料，提高农业产量。工作组于1972年的农历年底撤回，在永联驻扎时间仅3个月左右。

第三批工作组，在1973年春节后进驻大队，由南丰公社派出，南丰供销社党支部书记杨友生担任组长，并代理23大队党支部书记，由秦振华协助其工作，组员为袁兆生等2人。工作组主要工作任务是帮助大队抓革命促生产，组织开展农业学大寨、工业学大庆运动，整顿大队领导班子等。该工作组于1973年的农历年底撤回。

第四批工作组，在1974年3月进驻，由沙洲县供销社生产资料部棉麻公司派出黄嘉宾担任组长，县团委干部杨升华为副组长，工作组总人数有12人。主要工作任务，一是针对全大队不少社员因劳动收入太低，难以维持正常生活而进行一些非农业范畴的商贩活动，开展"狠杀投机倒把歪风，狠抓投机倒把分子"的活动，对那些从事芦苇、芦席、建筑芦莲收购贩卖，豆饼、米糠、麦麸、蔬菜及食油贩卖、苗猪贩卖等活动进行打击批斗处罚，另外从严卡劳力外流、狠抓劳动出勤入手，对那些未在生产队正常出勤、去向不明者采取按小手工业者（"五匠"）标准交钱记工，来杜绝投机倒把活动，以把全大队劳动力牢牢拴在农业生产上。二是针对全大队大多数社员家庭从事芦席、芦莲编织和少数社员家中出现的小作坊式的工副业生产现象，继续开展割资本主义"尾巴"活动，大力扼制资本主义思潮的泛滥和资本主义倾向的抬头。三是利用棉麻公司这个特殊关系，扶持23大队建办一个作坊式的织布厂。织布厂虽仅以老式手工织机织一些粗坯布，但这是七〇圩成陆以后的第一个工业项目。第四批工作组于1974年8月撤出，其在23大队工作时间前后不足半年。

第五批工作组，于1975年2月进驻23大队。工作组由南丰公社派出共3人组成，组长为南丰公社19大队（现新德村）团支部书记毛志强，南丰粮管所朱秀清等2人为组员。主要工作任务是：在全大队开展批判《水浒传》、批判宋江投降主义等政治运动，掀起抓革命促生产新高潮；并再次针对社员中不安心于农业生产、热衷搞家庭副业等倾向，展开割资本主义"尾巴"斗争；同时，分别举办各种学习班，谈认识、促提高，防止资本主义倾向，端正革命思想和革命态度；加强领导班子建设，积极反右防右。该工作组于1975年9月撤回，历时仅7个多月。

第六批工作组，于1975年10月由南丰公社派驻，原常乐中学校长陈永丰任工作组长兼23大队党支部书记，工作组成员共5人。工作组主要任务是帮助大队抓生产、夺高产、整顿领导班子，搞大批判运动。从1976年年初起，在工作组领导下，23大队掀起反击"右倾翻案风"和揭批"三项指示为纲"的政治运动，经过近一年时间，23大队一下子成为南丰乃至全县的农业高产大队。1976年9月，陈永丰调离23大队，由曹志达（此前任南丰公社团委书记）赴任23大队党支部书记，同时，公社派出彭世祖、陶桂林2人进入23大队帮助工作。从1976年年底开始，全面展开揭批"四人帮"篡党夺权阴谋活动，努力恢复整顿社会和生产秩序，抓革命促生产，一直延续至1978年5月。

下派工作组如此频繁，在全国农村实属罕见。可是，书记、工作组走马灯似的换了一批又一批，都无功而返。

永联在1970年代贫困和混乱的原因，一方面是其自身的先天不足：地势低洼，灾害频发，耕地不肥，人员不熟，既无地利，又失人和，缺乏历史积淀，尚未形成自发的道德力量、经济秩序和社会整合；另一方面是特定的时代背景和社会环境："文化大革命"紧锣密鼓，产业结构和所有制结构单一固化，管理体制高度集中，分配方式平均主义。在饥饿和贫困状态下，决策者试图靠不断下派工作组的方式，开展各种运动和意识形态宣传以提高村民政治觉悟的办法来搞"穷过渡"，带来的只能是村民的厌恶、失望和抵触。结果，不仅社员没有积极性，大小队干部和工作组成员也难以充分发挥正面作用；不仅内部治理缺乏权威，来自外部力量的治理也难以奏效。

直到1978年，以吴栋材为组长的第七批工作组的到来，才使处于危机中的永联村出现了转机。当时正值中国刚刚改革开放，全国"战略大转移，思想大解放"，有文化、懂管理、富于组织才能和政治素质的吴栋材，抓住了这一历史机遇，大显身手，完成了永联村由农而副而工的农村工业化起飞过程。"1978年一前一后的永联村，正好说明国家政权在农村变迁中外源性导向作用的巨大存在，而这种存在有时是正效应，有时是负效应。"①

三、问题关键在"信"

大队书记由县委组织部选定，一般由组织部部长或副部长谈话即可，但吴栋材是县委书记亲自谈话、当面任命的。足见 23 大队问题的严重性、吴栋材肩负的使命和对他任命的重要性。

吴栋材家住南丰公社 14 大队（今建农村），曾当过 5 队队长，后升任大队专抓副业的干部，又被推荐担任 3 大队工作组组长。对于到 23 大队上任，吴栋材的思想负担较重。原因主要有三：第一，跨村干部本来就不好当，弄不好是"赔了夫人又折兵"；第二，23 大队情况复杂，前后去了不少干部都没搞好，自己也没把握；第三，从 14 大队到 23 大队，相距 10 千米，抛家舍业，收入减少，自找苦吃，家属又不同意。但他还是做好家属工作，接受了组织上交给的任务。

吴栋材此前对 23 大队的情况已有所了解，但他所接手的这个烂摊子还是让他出乎意料。1978 年的 23 大队，人均收入 68 元，全大队亏空 6 万元，还有十几户在讨饭。

"穷，是没有尊严的。"吴栋材很小就明白这个道理。他的老家在长江北岸的海门，祖父带着家人逃荒来到了长江南岸的沙洲县境内，落户在南丰华丰圩，一块江边的新滩地。新滩地上的居民十有八九都是从外地迁移而来，所谓"穷奔沙滩富奔城"。吴栋材长江两边的新家和老家都在"沙上"，他就是"沙民"出身，有着一言难尽的贫苦经历。因而，他能理解 23 大队人，深知治村必先治穷。

当然，同样重要的问题是"乱"，治穷的同时必须治乱。而此时，工作组还面临着"三大势力"："一是新党支部委员有 4 名是外村人，要在本村开展工作，遇到地方势力；二是前面几任领导班子的剩余势力，班子里有些人，群众威信很差，私心太重，做事无法公正；三是习惯势力，由于文化教育的欠缺，容易被习惯所束缚，一项新的决定要贯彻实施往往遇到很大阻力。"②

村里存在这样或那样的问题，其中最大的问题是群众对工作组不信任。

---

① 新望. 村庄发育、村庄工业的发生与发展 [M]. 北京：生活·读书·新知三联书店，2004：78.
② 新望. 村庄发育、村庄工业的发生与发展 [M]. 北京：生活·读书·新知三联书店，2004：83.

问题的根源在于，产生于"文革"期间的这样一个"新农村"，从一开始国家政权力量就一竿子插到底，在无休止的运动中，权力被滥用，干部无信念，村民对来自官方的组织产生了抵触情绪。这一批工作组的主要干部也都是外来的，村民在想，他们"会不会也只是折腾点花样就远走高飞，不做长期打算？"

但移民村存在的不都是问题和困难，也有独特的优势和特点。村庄建立八年来，村民在整田、治水、抗灾的过程中深切地认识到必须组织起来，团结一致，自力更生，背水一战。同时由于村民脱离了原来的熟人社会，热切希望建立陌生环境中新的游戏规则，被一种新的组织或关系圈所吸纳和认同。在这里没有家族势力，旧的关系少、习俗少、包袱少，主要靠自己的本事，孕育着"杂交"优势。身处一个全新的环境，犹如一张单纯的白纸，在经过一段时间的磨合和适应之后，在行政力量的合理推动下，村民们也容易组织和团结起来。

总之，村民和有的村干部既对新班子表示抵触与冷漠，也蕴藏着穷则思变的迫切愿望。吴栋材摸清了问题的症结后，决定首先从支委一班人的工作做起。当时，支委中有的同志确实存在暂时在此过渡的观念，甚至抱定主意工作一年后就离开。为此，他几次召开支委会，反复学习、讨论、交心。最后，大家统一了认识，一致表示要破除三种思想，树立三个观念：

> 一是破除临时过渡的思想，树立长期在永联扎根的观念，做"永久牌"，不做"飞鸽牌"；二是破除吃亏思想，不要后悔来到这里收入比原来少了，树立一心为集体、一心为群众的观念；三是破除"要我干"的雇佣思想，树立"我要干"的主人翁观念。支委的同志们带着这"三破三立"到全村干部群众面前去"亮相"，然后每个支委再挨户到社员家中摸思想、摸情况，回来认真进行分析。①

四、经济和风气两手抓

在基本解决了干部思想和群众信任问题之后，吴栋材一班人便精心筹划如何解决治穷致富问题。其基本方略就是不禁锢思想，搞经济建设，由农而副，由副而工，工商结合；同时，狠刹不良风气，营造风清气正的氛围。经

---

① 吴栋材会议发言稿油印件《牢记宗旨，坚定治穷致富的信念》（1985年），永钢档案室。

济和风气、效率和公平,"两手抓,两手都要硬"。

这个基调从吴栋材在第一次社员大会的讲话稿上可以看得很清楚。讲话稿的具体内容摘要如下:

社员大会讲话稿

我要讲的总题目是:设想1979、1980年,誓夺高产战当前,落实政策抓关键,狠抓歪风手不软。

一、设想1979、1980年

我们是这样想的:全村全民齐动员,艰苦奋战两年半,彻底改造三角圩,定要建成双纲田。

我们的具体打算是分三步走:第一步,即今冬明春,平整土地120亩左右,并当年受益;填高"走脚田"做屋基,加高加宽一条岸。第二步,在1979年冬天和1980年春天,开好鱼池,平整好三角圩的剩余面积,建好排涝系统,做到当年受益,将整个三角圩建成"双纲田"。第三步,1980年冬天,把5队、6队的一条埭拆迁到三角圩港沿里"走脚田"。

这二年除了大搞农田基本建设改造三角圩外,在种植上要粮棉并举,多种经营全面发展。还要大力发展队办工副业,决心还清欠款,还要适当地为农田基本建设提供一定的补助投资,特别对拆迁户有适当补贴。

二、誓夺高产战当前

这包括今冬和明年的工作。也是今年的秋播规划,口号是:狠抓当前、决战9月、一步不让,稻棉管理、防病治虫、环环扣紧,为明年三麦硬碰硬亩产超600打好基础仗。

具体打算分以下几步:

1. 明年三麦硬碰硬总产增一成,今年秋播一定要革命。
具体目标和措施(略)。

2. 两年半规划分三步走,今冬明春定要开好头。
具体步骤和任务(参见前面,略)。

三、落实政策抓关键

1. 落实多劳多得按劳分配、不劳者不得其食的政策。尽量做到定额管理为主、计件管理为辅和任务到组、责任到人的管理办法。要摊牌强调加强质量验收,反对出工大呼隆,以口号计杂工的错误做法。

2. 坚决执行37号、42号文件,努力减轻农民负担和转变干部工作作风。大队要逐步压缩非生产费用和非生产用工,劳力集中至农业第一线。今后在农业务工和非农务工上严加区别。

对于在清理以往大队财务上所遗留的问题,9月份弄清公布,10月份归还清爽。具体名单:×××,×××,×××,工作队×××。×××上次拿石灰,这个问题大家非常关心。

四、狠抓歪风手不软

1. 狠刹劳力外流风。(不同类型的外流劳力,按支部研究规定的时间与标准归队和上交款。具体内容略)

2. 狠刹偷窃风。(略)

3. 狠刹其他各种歪风邪气。仍有少数人还袭用"四人帮"横行时的那一套,胡作非为,头脑中"私"字作怪,还有严重的派性,抓住派性不放。这是极端错误的。①

这份讲话稿被解读为"所包含的信息量是十分巨大的。一个时代、一个地区、一个村、一个人的信息都在里边"②。

吴栋材首先面临的问题是村民的吃饭问题。沙洲在20世纪80年代以前是一个农业大县,社队企业的发展是1979年以后的事,尽快先把农业搞上去,既解决村民的吃饭问题,也对上级有个交代。事实上,村民的吃饭问题在第二年就得到了解决。

吴栋材在14大队5队当队长时就敢于碰硬,调他到23大队来也是"以硬碰硬"。吴栋材刚来就拂了一位村支委的面子,处理了仗势欺人的寻衅闹事者,平了民愤。吴的正派、耿直、敢于碰硬,给村民留下了深刻印象。这次大会上点了名的又全是以前的村干部,村民们无疑对吴又平添了几分好感,也想看看"外来的沙子能不能压住本地的土"。

吴栋材当过多年的生产队长,对农业极为熟悉,而且在那时的生产队长中,有他这种文化程度和丰富阅历的还是少数。所以他的这份讲话稿充满了技术性。其实在后来办了钢铁厂之后,他又钻了进去,成了一名名副其实的轧钢专家。从这份讲话稿中也可以看到吴栋材出色的组织能力、计划能力、鼓动能力。在他后来的工作中,仍是采取这样一种严密计划的领导和管理

---

① 吴栋材会议讲话稿《誓夺高产战当前,落实政策抓关键,狠抓歪风手不软》(1978年9月4号),永钢档案馆。

② 新望. 村庄发育、村庄工业的发生与发展[M]. 北京:生活·读书·新知三联书店,2004:89.

方法。

从这份讲话稿还能看到中央的决策是怎样一步步传递给广大农村村民的,也可以看到村支书在这个链条的最后一环是如何起作用的。吴作为权力体系最底层的村干部,既能把握政治动向,领会上级政策精神,更能从实际出发,按照规律办事,听归听,干归干。要吃饭,得先搞农业;要还债、修路,得养鱼卖钱。而这都得靠人手,靠发动全体社员,靠现成的组织资源,严禁劳力外流。不过在接下来的几年里,吴又很快推行改革,而且走在其他村前面。如放"五匠"出去,免交积累金;请能人进村,率先一步越过包产到组,直接进入包产到户;等等。

按照由农而副、由副而工、工商结合的方略,村支委在一开始就把平田整地与修挖鱼池结合起来。从1978年入冬开始,吴栋材不顾身体伤残,身先士卒,带领全队300多名劳力,挖土5万立方米,苦战60多天,挖成鱼塘80亩,水面近50亩。1979年1月15日鱼池正式放水。随后村里成立了副业队,副业队主要是养好鱼,同时还保证村民能够换油、换酒、换豆腐等。1979年冬又开挖鱼池3个。第一年保本,1980年产量20 000斤,上缴10 000斤外,实现产值20 000元,盈利8 000多元,每户还分到5斤鱼。吴栋材和永联人由此挣得了"第一桶金"。吴的新班子因此真正赢得了群众信任,人们心底埋藏已久的改变家乡面貌的希望之火被重新点燃起来。

那时养鱼很吃香,鱼塘开了以后,有人主动找上门来,朋友慢慢多了起来。用吴栋材的说法,鱼腥带来了人气,养鱼副业是23大队由穷变富的一块跳板。有了人气,信息、项目、资金、人才、原料、设备、市场都裂变出来了,整个村子也渐渐活络起来了。真是"一年有鱼,年年有余"。

挖塘养鱼的成功经历,给了吴栋材以重要启示,这便是"不搞拉帮结派,要搞五湖四海"的人生信条和治村之道。

开始提出挖塘养鱼,一些干部不理解,甚至搞罢工抵制。因为过去有人也曾试过,亏了本。一些干部和村民起来反对,跟我较劲,可以理解。谁愿意做亏本生意?村里那么穷,本来就欠一屁股债,你再去赔一大笔,换我也会抵制。但我们当时没有其他路可走,靠水养鱼似乎是最简单、成本最低的,所以我坚持挖塘养鱼的决策。我这个人有个脾气,就是认为对的事一定要坚持,不管谁反对,不管他如何反对,我一定要做下去,而且要做得最好。有些干部一闹,倒是在我思想中有了一个搞五湖四海的念头。永联过去矛盾多,干群不团结,除了底子差外,就是由于不搞五湖四海。一个单位、一个集体、一个村庄，如果没有团结，没有五湖四海精神，永远会是一盘散沙，即使它有机会强大，也是暂时的。一个国家、一个民族也是如此。①

吴栋材本来是三年任期，而他却改变主意，把根扎在了这里，一干就是三十六年。他感叹说："连我自己也没想到，我一个外乡人竟然成了比永联人更永联的人。"当时已42岁的吴栋材之所以做出这样重要的人生选择，主要有两个具体原因：一是中共十一届三中全会的方针政策让他真的从心里觉得自己想干些事的愿望可以实现了，不像之前上面的领导不欣赏他，去了几个地方都干不成事，空怀抱负；二是他与永联人开始建立了感情，他被群众和干部们希望他带领他们摆脱贫困、走向富裕的真情实意感动了，他不愿舍弃这帮穷乡亲，想把这个穷村变成富村。

"农是一碗饭，副是一碟菜，工业致富来得快。"永联从1974年至1976年陆续建起了4家小型企业，但都自生自灭了。1978年中共十一届三中全会以后，大队工业进入较快发展时期。1978至1983年这六年间，在吴栋材的领导下，永联又陆续建办了8家小型企业，产品有50多种。第一家工厂是在沙洲县动员和支持下，用挖塘养鱼挣得的"第一桶金"，本着合作双赢的原则，与国营沙洲电机厂挂钩合作建成的白铁冷轧和矽钢片车间，也称小五金厂、电机厂。由此"真正获得了'第一桶金'的生意资本和比资本更重要的办企业经验"，这就是"'鱼道'之外的'人道'——用诚意去寻找理想和合适的合作伙伴，用诚信去同合作伙伴共同致富"②。

永联人在吴栋材书记的带领下，以"四千四万"（走遍千山万水，吃尽千辛万苦，说尽千言万语，排除千难万险）精神闯天下，集体经济趋于好转，永联村出现了前所未有的变化。制服了三角圩，治好了村里的致命伤，不再种"走脚田"；先于邻村通上了高压电，家家拉上了电灯；原来的"五多"变成了"五少"：小偷小摸少了，打架吵骂的少了，春天闹缺粮的少了，贷款欠债的少了，干部甩乌纱帽的少了；同时还出现了新的"七多"：社员存款多，余粮多，手表多，收音机多（基本普及），缝纫机多，穿高档衣服的多，准备造新房的多。到1981年年底，永联既无内债，也无外债了。到1983年年底，村集体有了将近20万元的资金积累，脱掉了贫穷落后的

---

① 何建明. 江边中国［M］. 南京：江苏教育出版社，2013：121.
② 何建明. 江边中国［M］. 南京：江苏教育出版社，2013：137-138.

一个苏南乡村的治理之道
——张家港永联村调查

帽子。

1980年地名普查时,村庄按要求不再用数字命名,类似部队番号的七〇圩、23大队改名永联大队。根据吴栋材的诠释,"永联"的寓意是因村民由大新、鹿苑、兆丰、南丰迁移至此,要"永远联合,共同进步"。他还拟了一副对联:"永创千秋业,联结四海友",把"永联"两字嵌入其中。1983年,县、社两级体制改革,实行政、社分设,公社改乡,大队改村,生产队改村民小组,永联大队随之更名为永联村。

"无农不稳,无商不活,无工不富。"永联由农而副,由副而工,工商结合,并不意味着这是"放之四海而皆准"的万应灵药,如果那样,岂不都成了没有产业分工的"小而全"了吗?问题在于,在永联这块地上主要搞农业的确比较勉强,即使后来自然条件得以改善,发展单一的种植业也还是难以摆脱相对贫困的状态。因此,关键是如何扬长避短,因地制宜。吴栋材来了之后组织村民养鱼、办厂,这是在同一块土地上的不同选择,事实证明这是正确的选择。当然,除了对自然条件的合理利用外,还有对政治动向、经济走向的准确把握,和对政策资源、市场环境、社会关系的充分利用。

因此,在当代中国既定的村治体制下,村庄干部,尤其是村庄书记的人选及其作用就十分关键。这个关键主要体现在两个方面:一是行政代理人(对上)与本村当家人(对下)角色的协调;二是个人的德行和能力。在20世纪70年代的永联村,既有前者的矛盾冲突带来的政策导向上的错误,又有后者的失败导致的管理上的混乱。而吴栋材则避免了这种错误和混乱。不仅如此,吴栋材具备企业家的人格、精神、素质和能力,能集政治家和企业家于一身。也许更根本的是,吴栋材参加抗美援朝战争的经历,使他确立了"为人民服务"这一终生不渝的做人宗旨。在朝鲜战场,他所在的连队没有几个人活下来。他身体多处负伤,死里逃生,是战友把他从死人堆里抬回来的。他说:"我的这条命不属于我自己,它应该是那些牺牲的战友们的生命的延续。这样的生命只能去为更多的人服务,这就是我几十年来做人的宗旨和根本出发点。"[①] 永联人自己的总结更是简明扼要,那就是"一个好书记,带领一个好班子,落实了党的好政策"。

---

① 何建明. 江边中国[M]. 南京:江苏教育出版社,2013:58.

第二节 村庄工业化——村企合治

◇ 一、华夏钢村

1984年春天的中共中央"一号"文件里第一次正式出现了"乡镇企业"这个名词，使乡镇企业的发展从偷偷摸摸、羞羞答答一下子变得名正言顺、堂堂正正了。吴栋材敏锐地意识到"大干的机会来了"。但是干什么呢？还是干这些小打小闹的微小工业吗？他从逐步富裕起来的苏南农民的造楼运动中，发现了一个巨大的商机：建筑钢材前景无限，建办小型轧钢厂。

但当时最缺乏的首先是资金，其次是人才。永联村是南丰供销社的对口扶贫单位，两家关系不错。于是，1984年3月，永联与南丰供销社达成合作意向，共同投资建办沙洲县永联轧钢厂。但在向行业主管部门沙洲县冶金工业局申报时，未获批准。出于无奈，双方商议从供销社系统寻求出路，以南丰供销社联营厂名义，向沙洲县供销合作联社申请批复"南丰供销社建筑材料厂"厂名。申请很快获批。双方随即签订联营协议，各出资30万元，办起了轧钢厂。后来双方又陆续追加投资。供销社先后派去20几个人，作为钢厂的班子成员和骨干。一年以后，南丰供销社建筑材料厂获准更名为沙洲县永联轧钢厂。[①]

吴栋材曾将永联办工厂的过程分为三部曲：1979—1980年是熟悉、开始阶段；1981—1983年是准备、探索阶段，各类项目都尝试一下，利润积累20万元；1984年是点火、腾飞阶段。轧钢厂兴办之后的第二年，产值突破1 000万元，利润超过100万元，永联村一跃成为全县十大富裕村之一。之后轧钢厂一年增加一个车间，三四年后很快在张家港、在冶金行业崭露头角，融入了机器大工业的主流。轧钢厂的"点火"是永联村历史上具有突破意义的一跃。[②]

但问题也接踵而来，村里互不相关的小工厂、子公司，麻雀虽小，五脏俱全，人力、资金、市场开发样样不可缺，而效益好的轧钢厂缺少人才和资金投入，争来争去，谁也没能力扩大再生产。村里人开始不再像当初那样抱

---

① 编委会. 永联村志［M］. 南京：江苏凤凰出版社，2015：153-154.
② 新望. 村庄发育、村庄工业的发生与发展［M］. 北京：生活·读书·新知三联书店，2004：114.

成团，多数村民满足于现状，主张小而全，搞多样化经营。永联村一度陷入了困境。

经过几年的探索和市场调查，吴栋材提出，砍小活大，握紧拳头，全力以赴开发螺纹钢市场，形成钢材规模生产优势。当时多数村民不同意，省、市主管部门领导也不赞成，认为"吊死在一棵树上"，风险太大，永联经不起再折腾了。但吴栋材以他惯有的做法，力排众议，于1987年砍掉所有小企业，通过熟人关系，与国企中国拆船总公司华东分公司联营，投资120万元建成230轧钢生产线。永钢再次抓住了机遇，1988年，全村再创利税300万元。

1989年，国家实行宏观调控，钢材市场由热变冷。永联轧钢厂利用关停小企业积攒的资金，抢抓生产技术改造，强化企业内部管理，扩能增效。这不但让永钢转危为安，还为新一轮的发展抢得了先机。1992年，永联轧钢厂全年生产钢材4.8万多吨，实现利税2 300多万元。永联轧钢厂从办厂到它的"联峰"牌产品风靡市场，只用了五六年的时间。事实胜于雄辩：没有当初小企业的死，也许就不会有今天的永钢。①

1992年邓小平发表南方谈话，吴栋材又确立了更大的目标，决定上两个大项目，办大轧钢厂。一个是上一条灰口铸铁管生产线，另一个是从北京科技大学钟延顿教授手上买来一套高强度短引力半自动连轧生产线。在接下来的几年里，永钢又建成了几条生产线。到1997年，永钢拥有了4条年产40万吨以上的轧钢生产线。这样的生产线全国共有60条，永钢占1/15。企业在10年时间里，生产设备、轧钢工艺、内部管理、人员素质、产品质量、产品品种、安全生产、对外声誉等各方面都跨出了大大的一步，实现了新的历史性跨越，驶入了快车道，成为全国排名第三的黑色金属加工企业。2002年，永钢拥有职工2 752人，资产总值由最初的30万元增至21亿元，是当年的7 000倍。至此，永钢真正成了苏南乡镇企业的巨人。② 永联村也因此被社会学家费孝通誉为"华夏第一钢村"。

随着永联轧钢厂的崛起，永联村各项社会事业和人民生活水平迅速提高。十余年来，永联村投入1亿多元进行了村镇规划建设。先后挖成了深水

---

① 新望. 村庄发育、村庄工业的发生与发展[M]. 北京：生活·读书·新知三联书店，2004：132－134.

② 新望. 村庄发育、村庄工业的发生与发展[M]. 北京：生活·读书·新知三联书店，2004：151－157.

井，建起小型水厂，村民喝上了清洁水；铺上了沙石路，通到每一个村民小组；盖起了卫生所，解决了村子因位置偏僻，村民看病难的老问题；村民家庭财产保险、奖农支农、奖学助学、发放养老金等集体福利也开始逐步实施；95%的村民迁入新居；影剧院、敬老院、学校、卫生院、宾馆、职工宿舍小区以及高等级的园林、马路，一应俱全。① 到2001年，村里的公共设施焕然一新，新的永联学校、医院、集贸市场、社区公园和广场等均建设完成。影响到全村长远生存环境的七干河大桥、永南排涝站、新六干河排涝站等也都全部完工。柏油水泥路通到全村每家每户，每户安装了卡式电表、秸秆气化燃具等。②

二、强村弱队

自20世纪20年代以来，中国村庄具有自然村（相当于后来所称的生产小队或村民小组）和行政村的双层结构。自然村是自然而然形成的村落，行政村是国家行政力量渗入的结果。二者从关系来看，有两类情形：一类原本就是一个大的自然村落，往往还具有家族组织的基础，所以与行政村是相互重合的；一类是多个自然村组成一个行政村。但永联村在严格意义上却属于另类。老永联一开始就是在政府主导下组建而成的移民村，并非"自然"形成的村落；又由于难治，一开始县和公社就不断派驻工作组，所以行政村的"行政"色彩天生就比较强。不仅如此，说得更明白些，它一开始就是一个由县、公社与村三级共治的村庄。新永联是由5个行政村合并而成的"超级村庄"，其"行政"色彩更加浓重了；这只是相对而言，原各行政村在合并后倒像建立在各村民小组之上的大自然村了。所以，研究永联需自觉留意自然村和行政村及其关系的特殊性。

就农业时代农民的生活范围而言，自然村是一个功能相对完整的基本互助单位，而行政村则更多地具有行政管理的职能。村庄步入工业化（特别是兴办大工业）之后，行政村取代了自然村作为基本功能单位的地位，企业集中在行政村，农业大部分以集体农场或农业公司的方式管理，自然村不再是一级经济单位，只承担某些准行政职能，如上传下达、评比精神文明户、调解人际关系等。永联并队扩村成为超级村庄后，村庄居住区重新规划，逐渐实现集中居

---

① 新望. 村庄发育、村庄工业的发生与发展[M]. 北京：生活·读书·新知三联书店，2004：109，156-158.
② 何建明. 江边中国[M]. 南京：江苏教育出版社，2013：306.

住，自然村聚居的格局被打破。在此过程中，人们的活动范围也早已突破了自然村的限制。自然村与行政村关系的这一变化，反过来对永联的工业化发挥了重大作用。

永联办集体工业，不论是起步，还是腾飞，首先是行政村自主统一开发和利用本土资源的结果。村庄资源主要有两大类：一类是土地和人力，可称为自然—经济资源；一类是以亲缘和地缘为纽带的社会关系网络和村组织，可称为社会资源。

农村土地所有权具有农民集体（生产小队或村民小组）所有和国家所有的双重形态。随着乡村工业化推进，乡镇和村庄对土地的非农使用需求增大，国家土地控制权下移，赋予了行政村非农用地初级审批权。因而，行政村对土地的非农使用拥有了事实上的控制权和决定权，进而为村庄在行政村一级集体利用非农用地和实现村镇规划提供了条件。[①]

村庄的人力资源，相对于土地和农业来说是充足的或"过密化"的，乡村工业的发展在一定程度上解决了这一问题。只是需要区分的是，由于劳动力转移的驱动力量是工业和农业的比较利益机制，因此，村庄人力资源的转移遵循工业优先选择的规则，具体来说就是，首先转向工业的是年轻力壮和文化程度较高的劳动力，而非一般所谓农业剩余劳动力。同时，村庄劳力的人力资本投入比较低，恰好与工业化初期技术含量低、劳动密集型企业形成优势互补。[②]

但是，在改革开放的形势下，村组织一方面因国家权力的撤退在一定程度上恢复了自治，另一方面也往往因此削弱了自身的权威。而如果集体经济基础差，或者通过改革转化为个体经济，那么村组织一般就名存实亡了。如果城市或其他农村有着更优越的从业机会，村庄的劳力就会外流，造成本村工业所需劳力的缺乏。

永联避免了这一问题的困扰，这与当时江苏省的农村经济体制改革大背景密不可分。改革开放之初，各省对安徽凤阳县小岗村率先实施的"包产到户"持不同的态度。江苏省因原先集体经济基础较好而不主张包产到户，尤其是苏南地区推行家庭联产承包责任制可能比其他地方要晚六七年。或许正是因

---

① 折晓叶，陈婴婴. 社区的实践："超级村庄"的发展历程 [M]. 杭州：浙江人民出版社，2000：47.

② 折晓叶，陈婴婴. 社区的实践："超级村庄"的发展历程 [M]. 杭州：浙江人民出版社，2000：48.

为如此,后来苏南的乡镇企业才能异军突起。而且,江苏省严格规定只准集体搞工业,不准私人搞。尤其苏南对个体经济制定了种种限制性政策,如党员干部不许从事个体经济和长途贩运。在由计划经济向市场经济的转轨期,这种社区干部对劳力、资源、生产资料的统一组织,在永联工业化的起步阶段起到了一定的积极作用。同样,正是因为遵循这一路径,永联也才能推行"砍小活大",集中力量办好主导产业,对产业进行合理调整的方针政策。而与此相对应,为了解决因产业单一给村民带来的就业困难,村里开始允许个人在村域内办私营企业和个体商业,原则是所有非集体企业均不能与集体企业在同一产业和营销上发生竞争。这是不同于市场经济古典模式的发展道路。

但永联与苏南其他地方乡镇企业的发展模式也有明显的不同。永联原来的集体资产近乎零,事实上还背负着沉重的外债负担,也没有政府名义的贷款、集资。上级政府除了政策性推动之外,并未直接介入,而且由于上级政府对吴栋材在永联办工业的做法存有不同看法,使其后来的种种介入也成为不可能。永联另外的主要不利因素,是它本身的良性社会资源严重缺乏(可以说也是一笔"不良资产"),技术和管理人才也明显不足。因而,在永联村办企业的初始阶段或"原始积累"阶段,吴栋材的个人因素在其中起到了更为关键的作用。他善于把握政策、运用政策,追求质量第一,信誉至上,具有强有力的组织管理能力和个人魅力,能对各种内外部社会资源进行有效转化和利用,能对各类内外部人才进行合理吸纳和调动。

◈ 三、村企合一

在永联村工业化过程中,村庄与企业(后来主要是永钢集团)之间的关系,总体上是合二为一的关系,只是二者的主导地位前后有所翻转:开始村庄作为母体孕育抚养了企业,到企业长大后又反哺村庄,简单来说就是经历了从"村办企业"到"企业办村"的过程。

村办企业既指企业的产权归属于永联村,也指永联村以村庄的方式兴办企业,即村庄将村组织结构引入企业组织,使"村领导班子—企业领导班子""党委会—董事会"重合,"村党委书记—董事长""村经济合作社社长—总经理"一身兼二职,从而统一调配全村各种资源用于企业建设,工厂或公司实际上成为村庄借以生产、经营和管理的最基本的组织形式。

企业办村有两层含义。第一层指村庄公司化,即以其原有的集体企业或村经济合作社为基础,引进现代公司制度,从而形成了公司化了的村庄结构。在工业化的过程中,永联村在一定意义上已经逐渐转型为企业组织,形成永钢集团公司,集团公司成为村庄新的形象,公司集"党、政、企"权力于一体,村委会作为集团公司的一个分支机构,主管农业和村务,村财政也是公司财政的二级核算单位。农业部分相当于企业的一个"车间"或农场,其生产、经营和管理基本上以企业的方式进行。从这个意义上来说,村庄就是一个企业,是以企业或公司的方式存在的。第二层指企业经济实力强大后,成为村镇建设和村民生活保障的财力后盾,村庄基础设施建设和社会事业兴办、村民应缴纳给国家和地方的税赋、以工补农、村民福利和保障等方面的所有费用,几乎均由企业支出。①

四、企业改制

永联轧钢厂先后进行过三次改制。第一次改制是在1993年,主要特点是建立股份合作制。那次改制的目的有两个:一是增加管理骨干和技术骨干的收入;二是集资。是年9月,由751名干部职工按工龄、职务自愿投股,共认购3 000万股份,每股1元,组建江苏永钢集团公司。②当时由于螺纹钢行情好,主要是缺资金,因此现金股每元的年红利达到0.4元左右。但永钢集团的前途却并不明朗,因为国有企业也正在进行改革,国企一旦甩掉包袱,走出困境,乡村企业在规模、人才、技术上的差距就会彻底显现出来,就会失去竞争力。因此,一些干部职工倾其所有,这在当时还是冒了一定的风险。

但这一次改制并没有根本改变永联轧钢厂村办企业的产权制度,远不足以充分调动企业创业者和骨干的积极性和创造力。所以,还需要进行明晰企业产权制度改革。于是,永联于1997年6月着手组建股份有限公司。吴栋材在转制动员会上说:

> 永钢的头头脑脑们,在南丰,乃至张家港全市也算是数得上的企业家。现在一些同龄人,有本领的都去搞私人经营和承包企业,当了小老板,他们的收入很快都是几十万、百万以上了。我们如果仍拿几万元一

---

① 折晓叶,陈婴婴. 社区的实践:"超级村庄"的发展历程[M]. 杭州:浙江人民出版社,2000:59-62.
② 编委会. 永联村志[M]. 南京:江苏凤凰出版社,2015:209.

年，有多少人能心理平衡？等他们心理平衡再搞还来得及吗？①

1997年7月至1998年8月，永联村请南京会计师事务所对全村所有资产进行评估。经评估确认，全村总资产92 880万元，净资产33 279.34万元。在清产核资基础上，对永联村和永钢集团的资产进行界定和分割，其中5 110.6万元资产划归永联村，28 168.74万元划归永钢集团。其间，决定由江苏永钢集团公司和该公司工会职工持股会及董事长、总经理、副总经理8位自然人共同出资，组建江苏联峰钢铁股份有限公司，建立企业法人财产制度，使永联村集体单一投资改变为多元投资，实现产权结构的多元化。从外地职工多、个人积累有限的实际出发，确定公司股权结构相对集中的基本原则，主要由集体控股，经营决策者持大股，中层干部持中股，供销和技术骨干、部分职工持小股；并实行了"租股结合，风险共担"的办法。"租股结合"具体指永钢集团的28 168.74万元不转，由组建的股份公司租赁使用，并按4%的年息缴纳租金。股份公司股本总额为14 300万元，其中永钢集团公司以评估确认后的净资产9 960.86万元认购相应股份，占总股本的69.66%；永钢集团公司工会职工持股会以现金人民币3 572.76万元认购相应股份，占总股本的24.98%；董事长吴栋材及总经理、副总经理等8位发起人以现金人民币766.38万元认购相应股份，占总股本的6%。② 所有非农用地由集体向村民租赁，每亩每年补贴其青苗损失费800~1 000元不等。

为进一步深化企业产权制度改革，优化股本结构，2002年2月，永联村党委决定对江苏永钢集团公司进行第二次产权制度改革，主要采用租赁并逐步购买永钢集团公司资产的办法，调整江苏联峰实业有限公司集体股和个人股的股本结构。调整后，永钢集团的集体股金占总股本的比例由69.66%减少到25%，个人股金占总股本的比例则由30.98%增加到75%。③ 二次改制后，企业的经营决策层和中层干部及营销、技术骨干的股金数额有了较大幅度增加，生产经营者的收益与企业经营状况休戚相关。

1998年的永钢集团改制，为村庄和企业治理模式由村企合一走向村企分开提供了契机。但村企分开并不是一件简单的事情，其真正实施仍然需要一个过程。事实上，永联1990年就试行过村厂分开。当时吴栋材开始主抓工

---

① 吴栋材在干部会议上的讲话笔记，1998年1月24日。
② 编委会. 永联村志[M]. 南京：江苏凤凰出版社，2015：209-210.
③ 编委会. 永联村志[M]. 南京：江苏凤凰出版社，2015：210-211. 其中，江苏联峰钢铁股份有限公司于2000年5月8日更名为江苏联峰实业股份有限公司，简称联峰实业。

业，后来村里搞了一个永联工贸实业总公司，但还是依靠永钢集团而存活，自然很快就解散了。

综上所述，我们看到，永联的工业化经历了以工兴村、轧钢富村、并队扩村、炼钢强村等阶段，在这一过程中自然而然地形成了村办企业、企业办村、村企合一、共同治理的乡村治理模式。在特定的发展阶段，这一治理模式是合理而有效的，但随着形势的发展变化，也日益暴露了其中隐藏的矛盾和问题。

第三节　村庄城镇化——多元共治

◆ 一、并队扩村

到1995年，永联村可耕地已不足50亩，永钢集团和永联村的发展空间受阻。1995年9月，邻近的扶贫村永新、永南被并入永联，开创了"以富带贫"的空前之举，一举两得，互利双赢。并村后，新增土地4 800多亩，新增人口4 200多人，全村土地面积达到5.2平方千米，1 750户，5 400人，永联村形成了名副其实的"超级村庄"。张家港市同时并村的另外几个村实际是名并实不并，原班子没动，唯有永联合并得最彻底。按照南丰镇的规定，合并后的永联村实行"四个统一"：领导班子统一配置、发展规划统一制定、各项社会公共事业统一管理、各项投入统一安排。

2002年中共十六大召开，永联人看到未来一段时间又是少有的经济建设和社会建设大发展的时期，于是做出又一个具有历史意义的决定：首期投资10亿元建炼钢厂，用自己炼的钢材生产螺纹钢。建大项目，征地拆迁是最关键和最复杂的事。永联办企业二三十年，大规模征地拆迁不下三四次，不是没有难题，但每次总体上都很顺利。就用地来说，如果说以前主要是因为用本村的集体土地，比较方便，这一次则是因为1995年并村时，已把并入的4 000多亩地流转到集体，建成苗木基地或征用为工业用地了，农民们每亩地可以获得每年1 200元的贴补收益，自然是不会反对的。上级对于拆迁安置也有非常周密合理的安排，把被拆迁村民的利益考虑得很细，在难题出现之前就把它化解了。所以每次拆迁搬家，绝大多数村民都很支持。在这种情形下，永联村于2002年7月又顺利合并了安乐村的一个组。

2005年和2006年永联又集中合并了3个村。此后就决定不再并村了。2008年最后合并了其中一个村的1个组，100多亩地，100多口人。原因是建设永联小镇过程中，这个组看着永联村的福利待遇好，就找理由想并进来，比如说永联小镇的高楼影响了他们的水稻生长，并以此为由堵塞永联小镇建筑工地的排水通道。时隔整整一年，最后永联村把它合并过来了。

表2-1　1995—2008年永联村区划调整情况表①

	并村时间	并入村组	现组别	并入耕地面积（亩）	并入户数（户）	并入人口（人）
1	1995年9月13日	南丰镇永新村1—17组	6—22组	2 266.1	762	1 979
	1995年9月13日	南丰镇永南村1—18组	23—40组	2 597.98	897	2 285
2	2002年7月31日	南丰镇安乐村17组	41组	177.64	62	168
3	2005年4月16日	南丰镇和平村9、10、11、12、13、14、15、16、18、21组（原安乐村9—16、18、21组）	52—61组	1 409.084	546	1 281
	2005年4月16日	南丰镇永丰村29、38组（原新建村9组、18组）	62—63组	262.712	89	218
	2005年4月16日	南丰镇东胜村1、2、8、9组（原乐余镇东胜村1、2、8、9组）	43—46组	808.205	212	545
	2005年4月16日	南丰镇东胜村8、9、10、14、15组（原乐余镇东华的8、9、10、14、15组）	47—51组	611.949	238	616
4	2005年6月21日	乐余镇东沙渔业队	64组	10.0	34	101
5	2006年7月20日	南丰镇永丰村28组（原新建村8组）	76组	210.17	59	153
	2006年7月20日	南丰镇东胜村17、18、19、20、21、22、23、25组	65—75组	1 731.1	546	1 412
6	2006年9月14日	南丰镇东胜村15、16、24组				
7	2008年11月13日	南丰镇永丰村30组（原新建村10组）	77组	121.37	53	124
	合计			10 206.31	3 498	8 882

---

① 编委会. 永联村志［M］. 南京：江苏凤凰出版社，2015：47.

一个苏南乡村的治理之道
——张家港永联村调查

永联之所以不再考虑并村了，原因除了它在未来一段时间里不会有土地瓶颈的限制，即使需要土地也可以通过政府进行征用，更主要的是并村与"共富"对永联无论如何都是一个艰巨的任务，村企关系也比以前更复杂了。

随着永钢集团的发展壮大，永联村不仅通过并队扩村，大大扩展了村域范围，迅速增加了户籍人口，而且还吸引了大量外来人口前来务工经商。到2009年，永联村域内的人口形成了"三个一万"：一万永联村村民，一万永钢集团员工，一万从事商贸、物流等行业的外来流动人口。包括本村人在内的人口流动（流入、流出）明显增加。

表2-2 1973—2015年永联村基本情况①

年份	村人口（人）	常住人口（人）	户数	耕地面积（亩）	村民收入（元）	村可支配收入（万元）
1973	766	—	192	696	—	—
1994	924		268	50		
1995	5 333	—	1 758	4 955	4 500	—
2004	5 398		2 012		11 258	
2005	8 078	—	3 185	2 511	14 811	5 352
2006	9 900	11 378	3 343	1 864	15 005	5 113
2012	10 593	17 101	4 146	1 539	28 766	9 979
2015	10 993	16 422	5 307	3 000	39 905	13 500

◆ 二、村镇规划

2005年并队扩村与十年前不同，并不是因为永钢急需用地，而是另有设想和规划：一是为永钢集团进一步发展储备用地，二是为永联新农村建设筹措用地。2005年10月中国共产党十六届五中全会提出要按照"生产发展、生活富裕、乡风文明、村容整洁、管理民主"的要求，扎实推进社会主义新农村建设。而在此之前永联就已开始筹划了。

吴栋材说："农村不可以没有农民，不可以没有农田。没有农民和农田的农村，是不完美的，不是真正的农村。"因而，两次大规模扩地并村无疑是永联长远村镇规划建设的大手笔。而且不止如此，以后的永联村，不只是

---

① 编委会. 永联村志[M]. 南京：江苏凤凰出版社，2015：66–67、107、386.

盯住自己的土地，一旦土地减少了，就可以流转周边村的土地，但不是并村，而是专门流转土地，通过土地承包，让土地发挥最大效益。

随着并队扩村和永钢集团发展而带来的人口大规模聚集，公共设施大规模建设，集体资产迅速增加，本村劳动力的非农就业和外来流动人口的多样化谋生方式也带来了新的工作方式和行居方式，而且每次征地拆迁都会促进村民们集中居住。人与地、人与物、人与人的关系都在发生变化，公众需求和公共事务以及与之相关的公共管理和公共服务也随之不断增加。村庄和企业其实在代行准政府职能，但由于公共管理与服务的新特点与复杂性，原有的治理模式已不适应，村庄超常规成长的现实酝酿和呼唤着新的村庄治理模式。但吴栋材年事渐高，已经心有余而力不足。2004年上半年，炼钢厂刚建好，他就把二儿子吴慧芳从部队劝说回来。于是，这一使命落在了吴慧芳的头上。

1993年，永联村曾请规划师编制了"五区一场"的村镇建设规划，即工业生产区、生活娱乐区、文化教育区、村民住宅区、商业贸易区和特种养殖场。1995年和2003年，永联村又两度调整村镇建设规划。吴慧芳上任后，按照中央和省市的有关政策精神，根据永联迅速变化的新形势和未来发展愿景，于2006年主持出台了《关于建设社会主义现代化新永联的决议》，明确提出"把永联村建设成为由现代厂区、生态林区、高效农业区、文明社区构成的，集体经济实力雄厚，社会保障全面系统，空间布局科学合理，生态环境优美宜人，居民生活文明富足，社区管理规范有序的社会主义现代化新永联"的目标，到2010年率先实现中央和省、市政府提出的社会主义新农村建设要求。据此，永联村再次调整村镇建设规划，整个村域由新型工业区（永钢厂区）、现代农业区（永联现代农业生产基地）和农民集中居住区（钢村嘉园）三大板块组成（见图2-1）。

其中，为实现农民集中居住，永联村借助集体经济实力雄厚的优势，抓住国土资源部关于"城乡建设用地增减指标挂钩"的试点机会，从2006年开始，先后投资15亿元，拆迁了全村分布在10.5平方千米范围内、散居在田间地头的3 600多户人家，按照城镇化、现代化标准，建起了占地面积800亩、可供2万人居住的农民集中居住区——钢村嘉园（2007年更名为永联小镇），以及规划建设或改造升级配套设施如小学、幼儿园、医院、农贸市场等。截至2015年年底，已有4 500户村民入住，98%的村民实现了集中居住。村民集中居住，村庄就地城镇化，进而推进了农业、农村现代化，为构建新的乡村治理模式奠定了基础。

三、社区化管理①

永联村实施社区化管理和服务并非开端于上述 2006 年出台的《关于建设社会主义现代化新永联的决议》，亦非后来 2011 年永合社区的成立，其实早在 1996 年完成第一次大规模并队扩村后，永联村就建立了永联社区管理委员会，开始对村民实行社区化管理和服务。管委会下设宣传教育、文化体育、卫生服务、便民服务、求助服务、治安管理、环境管理和农业服务 8 个服务中心，86 个服务网点。管委会由主抓农村工作的村党委副书记担任分管领导，党委组织委员、村委会主任分别担任正副主任，江苏永钢集团公司及村委会主要职能部门的领导分别担任 8 个服务中心的负责人。主要职责除继续承担原行政村的行政领导和监督职能外，工作重点转向为居民提供文体娱乐、教育卫生、衣食住行、社会治安等方面的服务。

2006 年，永联村的社区化管理和服务上了一个新台阶。随着第二次大规模并队扩村的基本结束，永联村投资 500 余万元，将原永钢商场改造成永联社区服务中心。中心建筑面积 5 000 平方米，共 5 个楼层，分别设有一站式服务大厅、文明家庭奖展示厅、村史厂情展示厅、图书馆、党员活动中心、影视厅、健身房、青少年活动中心、舞厅等 22 个活动场所，为永联村居民提供民事调解、便民咨询、知识培训、法律援助、计划生育指导、党团活动、图书报刊阅览、学习参观、娱乐健身等 43 个服务项目。中心主任由村委会主任兼任。

2009 年 3 月，南丰镇永联社会事务管理服务协调领导小组（后改称南丰镇社会管理服务中心永联分中心）成立，组长由南丰镇党委委派，成员分别由派出所等相关部门组成，负责城镇管理、社会治安、交通秩序、工商管理、卫生监督等公共事务管理。同年 4 月，鉴于永联村基本实现城乡一体化，居民基本实现集中居住，原来以村民小组为单位的组织管理方式已不适应社区生活方式的情况，永联村民委员会将原村民小组仅作为农村二次分配的基本组织依据，主要实行社区管理模式，以楼栋为单位，借助设立园区长、居民小组长和联络员的组织方式实行统一管理。2011 年 4 月，永联村向南丰镇政府提出申请并获批准，决定把永联村域内的永联社区和永联小镇合

---

① 编委会. 永联村志 [M]. 南京：江苏凤凰出版社，2015：291 – 293.

并，组建永合社区，承担起永联村域范围内的社区保障、劳动就业、居家养老、公共卫生、治安保卫、环境保护等社会公共事务。

四、五位一体

目前，全村在10.5平方千米村域范围内，形成了南丰镇社会管理服务中心永联分中心、永合社区、永联村经济合作社、永钢集团、社会组织"五位一体，共融分治"的乡村治理格局。这一治理格局的形成，是永联村在城镇化进程中，产生问题，发现问题，进而在解决问题中一步步探索、实践、调整而来的。

(一) 镇社会管理服务中心永联分中心：公共管理和服务均等化

如上所述，随着人口的大量聚集和流动、村民的集中居住，公众需求和公共事务也日益增加。在经济实力的支撑下，当时永联村提出"城里人有的，永联也要有"，先后建设了学校、医院、农贸市场、商场等城镇化的设施，一段时期内，方便了村民的生活。但随着时间的推移，一些问题和矛盾也显现出来。

比如农贸市场，有的外地摊贩来卖的菜，农药残留超标，老百姓吃了之后身体不适，反映到村里，认为村里建了农贸市场，就应该管理好。可问题是村里一没有检测的人员和技术，二即使想检测，这些摊贩也不搭理，因为村里没有执法权。再比如医院，一些村民拆迁后，虽然还住在村里，但户口性质已经"农转非"，纳入了城镇医疗保险范围。另外，在永钢集团工作的村民，企业帮他们缴纳了城镇医疗保险。而当这些人在永联的医院就医时，由于农村采用的是合作医疗，他们的权益因而被削弱。

在永联，每天有几千辆车子出入，近10万吨的货物进出，人流量、车流量、物流量相当大，因此出现了车辆拥堵、道路交通事故频发等问题。另外，人流量、车流量、物流量大的状况，无形之中增加了商机，许多小商小贩涌入永联村，做起了生意，随之又出现了占道经营和店铺外围脏乱差等问题。

其实这些问题早已经存在，永联村曾专门成立综合治理办公室管理这些问题。后来投入160万元，在村域内5个主要入口安装了卡口，在村域内主要道路上均安装了红绿灯和高清摄像头，安排人员加强巡逻。但由于缺乏执法权，即使高清摄像头拍到了车辆超速、闯红灯、乱停放等违法违规现象，也无从管理。小商小贩在马路边摆摊，影响交通秩序，村部工作人员要求其整改，却遭反驳是"假警察"。

类似的事情还有很多，也让永联村认识到，在城镇化的背景下，应当有城镇化的管理和服务，仅仅依靠村委会进行乡村治理，是管不了、也管不好的。因此，永联村积极争取，在张家港市、南丰镇政府的大力支持下，2009年3月，南丰镇社会管理服务中心永联分中心挂牌成立，公安、交通、城管、卫生、工商、消防等执法机构和人员入驻永联分中心，将政府的公共管理、公共服务延伸到了农村，实现了公共管理、公共服务的城乡均等化。

后来，永联村将学校、医院、农贸市场、卡口等逐步交由镇上管理。这些设施，虽然都是永联村的资产，但是"资产归资产、管理归管理"。这样调整后，村民可以享受到更好的服务。接着，永联村又将综合治理办公室的人员以及环卫设施、环卫人员移交给南丰镇管理，形成了"镇归镇、村归村"的治理格局。

(二) 永合社区：社会管理和服务社会化

随着永联村经济的发展，城镇化的推进，越来越多的外来人口集聚永联村。永联小镇建成后，由于村民拿到的是大产权、红本子，住房可以在市场流通，因此也有一些外来人口购置了永联小镇的住房，定居在永联村。据统计，截至2011年年底，居住在永联小镇的总人口有10 098人，其中外来人口2 786人。人口结构的变化也带来了一些乡村治理上的问题。比如有的外来人员半夜喧闹，影响了周围村民的休息。也有个别外来人员，利用车库开棋牌室，村民认为影响不好。这些事情反映到村委会，村委会前去做工作，都被"我又不是本村人，你凭什么管我"给噎了回来。再比如永联小镇刚建起来的时候，住户基本都是永联村村民，为给村民提供优质的物业服务，永联村引进了国家一级物业公司大桥物业。每年缴纳物业费的时候，都是由永联村委会采取"暗补"的形式直接替村民缴纳。后来，随着外来人口逐渐增多，村里逐渐意识到以"暗补"方式给村民缴纳物业费，实际上损害了永联村村民的利益，因为许多住在小镇上的外来人员不需要缴纳任何费用，却同样能享受到一样的物业管理服务，这对永联村村民是不公平的。

永联小镇占用的800亩土地属于城镇建设用地，是由政府征用的。在建设永联小镇的过程中，经历了立项、规划报批、房屋质量监管等环节，因此，永联小镇就是一个纯粹的城镇化的社区，和城市里的社区本质上是相同的，在社会管理上，也需要朝着社区建设与管理的方向发展。为此，永联村又积极争取，同样得到了张家港市、南丰镇政府的大力支持，于2011年4

月，在永联小镇成立了永合社区，行政关系隶属于南丰镇镇政府。这样一来，有效突破了管理外来人口的瓶颈，同时也保障和维护了永联人的合法权益。

（三）永联村经济合作社：村组织职能经济化

永合社区成立后，永联村村委会将原来承担的计划生育、民事调解、征兵等社会管理职能全部移交给了永合社区居委会，永联村村委会的职能变得单一，主要是经济管理，与村经济合作社管理机构的职能基本重叠。但这一转化的一个主要目的，在于实现村企、政经、经社分离，突出和强化经济合作社的地位与作用，使这个以集体土地、集体资产和集体资本为纽带的经济联合体真正做大做强，这就需要村委会治理模式向村经济合作社治理模式的转变，而这也就意味着要对原村经济合作社进行重大改造。

这一调整凸显了永联村民身份的分化，即由村民一重身份分化为居民和社员双重身份，一是永合社区的居民，二是永联村经济合作社的社员。为了更好地维护和发展社员的经济利益，2012年3月，永联村在借鉴发达国家乡村治理模式、尊重现代企业制度、保持社会主义本质要求"共建共享"原则的基础上，修订了《永联村经济合作社章程》，对社员资格确认、社员代表选举、经济合作社组织架构等做出了明确规定。随后，依据《永联村经济合作社章程》，从社员中选举产生社员代表，组织召开了第一届社员代表大会，选举产生了第一届永联村经济合作社理事会和监事会，理事会聘请经济合作社社长、副社长，以及五个管理部的班子。至此，永联村完成了由村委会治理模式向村经济合作社治理模式的转变。

2013年，永联村实行村两委换届选举。考虑到永合社区成立后，永联村民可在社区行使选举权和被选举权，永联村于是向镇党委提出申请，村委会不再进行换届选举。对此，有村民向上举报，认为永联村村民委员会不进行换届选举属违法行为。经向民政部基层政权与社会建设司确认，永联村不举行村委会选举是合法的，因为这一做法满足了三个条件：一是永联村的集体资产产权清晰；二是永联村农民的集体资产由经济合作社来承载管理职能；三是永联村村民可在永合社区实现一人一票选举。就这样，从2013年10月起，永联村民委员会在永联村成为历史，不复存在。

（四）村企关系：从村企合一到村企合伙、村企合作

改革开放初期，以集体经济为主导的乡镇企业在苏南遍地开花，永联村也自发形成了"村企合一"的发展模式，集中人力、物力、财力，使村企得

到了快速发展。但随着土地制度的规范，政企分开的要求和永钢集团现代企业制度的建立，股民意识的增强，永联村积极调整"村企合一"模式，逐步走向"村企分开"，实行村企合伙，村企合作。

村企合伙，指永联村占永钢集团25%股份，其他75%由永钢集团经营管理层持股，25%和75%加起来为"1"，永联村村民和永钢集团股民是一个整体，形成了利益共同体，因此，永联村老百姓希望永钢集团企业越做越大。

村企合作，指永钢集团和永联村互相支持，互相合作。比如，永钢集团把技术含量低的岗位剥离出来，由永联村经济合作社成立劳务公司，为永钢集团输送劳动力，让永钢集团的劳动支出变为永联村村民的劳动收入。

村里的资产和企业的资产，各有一本账，产权十分清晰。比如，永联议事厅是永联村经济合作社投资建设的，但由永钢集团旗下的旅游公司租赁经营，每年向合作社缴纳租金。因此，在永联村做到了"村归村、厂归厂"，"资产归资产、管理归管理"。

（五）社会组织：乡村治理的有益补充

随着工业化、城镇化的发展，永联村10.5平方千米的范围内，成为一个小社会。为更好承接政府职能，增强社会自治，永联村积极发展群众性、社会性、公益性、服务性社会组织，作为构建现代乡村治理体系的重要一环，形成有益补充。

这些年来，永联区域内先后成立和发展了永联为民基金会、爱心互助志愿者联合会、"五老"（老干部、老党员、老教师、老战士、老文体爱好者）志愿者协会、邻里互助服务队、"康乃馨"巾帼服务队、空巢老人服务中心等社会组织。这些组织，在扶贫、安老、团结邻里、加强文化建设等方面发挥了积极作用。比如村里专门建了一条爱心互助街，以这条街为主体成立的爱心互助志愿者联合会，已经在社区居民、永钢集团员工中吸纳了2 000多名志愿者，日常开展为老年人送餐、爱心家教等活动。这些社会组织的存在，让工作和生活在永联村的人变得更加幸福，也让永联村变得更加和谐。

上述这五个治理主体，相互联系，又各自独立。南丰镇社会管理服务中心永联分中心隶属于南丰镇政府，负责永联村区域内的公共事务管理和服务。永合社区是以永联小镇居民为主体而设立的，其中的社区居民委员会是一个社区自治组织，同时承担计划生育、民事调解、征兵等职能，也隶属于南丰镇政府。永联村经济合作社是永联村村民以集体土地、集体资产、集体资本为纽带的经济联合体,其管理班子的主要职能是确保集体土地的有效利用和集体资产的保值增值,实现社员利益的最大化。永钢集团是永联村区域内的股份制民营企业,采用现代企业管理制度,独立经营,自负盈亏。社会组织是政府公共服务供给体系和基层民主治理体系的有益补充。

为避免这五大组织各行其是,加强它们之间的利益协调和工作联动,2015年,永联充分发挥党组织的核心领导作用,又将"五位一体,共融分治"的治理格局具体化为"党建引领,五位一体,区域协同,依法办事"的工作机制,并于同年8月成立了永联社会文明建设联合会,选举产生第一届理事会,吴慧芳当选为理事会会长。永联社会文明建设联合会的成立,有望将永联区域内的相关单位和人员凝聚在一起,共同推进永联的社会文明建设。

2010年上海举办世博会,永联是参展单位中仅有的两个中国村庄之一,而且有3.6万吨钢材留在了永久性场馆;2015年意大利米兰举办世博会,永联则是唯一参展的中国村庄,"永联小镇"牌大米被作为"国礼"赠送给意大利政府,并被确定为中国馆指定用米……以永联为代表的中国农村城镇化展示项目,向世界展示了中国农业、农村、农民的新面貌。

第三章 集体经济

永联村从建村开始，它的经济就是以种植农业为主的集体经济。1984年实行家庭联产承包责任制以后，村集体经济在我国农业领域大为削弱，甚至名存实亡，不过在村办工业企业中得到了转移、延续和强化。但1998年永钢转制为股份公司，又改变了村办企业的集体经济性质。不过，也许正因为如此，永联村集体经济再次得以重建。目前永联的经济形态是混合经济，其中最大的经济体是永钢集团，它早已成为驻村但超越村庄的股份制民营企业；较小的是一些个体私营经济；但具有相当规模且最具特点的，是永联村集体经济。这里要考察的正是永联村的集体经济。

第一节 集体经济组织

从经济组织入手考察集体经济比较方便操作。原来永联村集体经济组织主要是永钢集团和永联村经济合作社，以往对永联的研究多以永钢集团为重点，而永钢集团转制以后已不再是村办集体企业，所以，除了在适当的地方还会涉及永钢集团之外，本节主要对永联村经济合作社，尤其是2012年改造后的永联村经济合作社进行考察。

一、村经济合作社的演变

1983年5月，农村行政体制改革，永联大队改为永联村，设村民委员会和村经济合作社。永联村经济合作社与村民委员会一直是两块牌子、一套人马，其实是村委会下属的一个管理部门，主要负责村集体经济的管理。永联村的经济发展方针是农、工、副并举，所以经济合作社分别配备专管农业、工业、副业的副社长。20世纪八九十年代吴耀芳任社长期间，工业没有另外专门配备副社长,由社长兼任,可见工业在合作社中的重要地位。

20世纪七八十年代,永联先后创办了十几家企业,其中有点规模的是村集体与国营厂合资联营的集体企业,包括1984年建立的轧钢厂,其余大多是村办的集体小企业。1987年,永联砍小活大,只保留了轧钢厂。在随后的十几年中,轧钢厂的规模不断扩大。1984年实施家庭联产承包责任制以后,永联村的农业和部分副业转化为个体经济。合作社的农业经济管理职能因而明显削弱,农业副社长主要负责农作物的连片种植、统一灌溉、病虫害防治等事务的指导和协调。

企业转制是一个更重要的节点。1998年永钢集团进行改制,组建江苏联峰钢铁股份有限公司,触动了村办企业的集体经济性质,不过仍由村集体控股,约占70%。2002年第二次改制,企业发起人和职工个人参与控股,村集体股降到25%。企业在明晰产权的基础上确立了独立的法人地位,村经济合作社自然不再具有管理工业的职能。但是村经济合作社并没有撤销,因为还需要对农业和副业进行管理。

农村实行经济体制改革后,逐年增多的富余劳动力开始向乡镇企业、副业、运输业、建筑业、商业和服务业转移。1984—2003年,永联出现了一批养猪、养家禽、种蘑菇专业户;有些农户因无人耕种土地,将承包田转让,于是出现了一批种田大户,其中有当地的农户,也有外来人员。农户可以自己承包,但是需要由村集体来组织、备案和监督,村经济合作社就主要履行这一职能。镇上还有一个农业服务中心,指导各村农业合作社社长,通过通知发到每个种田大户,面向大户实施管理,比如说杀病虫害的药水,是定点供应、统一发放使用的。1998年亚洲金融风暴后的两年,永钢集团受到一定程度的冲击,企业调整,精简人员350名,转向土地,发展花样农业和养殖业。村里拿出100万~120万元奖金,奖励那些搞家庭副业、养殖业和种粮的大户。也就是说,除了合作社继续搞一些副业(比如养梅花鹿、种蘑菇)之外,也鼓励个体去搞副业。进入21世纪,国家对农业政策做了重大调整,一面减免农业税费,一面增加农业补贴,鼓励粮食种植。补贴标准不是国家统一规定的,各地有可能不一样,这就需要农业专业合作社进行统计上报和分配发放。

也就是说,村经济合作社由于企业转制而丧失了工业管理职能,经过演变成为农业专业合作社,专门管农业。经济合作社既没有撤销,也没有真正发挥作用。

一个苏南乡村的治理之道
——张家港永联村调查

2004年,永联村开始实行土地承包经营权集中流转,到2010年,流转土地9 988亩。同年,村民开始集中居住到永联小镇,准备成立永合社区。这对村经济合作社来说是一个重要转折点。因为永联村由行政村转化为社区,村民转化为居民,需进一步推进政经分开、村企分开;进而村集体资产追求产权明晰,总量巨大,需要强化村集体经济组织的地位和职能,以保证集体资产保值增值。这首先需要强化集体土地的经营和管理。于是,也是在2010年,由苏州江南农耕文化园、永联现代粮食基地有限公司、永联现代农业发展有限公司、江苏永联园林工程有限公司4个单位出资,永联村民以土地入股的形式,组建永联土地股份专业合作社,注册资金9 435万元,入社农户2 417户,入股土地面积5 870亩,主要从事旅游、花卉、粮食、苗木等项目经营。土地股份专业合作社的建立,促进了土地、劳动力、资金等生产要素的合理配置,实现了农业的高产高效和村民增收。①

2011年4月永合社区成立后,永联村村委会将原来承担的计划生育、民事调解、征兵等社会管理职能全部移交给了永合社区居委会,永联村村委会的职能变得单一,主要是经济管理,与村经济合作社管理机构的职能基本重叠。而这一转化的主要目的之一,正在于实现村企、政经、经社分离,突出和强化经济合作社的地位与作用,使这个以集体土地、集体资产和集体资本为纽带的经济联合体真正做大做强。因此,需要村委会治理模式向村经济合作社治理模式的转变,而这也就意味着要对原村经济合作社进行重大改造。

这一调整同时凸显了永联村民身份的分化,即由村民一重身份分化为居民和社员双重身份,他们既是永合社区的居民,又是永联村经济合作社的社员。为了更好地维护和发展社员的经济利益,2012年3月,永联村在借鉴发达国家乡村治理模式、尊重现代企业制度、保持社会主义本质要求"共建共享"原则的基础上,修订了《永联村经济合作社章程》。随后,依据《永联村经济合作社章程》,从社员中选举产生社员代表,组织召开了第一届社员代表大会,选举产生了第一届经济合作社理事会和监事会,理事会聘请经济合作社社长、副社长,以及五个管理部的班子。至此,永联村完成了由村委会治理模式向村经济合作社治理模式的转变。

改造后的永联村经济合作社是在农村双层经营体制下,由永联村集体经济组织成员以集体土地、集体资产、集体资本为纽带组成的经济联合体,坚

---

① 编委会. 永联村志[M]. 南京:江苏凤凰出版社,2015:107.

持集体所有、合作经营、民主管理、成果共享的原则,承担集体资源开发与利用、资产经营与管理、生产发展与服务、财务管理与分配等职责,实行自主经营、独立核算。其主要目的是发展集体经济,维护社员经济利益,使永联村集体土地和集体资产的效益最大化,让社员共享集体经济的发展成果。

二、社员和社员小组

(一)社员资格确认办法

新的永联村经济合作社的第一件事,是将永联村村民的一重身份,转化为永合社区居民和永联村经济合作社社员双重身份。村民转居民不过是前一种身份直接转换为后一种身份,可村民转社员则并非如此简单,而是需要对社员资格加以重新确认。其中的关键在于,合作社的资产(首先是土地资产)中是否有村民个人或家庭的份额,集体资产产权需要明晰,个人资产产权当然也需要明晰。因而,社员资格便主要取决于土地承包经营权,社员资格确认其实主要是土地承包经营权确认,简称土地确权。土地确权本身是一项复杂的工作,而决定社员资格的除了土地承包经营权,还涉及其他因素,致使社员身份确认变得更加复杂,很容易产生误解和纠纷。为此,村委会于2011年专门制定了《永联村经济合作社社员资格确认的规定》(2012年1月1日实施)。该规定依据村民土地承包经营权的持有情况、村民户籍性质、婚姻结构、拆迁方式等,将经济合作社社员区分为A、B、C三类。

A类:

有田农村居民。即拥有本村1998年7月1日土地承包经营权证书(并按永联村内部协议拆迁安置)的在册农村居民。其中1998年7月1日之后多子女家庭因婚嫁户口未迁出的,因升学、就业和其他原因户口迁出后返迁的,不属A类社员。

B类:

无田农村居民。即在本村无土地承包经营权证书,但属本村有田农村居民的配偶、出生或随迁子女(并按永联村内部协议拆迁安置)的在册农村居民。其中:

(1)因婚取得本村土地承包经营权证书的有田农村居民,离婚后再婚,其再婚对象、出生及随迁子女,不属B类社员。

(2)因婚取得社员资格的无田农村居民,离婚或丧偶后再婚,其再婚对象、出生及随迁子女,不属B类社员。

（3）男满60周岁、女满50周岁以上再婚的，其再婚对象及随迁子女，不属B类社员。

（4）夫妻双方离异后，非因婚取得的有田农村居民再婚，其配偶及随迁子女的社员身份，离婚时有协议并报村委备案同意的，按协议执行；无协议的，其配偶及随迁子女，不属B类社员。

C类：

下列人员属C类社员：

（1）未按永联村内部拆迁安置办法实施协议拆迁的有田或无田农村居民。

（2）有田农村居民（因婚取得本村土地承包经营权证书的除外）离婚时原配偶未取消A类或B类社员资格的，再婚配偶及随迁子女是农村居民的。

（3）父母一方属永联村有田农村居民，其子女是无田城镇居民的在校学生。

凡符合下列情况之一的即取消村经济合作社社员资格：

（1）多子女家庭因婚嫁户口迁出或未迁出的。

（2）因政策、转干、随迁等其他原因户口迁出的。

（3）拥有本村土地承包经营权，因读书户口迁出的学生已毕业或中途退学的及在读研究生的。

（4）服刑人员仍在服刑期间的。

（5）死亡人员。

2014年7月，经确权的经济合作社社员共有10 767人。

《永联村经济合作社社员资格确认的规定》明确了社员的权利和义务。其中以下几项权利具有重要意义：

（1）年满18周岁，拥有独立民事行为能力的社员在经济合作社内有选举权、被选举权和表决权（这是经济民主权利，而非政治民主权利）；

（2）在同等条件下，享有受聘和承包、租赁、购买集体资产的优先权；

（3）享有社员代表大会决定的生产与生活服务、土地征收补偿分配和集体经济分配等权利；

（4）享有了解合作社经营状况和财务状况，对合作社提出质询、批评和建议，委托监事会查阅社员代表大会、理事会会议记录和财务账目等民主监督管理的权利。

在社员资格确认的过程中，遇到了各种各样的问题，产生了一些纠纷。

在我们访谈合作社常务副社长宋先生、副社长兼党总支部副书记蒋先生的过程中,他们都谈到纠正"误确权"是比较麻烦的一件事。

> 我们的利益分配是以土地权为基础的,具体以1998年土地确权为依据。有的人1998年之前就没有土地了,所以就应该不再享受与土地相关的待遇了。
>
> 1998年的时候有很多人都以脱离土地为骄傲的。有些人则比较勤劳,虽然他分不到多少地,但他有地种,因为有些人不想种,转给他种了。我没到永联之前,这一亩三分地自己也在种,但是现在土地却不属于我的了,因为在合并过程中被并到了永联,如果没有并到永联,我可能现在还在种。所以有些人心里也有些不服,就是因为并到永联了,土地没了,本来想当然以为这个地一直是他的。
>
> 在2006年并村时,可能是有的村干部不负责任,很多确权是存在问题的,资料不全,没有到现场确认。比如说,你王老师当时已经是国家户口了,应该没有土地了,但他不知道你在外面做什么,土地还是给你了。这就是我们现在所说的"误确权"。相对来说,我们永南、永兴做的还是比较好的。
>
> 对于"误确权"的,我们不能承认,要进行更正的。当然,承认"误确权",你多给他,他是开心的;但你要把他原来"误确权"的土地拿出来,是有一番争执的。比如说,你王教授当时户口出去了,1998年确权时还是分给你土地了。那时候分土地是要交农业税的,有的人家还不要呢,可是他给你种了。现在说要重新确权,你属于"误确权",而现在土地都有流转费的,政府却要拿走。你就说了,那时候这个土地分给我,是不允许抛荒的,抛荒要罚款的;还有这个地要交农业税的,1998年之前还有两费一金(水利费、教育附加费和公积金)。当时大家不要地的时候你叫我种,现在土地值钱了你要收回去啊,那当时我交的费用你还给我啊。
>
> 1998年确权的详细情况虽然有点复杂,但还是能搞清楚的。按照规定,1998年6月30号12点以前户口在的,就有土地,之后就没有了。我们当时去派出所查户口,看这个时点他的户口在不在这个村民小组,最终依据是户口,以户口确定土地。我们将所有村民的户口都已经查清楚了。
>
> 然后我们就一家一家地去做工作,苦口婆心地做思想工作。比如

说,虽然那时候你是吃了点亏,但是,直到现在都十四年了,你后期还是赚了点钱的,可以抵一抵的。还有呢,全家你一个户口出去了,其他人户口还在,还是享受永联村待遇的。要按照永联村的规矩办啊,你大头是赚了的,只是小头吃了点亏。还有,你是公务员,你是老师,你是国家培养的,你在这方面吃点亏,请你理解一下吧。

这部分人员主要还是公职人员,都是有出息的。其实其在公职享受的要比在我们永联村多得多。这部分人员主要是因为在我们永联村,如果在隔壁村,他根本不会想这个事情。他道理是有的,我们做工作首先要承认他道理是有的,不要把他说得一无是处。但是请你理解,你的想法不是错的,说法也是对的,但事实上不能成立,我们按照现有的规定去处理,请你理解。不能一上来就说,你不对,什么都不对。那样他就会跟你勒到死。我不对,那你对啊?有的事情是村干部做错了,没有仔细核实。但是你不能追究并村以前村干部的责任,他们有些都退休了或者调走了,那只能由我们现在的干部负责了。

这部分人的工作大部分还是做得通的。但有的也很不好做,他甚至要和你打官司。我说你打官司最好了,按照法院判的最好了。这就是要耐心地工作,你首先要承认他的理由,他吃了点亏,但他觉得还是我的理大。

有时候情、理和利要平衡一下。要建立些感情,说我和你的什么人是要好的,我跟你祖辈或什么邻居有什么特殊关系啊,以后有机会我们村里面还要找你合作。就是说点好话呗,要不怎么办呢?我也知道我有理亏的地方,但是我不能从经济方面来满足他,经济补偿是补不完的,谁嫌自己的钱多啊?你要给他理由。(20140624S,20140624J)

尽管有各种麻烦,但由于《永联村经济合作社社员资格确认的规定》比较周全细密,总体公平合理,村委工作细致耐心,社员资格确认的任务还是顺利完成了。

(二) 社员小组

社员按原村民小组划分社员小组,村民小组自然取消。各社员小组通过小组会议推选1名小组长,其任期与理事会成员任期相同,可以连选连任。社员小组长在本组社员及经济合作社间发挥桥梁纽带作用,并落实合作社布置的日常事务。社员小组长经考核称职的,按规定享受一定的经济补贴;不称职的,由理事会提议、社员小组会议表决予以罢免。

三、组织机构及其职能

永联村经济合作社仿照永钢集团的现代企业治理模式,其组织机构由社员代表大会、理事会、监事会、管理班子组成。下面根据《永联村经济合作社章程》(2014年施行),介绍一下各机构的产生办法、构成、职能及其相互关系。

(一)社员代表大会

社员代表大会是合作社的最高权力机构,由合作社社员代表组成。

社员代表15户推选1人,以社员小组为单位由社员在18周岁以上有选举权的社员中推选产生;社员代表中男55周岁、女50周岁以内的应占70%以上,妇女代表应占30%以上;社员代表每届任期三年,可以连选连任。

社员代表大会行使下列职权:

(1)通过和修改《永联村经济合作社章程》;

(2)讨论并决定《永联村经济合作社章程》未明确的社员资格条件及保留、丧失社员资格的有关事项;

(3)选举、罢免理事会成员和监事会成员;

(4)听取、审议理事会和监事会工作报告;

(5)审议和修改《永联村经济合作社章程》之外涉及合作社整体或重大利益调整的各项规章制度;

(6)讨论决定经济发展规划、生产经营计划、基本建设投资计划、年度财务预决算、集体收益分配、各业承包方案;

(7)讨论决定集体企业改制、集体资产处置方案;

(8)监督财务管理工作;

(9)讨论审议合作社的分立、合并、终止事项。

社员代表大会分为定期会议和临时会议。定期会议每年召开一次。《永联村经济合作社章程》对社员代表大会的召集者和主持者、议事规则做了说明和规定。

(二)理事会

理事会是社员代表大会的执行机构和日常工作机构,对社员代表大会负责。

理事会设成员7名,由社员代表大会选举产生。理事会成员候选人由30名以上社员代表联名推荐或由村党委从社员代表中提名;候选人报永联村党委、南丰镇党委批准后，获社员代表大会三分之二以上到会代表通过方可当选。理事会每届任期三年，可以连选连任。

理事长是合作社的法定代表人。理事长代表理事会向社员代表大会报告工作，代表合作社签订协议、合同等。理事长辞去职务，需向社员代表大会报告并公布任内经济审计情况，并经社员代表大会审议通过。

理事会行使以下职权：

（1）召集、主持社员代表大会，并向社员代表大会汇报工作；

（2）执行社员代表大会通过的决议；

（3）拟定涉及合作社整体或重大利益调整的各项规章制度；

（4）拟订合作社经济发展规划、生产经营计划、集体资产经营管理及基本建设方案；

（5）组织重大投资项目可行性论证并提出投资建议方案；

（6）拟订合作社财务管理制度、财务预决算方案、收益分配方案、资产经营责任考核方案；

（7）拟订合作社合并、分立、终止方案；

（8）决定合作社内部管理机构的设置，聘任、解聘合作社社长及管理干部；

（9）制定合作社的基本管理制度。

（三）监事会

监事会是社员代表大会的监督机构，对社员代表大会负责。

监事会设成员3名，由社员代表大会选举产生。监事会候选人由30名社员代表联合推荐或由村党委从社员代表中提名。候选人报永联村党委、南丰镇党委核准后，获到会代表三分之二以上票数方可当选。监事会每届任期三年，可以连选连任。

理事会成员及其近亲属、社长及其近亲属、合作社财务人员不得担任监事。

监事会行使下列职权：

（1）监督合作社章程的执行；

（2）监督社员代表大会决议的执行；

（3）监督理事会、高级管理人员的职责履行及日常工作，对违反法律、法规、章程或者社员代表大会决议的理事、高级管理人员提出罢免建议；

（4）当理事、高级管理人员的行为损害合作社的利益时，要求董事、高级管理人员予以纠正；

（5）审查合作社财务并向社员公布审查情况，定期开展民主理财和财务清理活动，审核合作社各项财务收支。

监事会由监事会主席召集和主持，每6个月至少召开一次会议。监事可以提议召开临时监事会会议。

监事会发现合作社经营情况异常，可以进行调查；必要时，可以聘请会计师事务所等协助其工作，所需费用由合作社承担。

（四）管理班子和职能部门

合作社实行理事会聘任社长负责制，设社长1人，常务副社长1人，副社长1人，组成管理班子。社长向理事会负责。社长、常务副社长、副社长可以不是社员，可与理事会成员交叉任职，每届任期三年。

社长行使以下职权：

（1）组织实施社员代表大会和理事会决议，列席理事会并向理事会报告工作情况；

（2）向理事会提名聘任或解聘合作社各职能部门负责人及管理干部名单；

（3）主持合作社社员服务、社员利益调处、文明建设、资产管理、生产经营等工作，对合作社社员评价，对合作社财务状况负责；

（4）决定合作社普通员工的薪酬福利、考核管理；

（5）行使职权时，不得变更社员代表大会和理事会决议。

合作社设综合管理部、社务管理部、资产管理部、经营管理部、财务管理部五个管理部门。各管理部分别设经理1名。经理由理事会聘用，可与理事会成员交叉任职。

各管理部门职责分列如下：

（1）综合管理部负责文明创建、文秘宣传、组织人事、智慧永联、安全5S、档案管理等工作。

（2）社务管理部负责社员确权、拆迁安置、利益诉求、"文明家庭奖"考核等工作。

（3）经营管理部负责经营管理好粮食基地、苗木公司、劳务公司等实体单位。

（4）资产管理部负责社员土地流转、集体绿化、土地、房屋、设施等资产的维护、修缮、整治和租赁、出售、招商管理。

(5) 财务管理部负责财务管理、会计核算、资金收付、财务公开等工作。

2015 年，合作社优化组织管理机构，取消各部，成立"三办三公司"，即成立综合办、社务办和财务办，资产管理职能并入综合办，保留劳务公司、苗木基地、永联米业三个公司。

合作社各组织机构的关系可这样概括：社员代表大会是最高权力机构；理事会是社员代表大会的执行机构和日常工作机构；监事会是社员代表大会的监督机构。理事会和监事会由社员代表大会选举产生，并对社员代表大会负责。理事会聘任经济合作社社长、常务副社长、副社长和各职能部门负责人，组成管理班子，管理经济合作社的内部事务。

（五）党总支部

村经济合作社还有一个组织机构，即党总支部。合作社党总支部是村党委下面的一个总支部。村党委原是村企合一性质的，下分两个总支部：永钢集团总支部和永联村总支部。党委的重心在永钢集团，吴栋材老书记既是永钢集团的董事长，又是村党委书记。村经济合作社党总支部就是村党总支部的平移，吴慧芳书记由原村党总支书记转换为合作社党总支书记，兼任社长。按照村企分开的思路，永钢集团和永联村将分别单独成立党委，这个过程大概需要三到五年。

《永联村经济合作社章程》明确并理顺了社员代表大会、理事会、监事会、管理班子和职能部门之间的权责关系，其中社员代表大会是合作社的最高权力机构。《永联村经济合作社章程》没有把党总支部包括在合作社组织机构中，也不涉及它与各组织机构的关系。但其实党总支部恰恰是合作社真正的领导机构，其他机构如果真的按《永联村经济合作社章程》规定的那样履行各自的职责，党总支部的位置就没有地方放了。事实上，各机构是否真的有能力履行好各自的职责，还有待于实践演练和时间检验。

第二节 集体资产的确权和经营

集体资产是集体经济的基础，是集体经济组织的纽带。永联的集体资产包括集体土地、狭义的集体资产、集体资本三部分，狭义的集体资产又包括经营性资产（苗木、房屋、门店）、公益性资产（公共设施）两类。本节主要按此分类梳理永联集体资产的产权确权和经营管理。

一、集体土地

（一）土地的开发和利用

老永联原有土地1 175亩，到20世纪90年代中期已经使用殆尽，永钢的进一步发展因而受到限制。1995年，永南村和永新村两个村并入永联村，增加土地6 885亩，永联村土地总面积为8 081亩。新增土地大部分用于永钢集团的建设和发展。同时，永联村的农业结构也进行了几次调整。1985年和1991年分别缩减稻棉60%，先后种麻、植桑。1996年后，该村缩改粮棉2 500多亩用于扩大蔬菜、果品、花卉、苗木、食用菌、牧草、饲料玉米栽培以及发展特种畜禽、水产养殖基地。1999年，投资2 300多万元建立高科技农业示范园区，有鹿业、特种养殖和花卉园艺三个基地，占地550亩，被列入江苏省级农业现代化十大示范区。[①] 2002年扩大苗木基地，面积由500亩增加到2 000多亩，主要目的是为永钢集团的进一步发展储备土地。

2002—2008年，南丰镇安乐村、和平村、东胜村、永丰村的全部或部分村民小组及乐余镇东沙渔业队先后并入，永联村的土地面积增加到了15 750亩。如果说十年前的并村扩地主要是为了永钢拓展空间，那么这一次除了原有的目的，则同时也是为了永联村的发展，为了解决"三农"问题，建设社会主义新农村。15 000多亩土地在用途上做了这样的分配：农业用地4 450亩，工业用地7 500多亩，小区建设1 000多亩，道路河道1 000多亩。其中，4 450亩农业用地包括1 500亩粮食基地，1 800亩苗木基地，150亩水产养殖基地，300亩花卉基地，另有江南农耕文化园700亩。农耕园属于旅游业，是建立在现代农业旅游基础上的，是现代农业基地的延伸。土地用途的分配也反映了永联工业、农业、林业、旅游业四业并举、互相配合的产业结构。

（二）新增土地资产及其收益分配

永联15 000多亩土地中有一部分是原来未被统计、后来新增加的部分。这部分土地被明确为村集体资产，由村委会统筹分配，每位社员新增4分地。宋常务副社长详细说明了新增土地资产及其收益分配的由来和做法。

---

① 编写组. 永联村志[M]. 南京：江苏凤凰出版社，2015：112 – 180.

原来的耕地面积也就是"三包"面积，即交农业税的土地面积，当时在20世纪五六十年代核定下来的。农业税减掉以后，各个生产队（即村民小组）就提出来说我们的土地不止这么多。比如说我是24组，我们的"三包"面积136亩，而土地总面积是160亩。我们是长江边上的滩圩，枯出来以后有堤岸，枯出来越来越多，也有变高的，就有很多沟、河（很宽）。河道不用以后，堤岸的泥就填河道，这样堤岸和河道就都好种粮食了。原来有个生产队，全是枯出来的，其实就是一条河道，坑坑洼洼的，现在我们把它填满了。这是一种情况。还有原来没有规划的农村道路，各生产队原来都有沙窝、社场（打麦子、打水稻的地方），都搞副业（豆腐坊、养猪、羊等）。就是这些地方土地多出来了。集中居住后，土地就不完全按照国家核定的"三包"面积了，去年全部统一改定了。这些多余的土地就是各个村民小组的集体资产，是村民应得的利益。

20世纪80年代分田到户，各村民小组的集体资产（包括水泵）都卖掉了；到并村的时候，有一些集体房产早就毁掉了，有的村其他集体资产几乎没有，但土地资产是有的。根据张家港市政府文件的要求，我们2013年讨论经济合作社资产要清晰，企业和村集体的资产要明晰，村集体和老百姓的资产也要明晰。土地是老百姓的权益，这是国家明文规定的（除了国有和集体所有土地、公共建设用地）。集中居住以后，我们觉得多出来的土地同样是农民的利益，我们不能侵犯。所以我们2013年给每个村民补了4分地。新增的土地分配实际是二次分配，张家港其他地方都没改，就永联村改了。

原来每个村民小组的人均土地是不平衡的，人多田亩就少，人少田亩就多，最多的是每人分地1.7亩，最少的是每人分得7分地。土地流转给集体，按照1 300元一亩地的标准，1亩以下的全部算作1亩。这样，实际上每人至少1亩地，全村人的土地就趋于平衡了。在这个基础上，每人再增加4分地。根据土地承包法，承包期内所承包的土地是不变的，叫"生不增、死不减"。但对于新增加的这部分土地，嫁出去了减2亩，生了增2亩，叫人一半、地一半。我们将土地资产实实在在地算给老百姓。

那么，在这个问题上村民小组和村经济合作社是什么关系呢？各家各户承包确权的土地还是以村民小组为单位，但新增的土地则不再以村民小组为单位来计算，而是在全村范围内由村委会统起来进行分配。因为以前各村民小组的土地虽然有老图纸，但那时候没有卫星测量，各组并没有清晰的边界，并村征地后，各自实际上到底有多少土地，比如一些河道、道路等公共的土地，都不好算。像老永联，土地早都征掉了，根本搞不清楚。（20140904S）

也就是说，永联并村征地、集中居住后，除了按承包确权的土地支付征地费和每年的流转费而外，再把非承包土地进行全村统筹，每人重新分配4分地，也按承包确权的土地流转费标准支付。在永联，土地征用和没有征用的收益都是一样的。因为按照当地政府政策，土地征用费每亩1.8万元，其中30%返还给村小组集体，其余的统一给被征地村民缴纳社会养老保险费（即"土地换保障"）。永联村的做法是把社会保险部门发放的养老保险金统一收回，按自己制定的标准给村民发放，其标准（600元/人）高于当地标准（360元/人），而且不论征地与否，永联村民都能享受村里发放的养老金。后来新增的4分地和这个是没有关系的。

（三）土地资产的经营管理体制

1984年永联村实行土地承包制，农民对土地拥有承包权和经营权，集体经济在农业上大为削弱，甚至名存实亡。但在土地上，村集体不仅仍拥有所有权，而且通过优先供给工业用地、推动农业产业结构调整和制定奖农补副政策，事实上还主导了土地的使用权，而且将这种主导权成功地转移到了行政村一级。比如村委会制定实施了一套促进农民参与农业产业结构调整的激励办法：村民种植经济作物每亩收入超过2 000元的，每亩奖励200元；养羊户养羊数在50只以上，出售时80%以上单只重量超过25千克的，奖励养羊户100元/只；新种蘑菇户，奖励标准为18元/平方米。

村集体主导土地的使用权，目的除了保障永钢集团的发展用地，还有通过产业结构调整，以工补农奖农，来帮助农民发家致富。因为农民有些事情想不到，一家一户的经济能力也有限，需要集体创造条件，进行引导和资助。比如种蘑菇，所需的大面积土地和大棚由集体提供，对愿意经营的农户给予资助，其他投入则由农户自己承担。如果村民自己搞大棚，集体就给他发放奖金以进行奖励。通过资助和奖励，开一个头，然后个人自己想办法搞。这不属于承包，生产成本由农户自己承担，不论集体提供基础设施还是发放奖金，有了效益都归农户，集体并不收取任何费用。

尤其是2005—2006年再次大规模并村扩地，永联把土地统一流转到村集体；同时推进村企分开，土地资产产权更加明晰。永联对进一步扩大了的全村区域再次进行规划，开始全面进行社会主义新农村建设，筹建永联小镇，实施集中居住，对土地资产进行重新估算、组合和利用，建立现代农业基地，村集体对土地使用的支配权因而更加彰显。在充分保障农户土地承包权益的前提下，不仅土地的使用权，而且土地的经营权事实上也重新回到村集体手中，以土地及其他资产为纽带的村集体经济重新建立起来。

2013年，永联村经济合作社经过改造后，村集体经济以现代企业制度的形式确立下来。合作社按照"集体所有、合作经营、民主管理、成果共享"的原则，成立经营管理部，负责经营管理粮食基地、苗木公司、劳务公司等实体单位。成立资产管理部，负责社员土地流转，集体绿化、土地、房屋、设施等资产的维护、修缮、整治和租赁、出售、招商管理。除了"合作经营"尚需充分体现，其他都是实实在在地体现了。通俗地说，一切基本都是集体的——集体所有，集体经营，盈亏也是集体的。2015年，合作社进一步优化了组织管理机构和职能，取消各部，成立"三办三公司"，但其集体所有和经营的性质未变。

永联村民承包的土地是按集中流转的方式回到集体的，而不是按土地入股的方式成立所谓的土地股份合作社，村民享受的是从集体每年领取土地流转费和达龄老人每月领取养老金，而不是年终按股分红。之所以会如此，与土地的用途及其收益是分不开的。永联的集体土地主要用于农业，而农业的生产目的主要有两个：一个是解决粮食安全和环境安全问题，另一个是解决劳动就业问题，主要追求社会效益和生态效益。农业的经济效益本来就比较低，永联这样来定位农业，其农业的经济效益就更低了，目前能持平就已经可以了。当然，经济合作社的收入主要不是来自基于土地的农业，而是来自房产性收入和资金股本的收入，这些收入以后也会考虑折算为股份分红。

下面我们通过一个案例来具体理解永联村基于土地资产的集体经济的经营管理模式。从目前永联村的土地使用情况来看，农林用地占到一半以上，而这正是属于村集体经济的主要部分，其中又以苗木基地和粮食基地为主体。由于苗木公司是合作社最早的经济实体和最大的公司，所以，这里选择苗木公司作为案例。

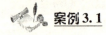 **案例3.1**

苗木公司

苗木公司始建于1998年，土地用的是村里的，但属于挂在永钢（当时即指联峰实业股份有限公司）旗下的子公司，叫张家港联峰苗木有限公司。2001年9月开始，公司响应国家农村产业结构调整的号召，种植了500亩苗木。进入2000年以后，永钢集团飞速发展，先后并村增加的土地除了用于钢城建设外，其余主要用于种植苗木。苗木基地规模逐渐扩大，到2009年面积最多时达到5 800亩。当时由于全国大搞城乡基本建设，绿化行业飞速发展，经营苗木的经济效益远远高于种植水稻等农作物，由于永联村拆迁安置全面推进，分散在各村落的村民集中到永联小镇居住，永钢集团、永联村的建设也需要大量的绿化苗木，因而，在苗木面积增加的同时，苗木种植也由最初的侧重生态林向侧重经济林转变，苗木公司的经营方向改为对内进行绿化种植、绿化养护，对外进行苗木生产销售，逐渐产生了经济效益。但苗木基地主要为永钢集团、永联村发展储备土地的这一功能始终没有改变。随后，永联村进行了轰轰烈烈的新农村建设，按照村企分开的原则，苗木公司划归永联村，土地被用来建设鲜花基地、粮食基地、农耕园、永联小镇等。至此，苗木基地的面积缩减到现在的2 000亩左右。现在苗木公司的资产评估约1亿元。

  苗木公司开始有五个管理人员，村委会主任兼基地负责人，一个会计，一个技术人员，一个生产队长，还有一个大学生。各人其实没有明确分工，工作需要干什么就干什么。苗木基地多年来一直实行比较粗放式的管理。一是由于人员结构严重老年化，男工的平均年纪为65岁，女工的平均年纪为60岁，而且90%以上的工作人员是永联村的村民。永联村的福利待遇比较好，也产生了一些负面影响，就是导致40多岁的人不愿意到苗木公司来干活。二是由于当时种的树还比较小，地方大，人员少，前期建设又要考虑节约成本。当时苗木基地没有独立的财务账目，都由村里统管。2006年吴慧芳书记来到永联以后，由于苗木基地规模更大了，书记、会计都退休了，就新招了十几个人，初步明确分工，也开始建立独立的账目。2008年宋社长调到苗木基地，把水利、环卫两块也都拉了进来，分成了几个科室，任命了几个部门的负责人。这就是部门的设置和人员的增加，形成了现在的苗木公司。公司现有100多人，其中管理人员20多人。

  在资产产权和经营管理上，苗木公司与永联村经济合作社的其他公司没有区别，其资产属于合作社，由合作社的资产管理部监管，其经营由经营管理部统领。公司在经济合作社引导下实行独立核算，自主经营，具体做什么事情、怎么做，不受干涉，但受一定的控制。公司只对合作社管理班子及财务负责，与合作社没有现金往来，只有账务往来。公司只管挣钱，不和村民打交道，和村民打交道的是合作社社务管理部。公司自行分配，但工资标准由合作社统一规定。管理人员的工资由经营管理部通过商议拿出一个方案，然后经过合作社管理班子讨论决定；普通员工的工资经过社长、常务副社长审批就可以了。干部和职工是不同的工资体系，各个公司只要级别是一样的，工资就是一样的，都是按级别和绩效算的，每个级别相差两万。少数在永钢集团公司持股份的另当别论。

每个公司在经营管理上也有自己的措施。我们这里主要关心的是，公司的经营管理措施，特别是收益分配办法对员工积极性的影响问题。因为无数经验表明，集体企业大多不容易调动个人的积极性。苗木公司陈经理介绍了他们的相关情况。

苗木公司在2012年曾采取一种特殊的措施，叫抵扣工资。具体做法是：除了直接介入生产的工人以外，经营班子成员每人拿出每个月工资的30%（主要负责人抵扣50%），整个班子参与独立核算，整体盈利超过多少就奖励多少，低于多少就从那30%里面扣，直到扣完为止，奖励不超过这30%，扣罚也不超过这30%。这个办法大大提高了管理人员的积极性。当时利润指标定的是40万，结果实现了120万。2013年又这样干了一年，2014年由于涉及新老交替、村企分开（完全分开），该政策就没有继续实行。

现在苗木公司和其他公司（实行个人承包的粮食基地除外）都恢复到以前的管理模式了，都是干部管职工的模式。现在培养起来的干部基本上都能管好了，也不需要这些激励措施了，经过这两三年工资的调整，都把30%补回来了，大家的工资水平都上升了。

我们对管理人员和工人的管理是不一样的，很大程度上取决于领导的管理方式。比如说我自己，我提出的是工人要管死，数量、质量、时间都要严格，全部量化；管理人员要管活，只要他们不出什么岔子，不搞鬼就行。目前业务上基本上都放手了。我们这里只有我、管理人员和队长、工人三级，我针对百来号人提出的管理办法还是比较有效的，调动了员工的积极性。永联村相对闭塞，所以人员流动相对来说也是比较慢的。其原因一是本地人比较多，二是感情培养的时间比较长，所以大家基本上有归属感。比如说我来这里上十年了，外面的工资可能比这儿高，但我不可能去。所以，这里的稳定性相对比较高。永钢有个很好的做法，就是认师父，找个人带你做你的师父；后来有人再进来了，就认你做师父。集团公司现在还有很重要的拜师仪式。在这个过程中，团队慢慢地形成很高的稳定性。

永钢和村合作社的管理层与工人的收入差距也不小，但都在合理的区间范围内，人们能够接受。我们公司年轻人相对比较少，比我年纪小的只有四五个，年纪大的将近退休，年纪小的跟着年纪大的学都来不及，哪有时间考虑离职、工资等，现阶段是他们的积累过程。缺少35—45岁这个中间年龄阶段的员工，这形成了一个断档。我目前也没有考虑这个问题。我们的工人属于永联村的居多，忠诚度比较高，即使明天别的地方工资高，他去了，但是也走不出永联。这个圈子都是熟人，领导之间都很熟悉，所以员工有些事都是内部解决了。

大多数干部是愿意选择个人创业，还是留在集体里面干？他们有自己的考虑。永联有它的好处，也有它的约束。一方面，年轻人只要想干一番事业，集团公司和合作社就搭建平台，比如成立公司，给你人力、物力、财力上的支持，鼓励你脱颖而出。这在其他地方是没有的。目前上亿元的资产放在我这里，即便我自己创业又能怎样？最终也要经历这个积累过程。因为见过世面了，即使你给我一个公司，说实话我也可以自己运作。虽然这一个亿的资产不是我的，但是我可以在自己的权力范围内合法地运作。另一方面，这其中可能有政治、经济各方面的制约因素，其实个人注册一个公司也会存在制约因素的，都要遵守游戏规则。当然，每个人都有不同的选择，就我自己来讲，目前在这个圈子里面没有其他想法，再加上我在这里已经干了这么多年，和领导也是师徒关系，也不太会有其他想法。我自己创业，可能收入多一点，但目前这样我也够用，所以也没必要另想一个挣大钱的办法。说实话，一个人勤劳节俭，一辈子平平安安，就很好了。（20140722C1，20140905C1）

二、集体资产

（一）集体资产及其产权界定

随着永钢集团的发展和永联小镇的建设，永联征用和流转了大量土地，兴建了大批基础设施、公共事业、商用房屋和民用住宅，集体资产迅速增加和累积，为公共事务和社会事务治理提供了物质基础。到2013年年底，除了土地和苗木，集体总资产已经达到37 600万元。根据永联村经济合作社提供的资料，现把永联村主要的公益性和经营性集体资产整理如下表。

表3-1 永联村主要集体资产一览表

名称	投资主体	投资额（万元）	占地面积（m²）	建筑面积（m²）	建设时间	主要设置和设施	经营管理主体
永联小学 初建 扩建	永钢 永联村 政府	66 900 60	10 500 13 176		2000 2005		政府 政府
南丰中心小学、幼儿园永联校区搬迁项目		12 000	51 863	55 000	2012 —2014		政府
医院	永钢			600			政府
农民创业园		1 441	50亩	12 787	2006	8幢标准厂房	永钢
农贸市场	永钢	238		1 553	2006		政府
商业街 江鲜美食街	永联村		长800m			112间门面店	合作社
长江美食文化展馆	永联村	500	300		2011		
永联文化活动中心及联峰广场	永钢	5 000		40 000	2006		永钢
永联戏楼	永联村	300		800	2010		合作社
图书馆 初建 扩建	永联村	10	1 500	200 1 200	1995 2006 2011	2 000册图书 20 000册图书 30 000册图书 70台电脑	合作社
爱心互助街	永联村	400				棋牌室、健身房等	合作社
敬孝堂	永联村				2009		合作社
农耕文化园 初建 扩建		5 000 20 000	500亩		2009 2011		永钢集团旅游公司
道路 过街隧道 永钢大道等主干道 永钢大桥	永联村 永钢 永钢	800 6 200	960 长250m		2010 2013	6台自动扶梯 20个红绿灯 双向六排道	政府

伦理学逻辑，当自身生存面临危机时会对市场经济做出各种方式的反叛，仅在勉强糊口度日条件下采取生产消费均衡模式，在条件具备时则接受和进入市场经济。因此，农民既被引向市场而表现出市场兴趣和市场能力，又有基于农业的弱势和农民的保守而实施多种自我保护的矛盾倾向。另一方面，他们的研究或多或少印证了一个客观问题：农村的需要与资本的市场诉求之间是有距离的。例如，农村、农业都需要货币，但是进入农村、农业的货币资本可能带来农民承受不起的损害，将农民置于巨大的生存风险之中。农村资源流向城市，农村日益衰败，还有农村伦理价值体系的崩塌等，需要国家建立某些应急保障机制。由此可见，乡村和市场之间既存在亲近与结合的一面，又存在冲突与矛盾的一面，乡村治理不能撇开市场实践而空谈管理。市场（经济）因素是乡村治理过程的决定性变量之一。

三、乡村治理与社区的互动

城市发展大大推动了社会物质文明的繁荣进步，但也为此付出昂贵代价：乡村的停滞、落后，城市生活过度的两极分化、过度浪费资源和愈来愈脱离人类赖以生存的自然环境。这种代价不仅抑制了乡村的发展，也抑制了城市的发展，社会的固有潜力未能充分发挥，必须探求新的城乡结构形态。[①]消除城乡隔离，或者终结乡村的初始想法逐渐被城乡有机联系思维所取代。乡村治理的基础转到乡村与城市过渡形态的集镇社区之上，这是以乡村工业化为起点，在乡间的交通结节点、集市以及区和乡行政中心逐步形成众多的、为农村农业和农村工业服务的、作为城乡纽带的集镇社区。[②] 集镇社区是介于乡村与都市之间的过渡居民区，它的性质既不同于纯农业活动的乡村，也有别于纯工商活动的都市。按照社会学家费孝通的观点，集镇是一种比农村社区高一层的社会实体，这种社会实体是以一批并不从事农业生产劳动的人口为主体组成的社区。从地域、人口、经济、环境等因素看，它们都既有与农村相异的特点，又都与周围的农村保持着不可缺少的联系。[③]

对于苏南地区而言，推行城乡户籍制度的改革，取消固有农业户口，建立以合法住所和稳定职业为准入条件的新型户籍管理制度；实施农村实事工程，解决交通、水电气供应、环保基础设施等重点项目，力求形成"无缝对

---

① 埃比尼泽·霍华德. 明日的田园城市 [M]. 金经元译. 北京：商务印书馆，2006：10.
② 黎熙元. 现代社区概论（第二版）[M]. 广州：中山大学出版社，2007：143.
③ 费孝通. 论小城镇建设 [M]. 北京：群言出版社，2000：8.

续表

名称	投资主体	投资额（万元）	占地面积（m²）	建筑面积（m²）	建设时间	主要设置和设施	经营管理主体
联峰大桥	永钢	4 770	长332m		2013	双向四排道	
公共自行车系统	永联村	300			2013	400辆自行车 500个锁车器	合作社
通讯（网络）	永联村					光纤全覆盖	合作社
永联议事厅	永联村	4 400		5 000	2013		永钢集团旅游公司
永联展示馆	永联村	2 000		2 000	2014		合作社

  2008年之前，永联村一直村企不分。当时永联村的一些集体资产，包括五个卡口的红绿灯、农贸市场、屠宰场、医院、学校等设施，由永钢集团出资兴建，既属永钢集团管理，又属永联村管理，基本上是一套班子，但在管理上日益暴露出各种弊端。2008年永联村成立一个综合治理办公室（永联村综合治理中心），专门由永联村管理，划分永联村资产和永钢集团资产，实现村企资产明晰，产权清晰，管理分开。永联的准备工作做得很充分，包括土地资产、苗木资产、房屋资产，都有一本账，都有具体的数量和金额，都很清楚，都清理结束了，企业归企业的，村里归村里的。虽然说原来村企不分，但村企各有自己的财务，所以原则上谁出资兴建，走谁的账，后来资产就归谁。如果资产主要是流转到永联村的土地，则资产归村集体。比如，农耕文化园的资产就属于永联村，只是由村租用给永钢集团旅游公司经营管理。

  但是，随着永联的发展，外来人口和外来参观人数明显增多，永联村对一些公共事务和机构，比如交通、农贸市场、学校、医院，也不能进行有效管理，于是2010年引进政府的公共服务职能，在永联村成立张家港市南丰镇驻永联社会事务协调领导小组，包括派出所、工商管理、交通局、卫生管理局等七八个部门，永联村把相关的集体资产每年按一定比例的租金租给政府，由政府进行管理。至此，真正实现了"村归村、厂归厂、镇归镇"的管理体系。

  政经分开，村企分开，资产明晰，产权清晰，强化村经济合作社管理集体资产、发展集体经济的职能，还基于一个认识上的转变。即永联村民仅依靠在永钢集团25%的集体股，既给企业带来了压力和负担，不利于企业的经营和发展，长远来看也是靠不住的；同时，也有损于永联村的持续发展，有碍于提升村民的竞争能力和奋斗精神。所以永联村必须要明晰并用好自己的集体资产，搞好自己的集体经济。用吴慧芳书记的话说就是："百年永联是肯定的，百年永钢则是相对的。"

（二）集体资产的经营管理体制

村集体资产的管理由合作社资产管理部负责，其具体职责包括社员土地流转，集体绿化、土地、房屋、设施等资产的维护、修缮、整治和租赁、出售、招商管理。

土地、房屋、门店等集体资产通过招商引资，以承包、出租等方式，促使其保值增值。比如农耕文化园的土地、房屋，永联小镇的集体资产，每年根据实际市场行情稍微涨一点儿费用承包出去，一个门面平均一年也有5万元租金，400个就是2 000万，年年都有这笔资金保障。

新修建的职工宿舍，也是经济合作社的集体资产，租给永钢集团后勤公司，一年就是几百万、几千万的收入，同时能够拉动永联的消费水平，形成连锁反应，带动经济增长。外来人住进去以后不像本地人，他们的消费水平会更高。假如说外来人有5 000人，他们的配偶、小孩、父母都过来，就可以带来15 000～2 000人，甚至更多，这样整个消费量就增多了。

苗木基地也是永林村一块很大的资产。地里的树年年都在生长，如果一棵树是100元搬进来的，5年以后成材了，可能就值300元。现在老的国道也好，省道也好，路边上的树长得这么大，如果这个路要变动了，这些树卖的话都能卖出大价钱，几千元一棵甚至有的上万元一棵，卖出去都是钱。所以，绿化1 600亩，包括永钢的也包括永联小镇的，树木天天在长，天天在增值。

根据吴慧芳书记意思，近十年是村企分开、政经分开的过渡期，接下来要想方设法发展壮大集体经济。集体经济是一个很大的盘子，经济合作社的压力也很大。第一，土地增值空间已经不大了，10.5平方千米的建设用地只有这么多，建厂、建小区已经用得差不多了。第二，以后房子的增值轮不到集体来收益，因为房子已经分给老百姓了，房子当初是8万元一套，现在他卖30万，以后是50万，房子的增值部分是老百姓的。第三，"三小"工业用房（即拆迁时候的小作坊），建农民自主创业的房子，让他们自己租赁进去，但是租赁费很便宜，一平方米20元，是他们拆迁户享受的优惠。所以，合作社主要依靠自己的集体资产，像商业街的门面房，在加大力度走出去招商引资，把那些好的项目引进来。

案例 3.2

商业街与绿叶经纪

商业街的建设主要是吴慧芳书记的主张，主要基于两个方面考虑：一是老百姓的刚性需求，老百姓住在这个小区里面肯定会有需求的，慢慢地也会形成这个商业氛围的；二是发展旅游，旅游肯定会带动第三产业的服务业，为了吸引游客，打造永联一日游或二日游，带动永联的经济效益，提升永联的整体形象，既具有经济效益，又有社会效益。所以就打造了三条商业街：北街定位为生活街，是服务老百姓的；南街即江鲜美食街，面向游客以及永钢集团的一些高端客户群；东街又叫新街，主要开设一些旅馆、KTV 之类的。

商业街的经营管理模式是采取引进第三方经纪，即绿叶经纪。合作社资产办邱主任介绍说：

> 引进绿叶经纪主要出于三个方面的考虑：一是合作社自己的管理方式、模式不成熟；二是合作社对市场行情不了解，存在着比较大的风险；三是绿叶经纪是比较有资质的运营商，在外面有很强的人脉资源，可以借用他们的关系和人脉招商引资；四是刚刚市场化的东西缺乏标准，往往不符合市场规范和程序，找有资质的第三方机构运营，能按照市场规范化解矛盾，降低风险，充分利用市场资源。
>
> 还有一个比较实际的考虑，就是拆迁的矛盾比较多。因为永联村的拆迁不是政府拆迁，而是村内协议拆迁，基于村集体和村民之间的特殊关系，拆迁安置、门面出租会带来很多矛盾和利益纠纷，容易出现拖欠出租费、找一些社会上不正当的关系介入等问题。所以，一开始把这些门面转交给绿叶经纪，由他们按照市场化的标准进行接管和运作，可以解决由此产生的许多问题。
>
> 三条街（北街、南街、新街）采取两种运营模式。北街整体上承包给绿叶经纪公司，然后由绿叶经纪招商引资，把门店租给商家，赚取租金差价部分。北街之所以采取这种运营模式，是因为作为百姓生活街，要适应百姓生活方面的各种需求，比如建材、理发、服饰、电器、超市、小吃等，相对比较杂，要求也相对低一点，需要快点铺满，带动人气。
>
> 对南街和东街，村经济合作社与绿叶经纪采取的是合作代理的模

式。与北街不同,南街和东街不是整体上承包出去的,绿叶经纪不是想租给谁就租给谁,村经济合作社要对出租进行把关,绿叶经纪只拿佣金,负责管理、签合同,租金是直接付到合作社账上的。但由于合同是绿叶经纪与承租方签的,出了官司要由绿叶经纪负责。

之所以采取合作代理模式,是因为这两条街面向的主要是游客,人流量比较大,门店租金比较贵。一方面通过绿叶经纪物色一些资源,招商引资,一方面合作社也要把一下关,希望商家能干得好、开得长。江鲜美食街之前被评为江苏省村级商业示范街,在2011年、2012年先后又被评为张家港市特色商业街、苏州市特色商业街,需要按规范来进行操作。一般商人可能只是把店租出去赚钱,不会考虑满足特色商业街的一些规定,而村部要对入驻的商家进行考量。例如江鲜美食街,主要以江鲜为主,如果这个店既是江鲜的,又是美食的,老板做过餐饮,也比较有经济实力,村部就会优先考虑其租房要求,并会相应地提供一些优惠措施,比如免一年或者是两年租金,来激励他们。这样一方面对商业街有好处,另一方面也利于商家盈利。合作社资产办主要是按照这个思路,一般先向吴慧芳书记汇报,如果同意,再请绿叶经纪按照合作社的要求出面签订合同。合同主要涉及租金多少,租期多长,有没有一些优惠的政策。然后到年底统计一下哪些是通过绿叶经纪签合同代理的,免租期内给它1/120的佣金,非免租期内为房屋租金的1/60。

采取合作代理模式的另一重考虑,就是合作社可以向绿叶经纪学习经营管理的经验,待到时机成熟时完全自主运作,以获得更大的收益。(20140722Q)

三、集体资本

永联村的集体资本主要指永钢集团25%的村集体股。这25%的村集体股是企业改制的结果,有着不一般的由来及演变,相关研究多有介绍,这里再做一点必要的补充和讨论。

企业"改制"也称"转制",是指企业产权制度和经营管理体制在性质上发生转变的过程。这里特指20世纪90年代中后期大规模进行的乡镇企业由集体制向股份制乃至私有制的转变。"苏南模式"曾经是全国乡镇企业的主要模式,苏南乡镇企业改制也是全国乡镇企业改制的重点地区。

永钢集团先后经历了三次改制。1997年改制前,永钢是百分之百的集体企业，企业所有权全部归村集体。当时永联企业经济总量大约为6亿元，净资产约1.5亿元。1997年第一次改制，由永钢集团公司、公司工会和经营决策层8个自然人共同发起，设立了联峰实业股份有限公司。其中永钢集团投资占总股本的69.66%，公司工会投资占总股本的24.98%，公司董事长、总经理、副总经理等8个自然人投资占总股本的5.36%。第一次改制后70%的"集体股"占绝对控股地位，管理层的收入和分红逐年提高，股权改革的激励作用显现。2001年，以降低集体股份为目标，永钢集团再次进行企业股权结构调整的改制。改制的结果是，永钢集团管理层与职工持股会的民营股份增加到50%，集体股份从70%降至50%。2002年年底，永联村的集体企业进行第三次改制，到2003年初，永钢集团的集体股权已减少到25%，而经理层与职工持股会的民营股权总额已上升到75%，股权改革由此定格下来。

  永钢集团改制为什么会是这样一种结果？有研究认为：永联轧钢厂一开始就是职工股份制，而非社区股份制。一方面由于资金缺乏，风险增加，村民不会普遍集资入股；另一方面是由于移民村的村情，主要村干部均来自村外，他们对企业发展贡献大，承认其贡献，给予其利益，留住其人心，打破村社区所有制的排斥，股份制是较好的选择。村民们对此做法并没有过多的反对，一是因为干部职工各自拿出资金（实际上是在其个人工资和奖金中扣除）入股，对企业有投入；二是因为外来人不享受村社区的福利和奖励政策，企业产权与村民权利不是一回事，村民对企业所求的只是部分剩余产权和利益，他们已将对村办企业的产权意识转化为对这部分具体利益的索求。①

  如果从产权主体角度进一步分析，永联企业转制涉及三个主体，即村两委、企业经营者、集体成员，他们对于集体企业产权究竟归谁都不十分清楚，在认知上甚至存在困惑，不然就不会进行三次改制。三方清楚的只是企业的创建和成败主要取决于经营者，这是转制中将企业经营者作为第一承接人的社会心理基础。在这种认知下，企业经营者对经营权收益乃至所有权的索求，就成为企业转制的主要动力。"经营者个人实际上已经排他性地占有、支配和处置着企业资产，企业资产是否流失和转移，就完全依赖于经营者个人对集体的忠诚，对个人要求私有权的意识和欲望的限制等道德因素来约

---

① 折晓叶，陈婴婴. 社区的实践："超级村庄"的发展历程[M]. 杭州：浙江人民出版社，2000：156-157.

束，法定所有权已经无法制约企业资产的转移。"①

永联的企业转制与苏南地区其他乡镇企业转制有着相同的背景和问题，但永联企业经营者对待企业转制的立场和态度则与大多数企业经营者不同，所以就出现了这样的结果，在苏南乡镇企业普遍被私有化的形势下，永钢集团却最终确立了"75%的私人股+25%的集体股"的股权结构。苏南乡镇企业产权私有化改革是由各级政府推动实施的，永钢集团改制被当时居主流地位的一些人士，包括上面的一些领导批评为"没有一步到位的"和"不彻底的"集体企业改制，因而背负着很大的政治压力。但永钢集团的创始人吴栋材却自豪地将其定义为"75%的市场经济，加25%的社会主义"。也就是说，永联村办集体企业在股份制改造过程中，不是简单地归之于市场化，推向私有化，而是有着自己的制度偏好和制度选择，将"私人"股份与"集体"股份有机结合。因此，永联村的集体企业改制，又被称为具有中国特色的"市场经济+社会主义"的模式。②

吴栋材老书记在与我们座谈时，再次就这个问题谈了他的看法。

> 在企业改制过程中为什么给永联村留了25%的集体股份呢？是为了坚持社会主义共建共享、共同富裕的目标和原则。这一方面有利于永钢集团的发展，另一方面也有利于永联村的发展和保护永联村的村民利益。
>
> 为什么要确定25%的比例？这是有根据的。按照我个人的测算，企业一年有一千万或两千万的利润，村里面村民的基本福利待遇就解决了。当时转制的时候永联村只有5 000多人（企业有1 000万的利润，其25%就是250万，平均每个村民可获益约5 000元）。但不能直接发钱给老百姓。因为如果那样，一方面村里公共建设就不好搞了，建设新农村花了20多个亿呢，用的就是这个25%，没有这25%，其结果难以想象；另一方面如果发一半给老百姓的话，比如今年发了1万，明年企业效益降低了，只能发8千，那样的话，老百姓就不能理解了。
>
> 现在看来，村集体股25%的比例以后可能还会有所变动。因为钢厂人员增加很多，而村民的增加则很少，两者增幅不成比例。工厂现有

---

① 折晓叶，陈婴婴. 社区的实践："超级村庄"的发展历程[M]. 杭州：浙江人民出版社，2000：212.
② 程世勇，刘旸. 农村集体经济转型中的利益结构调整与制度正义——以苏南模式中的张家港永联村为例[J]. 湖北社会科学，2012(3).

14 000人，如果发展到2万人、3万人，还是75%的股，而村民数量基本没有变，1万多人，还是持25%的股，那就不公平、不合理了。我们也曾经想过把集体持股的比例降低一点，今后应该还是要变的。因为企业的规模越来越大，效益越来越低，如果工业没有基本保障的话，工厂办不下去，既留不住企业人才，村里集体股份也得不到保障。所以，为了企业的可持续发展，村集体的股份还要缩水，这个比例要慢慢地降到10%、8%……（20140904IW）

由此我们可以进一步理解，永钢集团的股权必须包含集体股权，但其股权结构并不是固定不变的，将来有可能调整。那么，这其中的基本原则是什么呢？就是不论它属于什么"主义"，也不论它体现怎样的"制度"，关键看它是否既有利于永钢集团的永续发展，同时又保障永联村民的整体利益。

至于集体资本的经营管理，属于永钢集团，相关的研究已经说得很多，这里就省略了。由集体资本经营而产生的经济效益及其分配，在本章下一节内容也不再赘述。

第三节 集体经济利益分配办法

根据张委办〔2013〕13号《关于转发〈关于进一步完善农村二次分配的指导意见〉的通知》精神，结合永联村实际情况，2013年8月23日，永联村九届六次村民代表大会审议通过《永联村集体经济分配实施办法》。该分配实施办法包括土地承包经营权流转费、二次分配、补助和奖励三部分内容。

一、土地承包经营权流转费

流转费发放标准：按照1998年第二轮土地承包时已确权和应确权人员的确权面积计算，1300元/（亩·年）（不足1亩的补足为1亩），年终一次性发放。

已确权和应确权人员按张委发〔1998〕19号《关于批转〈关于进一步完善土地承包关系稳定土地规模经营的意见〉的通知》及张委农〔1998〕15号《关于发放"农村集体土地承包经营权证书"有关问题的处理意见》等有关文件规定确定。其中应确权而未确权人员的确权面积按本组其他人员等同确权面积计算。

"土地承包经营权流转费"享受对象在确权土地经营承包期内享受流转费。

二、二次分配

全村原村民小组承包经营权确权面积外的低洼地、杂边田、水面等土地资源的流转收入为永联村二次分配资金，以1998年7月1日进行第二轮土地承包时应予确权人数，人均土地面积0.4亩计算，按1300元/（亩·年）计算总额。

采用按人和按土地承包经营权（简称"田"）相结合的方式进行分配，人、田比例各为50%，年终一次性发放。按田分配的二次分配50%部分，按照1998年应予确权人数平均分配；按人分配的二次分配50%部分，按照永联村集体经济组织现有成员平均分配。

按田分配部分比较简单，而按人分配部分则比较复杂，所以《永联村集体经济分配实施办法》主要就按人分配部分做了详细规定。

永联村集体经济组织成员包括下列人员：

（1）1998年第二轮土地承包时按规定应予确权的现有人员。

（2）第二轮土地承包后因合法婚姻嫁（赘）入的其他农村集体经济组织成员（含原常阴沙农场、稻麦良种场、畜禽良种场人员）。

（3）上述两类人员按政策合法生育、随迁、领养的子女。

不包括下列人员：

（1）非因婚迁入成为村集体经济组织成员的人员离婚后再婚，其再婚对象及随迁子女（离婚时有协议并报村委备案同意的，按协议执行）。

（2）因婚成为村集体经济组织成员的人员离婚后再婚，其再婚对象、随迁子女，及再婚后生育的子女。

（3）男满60周岁、女满50周岁再婚，其再婚对象、随迁子女，及再婚后生育的子女。

特别是对于因合法婚姻嫁（赘）出的农村集体经济组织成员及其子女按人部分二次分配的，也专门做了规定：

独生子女因婚嫁（赘）出的，参加嫁入方村民小组的分配。嫁娶不明的，男、女双方分别参加各自取得（享有）土地承包经营权所在地的二次分配，其合法生育、收养的子女参加其父姓或母姓方所在地的二次分配，集体经济组织成员婚嫁本村的，参加永联村按人部分二次分配。具体为：

（1）独生子女婚后生育的子女随配偶姓氏的，其配偶及子女不参加永联村按人部分二次分配。

（2）非独生子女家庭有儿子的，其女儿及配偶和子女不参加永联村按人部分二次分配。其儿子生育的子女及配偶参照独生子女家庭生育的子女及配偶的标准执行。

（3）非独生子女家庭都为女儿的，除一个女儿以外的其他女儿及配偶和子女不参加永联村按人部分二次分配。参加永联村按人部分二次分配的女儿生育的子女及配偶参照独生子女家庭生育的子女及配偶的标准执行。

（4）农村集体经济组织成员因合法婚姻嫁（赘）入方为城镇居民的或已被"撤组转户"的，可参加按人部分分配。

三、补助和奖励

文明家庭奖。凡符合二次分配中按人分配的对象，或村集体经济组织成员（因婚成为集体经济组织成员除外）现有再婚对象、随迁子女及父母一方为村集体经济组织成员的城镇居民和在校学生可参与文明家庭奖1 000元/人/年的考核（年终一次性发放）。具体办法参见《永联村文明家庭奖实施办法》（2014年2月21日颁布生效）和本书第七章的相关内容。

凡符合二次分配中按人分配的对象，并满足下列条件的，分别享受以下补助：

（1）老党员补助。男性60周岁以上、女性50周岁以上的现有党员可享受2400元/（人·年）的补助（年终一次性发放）。

（2）助残金。生活不能自理且持有视力、肢体、智力、精神一级或二级残疾证的现有人员可享受2 000元/（人·年）的补助（以当年12月31日在册户口为准年底一次性发放）。

凡符合二次分配中按人分配的对象且按永联村拆迁安置标准完成拆迁的本村集体经济组织成员（包括整组完成拆迁的村集体经济组织成员中没有拆到房屋的单列户家庭人员），可享受下列补助或奖励：

（1）拆迁生活补助。男性60周岁以下、女性50周岁以下的现有人员可享受200元/（人·月）的生活补助（年终一次性发放）。

（2）老年人养老金。男性60周岁以上、女性50周岁以上的现有人员可享受600元/（人·月）的养老金补助（每月发放）。80周岁以上老人另可享受1 000元/（人·年）的养老金（以当年12月31日在册户口为准年底一次性发放），90—94周岁老人增发2 000元/（人·年）、95—99周岁老人增发5 000元/（人·年）、100周岁及以上老人增发10 000元/（人·年）的养老金。90周岁以上老人的增发部分需在老人公历生日当天生效并发放。

（3）助学金。九年制义务教育阶段在读学生可享受1 000元/（人·年）的助学金，普高、职高、中专、大专在读学生可享受3 000元/（人·年）的助学金，本科在读学生可享受5 000元/（人·年）的助学金（均在年终一次性发放）。未拆迁对象减半发放。

（4）奖学金。获得毕业证及学位证的一本、二本院校现有人员可一次性享受每人5 000元的奖学金，"985"院校毕业生可一次性享受每人10 000元的奖学金。

（5）农村合作医疗补助。参加农村合作医疗人员可享受等额于农村合作医疗保险费自费部分的补助（年终一次性发放）。

（6）灵活就业补助。自费缴纳城镇养老保险的人员可享受每年650元的补助，自费缴纳医疗保险的人员可享受每年350元的补助（均在年终一次性发放）。

以上九类补助或奖励均不包括农村集体经济组织成员因合法婚姻嫁（赘）入方为城镇居民的或已被"撤组转户"的人员，也不包括因婚成为村集体经济组织成员离婚后再婚的人员。

老党员补助、拆迁生活补助、老年人养老金、助学金、农村合作医疗补助、灵活就业补助列入文明家庭奖考核。

另外，征地安置的本村集体经济组织成员，将政府安置补偿费列入村委会收入的，可按规定享受永联村经济分配。

这里特别需要提及的是，《永联村集体经济分配实施办法》非常重视婚姻关系、亲子关系、继嗣制度对集体经济分配公平性和持续性的作用，同时通过集体经济分配制度反过来强化了婚姻和家庭制度的严肃性与稳定性。所以，《永联村集体经济分配实施办法》并不单纯是一个经济性的分配方案。

同时值得重视的是，奖励和补助的目的在于奖勤奖优，助贫扶困，鼓励上进，促进公平。就此而言，有的项目设置，比如老党员补贴、助学金，恐怕未必能达到预期目的，值得再斟酌。

第四节 信任与监督

永联村的集体经济采取合作经营的方式。而合作是需要信任的，没有基本的信任，就没有合作；没有充分的信任，就没有真诚、稳定、长久的合作。永联村的合作式集体经济的成功，正是得益于信任的浇铸和滋养。而信任又有两个方面的来源：一个是发展共建，成果共享，取信于民；一个是领导廉洁奉公，严于律己，敦化于民。

一、信任与共享

过去的中国农村集体经济之所以要改制为家庭承包制度，后来的苏南乡村集体企业之所以要转制为民营企业，在很大程度上是由于人们之间互不信任，难以合作共事。1990年代以来，尤其是近年来重新提倡和推广合作社，但大多数地方的合作社都办得不好，在全国各地的很多农村甚至除了挂个合作社的牌子，就什么也没有了。问题还是出在缺乏相互信任上。那么，永联村具体是如何确立相互信任这个前提和基础的呢？

先请听宋副社长在与笔者讨论时说的一段话：

> 我们的前提是有"一个好书记，一个好班子，一个好政策"。在老百姓的心目当中，吴栋材老书记的威信早已经确立起来了，所以你办合作社也好，办其他也好，只要是村党委决定的，大家都很放心，都很拥护。而且吴栋材老书记历来就是"说了算，定了干"。2013年吴慧芳书记在召开社员大会时叫社员放心，他说，你们现在虽然不选村民委员会，虽然是居民了，要到永合社区去选居民委员会，但是你们还是经济合作社社员，你们在永联村经济合作社的收入和分配不变，福利和待遇不变。就是党委这个承诺，给了永联经济合作社社员们一颗定心丸。
>
> 永联村发展的成果中，25%的集体股金，村经济合作社房产性的收入，还有旅游业的收入，等等，这些发展的成果让老百姓觉得跟着村党委肯定有希望。2006年我们这儿还有一片农田，到现在2014年，才过去几年的时间，该农田上已经建起了一座小镇，其发展速度、人气让永联人看到村党委为老百姓办实事、办好事的决心。而且到现在，我们村党委一直没有欠钱，村民的钱没有欠，工人的工资也没有欠，不管是什

么金融风暴，大家的工资都是每月28号打到账上的。从村集体到企业，信誉度都很高，没有不诚信的地方。

我们的老百姓不是从外面来的，都是原来这块地上土生土长的，都亲身经历了我们永联的发展，亲眼看见了我们领导的作风，也切实享受到了永联村发展的成果，他自然会很信任村党委的决策，自然很信任永联这个集体。这和永联的历史是分不开的，人们都是这么走过来的，讲诚信的品德就是这样长期积累形成的。

我们搞经济合作社也是村党委班子的决策，而且在机制体制创新方面也得到了肯定，也符合社会发展规律。我们现在把所有村民委员会的工作都转交给了社区居委会，转交给了协调办，村经济合作社专心发展集体经济，使村民享受到了均等化的公共服务和社会服务，享受到了这片土地上的阳光。这都是实实在在的好处，村民自然而然地就信任村党委的领导了。（20140706S）

孔子说："民无信不立。"我们在上一章的内容中曾经说到，永联建村之初，一方面村民来自不同的社队，互不熟悉，而且有不少是穷懒刁蛮之人，另一方面国家的农村政策不科学，以致永联村的信任资源极度匮乏，虽然当时搞的也是集体经济，但主要是"面子"，缺"里子"，不可能成功。所以，当初吴栋材老书记走马上任后发现和解决的首要问题，就是争取村民对领导班子的信任和促进村民之间的互信。可以说，永联村近40年的发展历史和永联今天取得的成功，很大程度上就是在于不断探索符合时代脉动的集体经济，而其不变的则是对深藏其中的信任的建设和维护。而建设和维护信任最直接、最有效的办法，就是带头人和领导班子能做到全心为公，一意为民，用事实说话，用成就赢得民心，共建共享，取信于民。

◇ 二、信任与自律

孔子说："君子之德风，小人之德草，草上之风，必偃。"领导者如果真正认识到自己的形象与作风对下属和群众的影响，就会重视加强其本身的人格修养，廉洁自律。这样，自然会营造出上下左右相互信任的正气清风。

接下来请继续听宋副社长跟笔者的讨论：

像我们吴栋材老书记和几个主要领导，他们在宾馆也好，在饭店也好，自己都有本账的。比如今天自己亲戚朋友来的，花费都记在自己的账上，到时候用卡去会计那里刷了支付；要是集体公事接待，就签字报销。有一件事我记得很清楚，2013年吴慧芳书记接待过一个业务单位，碰巧他部队的朋友也来了，他叫我送5条鲥鱼去，最后结账时他跟我说，2条是他朋友吃的，他来结账时自己付账；另外3条是接待业务单位，由单位报销。你看他厉害不厉害！反正不过5条鲥鱼嘛，谁跟他计较去。但他心里很清楚，2条鲥鱼也1 000多块钱呢。后来我叫水产养殖场的人去他办公室，收取那笔计在他本人账上的2条鲥鱼的钱。

  还有一个例子。我们粮食基地买拖拉机，都有补贴的，补贴50%呢。永钢污泥厂要买3台拖拉机，就挂在我们经济合作社——村里面去买就能补贴50%，厂里自己去买没有补贴。我们就去采购了。后来吴慧书记就批评我：你怎么搞这个事情啊！工业要反哺农业，哪有农业反哺工业的啊？农业上已经很辛苦了，工业上还要占这个便宜！要知道，吴慧芳书记是集团公司的副总经理啊！一般人是不会说这个的，可是他却要说。便宜20几万呢，我们都已经报好账目了，上面都认可了，农机站都说可以的。这样做还有一个考虑，农机具多买了，说明你这个镇下面工作做得好啊，是对农民大户的支持啊，上级要统计的，村党委买得越多，越说明村党委对农民的重视，领导的成绩越大。这个钱是省和市财政上一起出的，这对我们、对镇里是多好的事情啊。可是在我们的吴慧芳书记那儿就行不通，公事公办，这是国家补贴给农业上的钱，不允许把农业上的钱用到工业上去，厂里不能去占便宜的，要自己去买。这是2012年的事情，他是副总经理又是村党委副书记，他的思想境界就高到这个程度。像我们一般人考虑这个事情吗？

  这样，领导对下面自然就起到了表率作用。说实话，我们永联没有干部因经济问题被免职、被辞职、被处分的，没有的。这是因为党委的领头羊作用很重要，大家朝着正确的方向、正确的路线、正确的做法、正确的作风走，是没有问题的。老百姓很信任，没有指责什么干部去哪儿吃吃喝喝的。今年清明节的时候，有人送我两条刀鱼，后来我第二天一发现，马上就给他拿回去了。怎能这样呢？这样的鱼吃下去真的是要梗喉咙的。说实话也没有这个必要，让人晚上睡不着的事情咱不要做，咱一心扑在工作上就行了，不要花这个心思。

  有吴栋材老书记当家，有党委领导，他几个儿女也很正直，我们管理层的所有成员，都已经形成了这个习惯和作风，大家是不会也不敢滥用职权的。即使我们的事业越做越强，规模越来越大，人越来越多，这

一个苏南乡村的治理之道
——张家港永联村调查

样一种个人威信，一种工作作风，仍然靠得住。这不是靠嘴上说出来的，吴栋材老书记他们一帮人，带领我们所有干部认认真真、兢兢业业地做出来的。大家几十年如一日，我们所有的老百姓都实实在在地看到了，听到了，也体会到了。（20140706S）

领导者之所以能够做到廉洁自律，与他的崇高信念密不可分。吴栋材老书记的廉洁自律，则与他所坚持的共建共享、共同富裕的信念密不可分。他从不隐瞒自己的观点，他说：

> 我们始终坚持共建共享、共同富裕的目标。按照邓小平的建设中国特色社会主义道路的要求，我的理解就是共建共享、共同富裕，永联村发展工业就是为了老百姓能够共同享受改革和发展带来的成果。在永联工业发展道路上，以先进带后进，以先富带后富，并队扩村，都是为了实现共同富裕这一目标。我们1995年并了两个村，2004年以后共计并了五个半村，由原来的700多人发展到现在10 840人（这个数字也许天天有变化）；2002年改制的时候，为了保证村集体25%的股份，我自己拿出13%的股份，其他企业发起人也拿出了自己的一部分股份。永联小镇建好之后的房屋分配政策的制定过程，也是考虑到共同富裕这一根本目标的。（20140904lW）

村经济合作社党总支部刘组织委员则强调了吴栋材老书记以及他们那一代的那一帮党员的党性原则：

> 永联村的发展过程离不开吴栋材老书记那一帮党员，最关键的还是老书记个人的领导魅力，以及其他的党员愿意跟着他干。他始终认为自己是一名共产党员和人民的干部，自己的价值观和定位比较高，他们那一代的那一帮党员也都不同程度地具有这种高尚的觉悟。（20140906L）

吴栋材老书记是全国劳模。吴慧芳书记在分析他能够成为模范村党委书记的原因时说：

> 吴栋材老书记之所以能够在这些行政村书记当中处于佼佼者的地位，与他的品性和经历有关。一方面，他一直出于公心，对大家一视同仁，不贪不沾（加油站、酒店都有他的个人账号，该他本人结账的，都由他本人付），全心全意为老百姓服务。这也与他一开始不是永联村的人有关，在涉及一些具体的问题时，他都能够很客观、公正地处理。因为农村关系比较复杂，如果是永联村的人，那么由于存在复杂的亲戚关

系，多多少少会受到一点磕绊。另一方面，虽然他的文化程度相对不高，但是和他那一辈人相比他是有文化的人。老百姓信任他，愿意跟着他走，关键在于他有长远的眼光和开阔的思路，有办法带领全体永联人从贫穷当中走出来，走向共同富裕。（20140624xW）

三、信任与监督

信任归信任，兄弟之间也要明算账。永联的相关制度像财务制度、监事制度等是比较完善的。但信任是有两面性的，它会让人松懈甚至丧失对对方的警惕和监督。所以，情况完全可能是这样的——社员和社员代表在对领导班子与管理人员信任的同时，在监督上就不一定怎么上心了。或者说，既然党委及其领导的各种组织和干部都是为老百姓考虑的，且一直以来都是这样的，是经过时间和实践检验的，那么监督似乎也就成了多余的，没有必要了。但是，在永联，情况并非如此。宋副社长说：

> 我们还是有实实在在的监督的。主要是两个方面，一个是对干部的作风监督，一个是财务监督。我们有集团公司审计处对财务进行监督，所有的发票都要审计的，每个季度都要审计。
>
> 永钢的做法，老百姓都知道，就是对干部把"后门堵死，前门开足"。也就是说，明的，你工资是高一点的，还有股金分红；暗的，吴栋材老书记有句话："不要被发现，一经发现，一抹到底。"——干部的级别抹到底，原来是科长的就降成职工，若有违法犯罪的，还要接受法律的惩罚。这样一来，干部犯错误的成本太大。所以，我们对于干部的作风监督，党委抓得很严，一以贯之，于是大家也就没有什么走邪路的。
>
> 以前确实有个别人员，真的被一降到底。有一个动力厂厂长，那时候叫科长，收了人家一点儿香烟之类的礼品，核算下来十几万块钱，判了三年。那时候他求吴栋材老书记，说"你救救我吧"。在我们的招待所，当时公安局就抓走了，调查了一天一夜。第二天下午我们开干部班子会，他求啊，可老吴书记都不出场——你犯了法，没用。所以我们干部作风好了，下面的同志作风也就好的，上梁不正，下梁才歪嘛！你上面正了下面也就不斜的，没有一个干部敢贪的，这样一来，大家就放心了。我们一般性干部一年收入都达到20万左右，假若你因收受了人家几千块钱的贿赂而受惩罚，这划算吗？

村经济合作社的监督体制也一样。从法律方面来说，经济合作社出台的一些程序、监督办法，不但完全符合法律的规范，而且走在全国的前列。按程序成立理事会、监事会，以及集体经济分配办法和社员补偿办法，都是经过社员代表大会举手表决的，在举行社员代表大会之前经过充分的公示（通过报纸、演讲等不同渠道），通过不断的反馈进行充分完善的，所以在监督程序上是没有问题的。但理事会、监事会不参与实际工作，只有社员才能当选理事和监事，由于机构和人员还存在村企合一，管理班子、理事会、监事会成员通常都相互兼职的，包括经济合作社社长，既是永钢集团的干部，拿着永钢集团的工资，又是经济合作社的干部。一方面，按照一般的程序，理事会行使决策权，监事会行使监督权，社长行使管理权和执行权，但由于理事会和监事会成员不参加实际的工作，所以并不能充分行使决策权或监督权，这样管理班子的权力就会放大；另一方面，村企合一的管理班子，造成职位混淆。所以目前还是一个过渡，以后理事会、监事会还要参与管理工作。理事会、监事会怎样才能真正行使职权，还需要一个过程。（20140624S）

在群众监督方面主要是财务公开和村务公开。比如定期召集社员代表，公布一些财务的状况，在经济合作社门口展示厅公布一些财产的经营状况，每个月我们的财务报表都在公布栏里公布，同时在网站上面也进行公开。定期将一些重大的活动、重大的决策公布出去，充分做到了信息公开、财务公开，整体就是信息化、公开化、透明化的运作方式，以供社员进行监督和了解我们的财务经营状况。我们专门组织信息化的培训如电脑的基本操作。现在我们每家的电脑 IP 地址都是有编号的，通过编号我们可以了解到每家上网的基本情况和点击的次数。我们做到了信息公开、财务公开、村务公开，老百姓也可以及时了解我们经营的一些情况，他们也就放心多了。（20140906S）

由此可见，永联的经验主要是靠大家共建共享和领导廉洁自律，来建立和维护社会信任，并辅之以严格的监督和严厉的处罚，尤其加强对各级领导的经济作风监督和财务监督。但现在一般认为仅靠个人的廉洁自律是靠不住的，是缺乏普遍有效性的，需要强化权力制约和监督。外人看永联，也大多带着这样疑惑的目光。不过，在一个规模适中、相对熟悉的社区和团体，尤其是在具有崇高信念的领导班子和严格纪律的领导体制面前，在具有丰富信任资源的集体经济组织领域，熟悉本身就已构成最有效的监督，舍此另外再去构建系统健全的权力制约和监督的制度与机制，其必要性、可行性和有效性也往往是有限的，尤其是外部监督或民主监督。监督与信任本身出自不同的价值取向，可以相辅相成，也可以相互背离，在某些时候，强化监督可能是由于信任资源匮乏，但也可能会导致对已有信任的抑制，甚至损坏。当然，我们不是排斥外部监督或民主监督，因为在一般情况下，它们都是必要的。

第四章　公共管理与公共服务

2006年，永联村建设"永联小镇"，将一个都市霓虹与乡村田园完美融合的生活空间精心打造出来。2011年，永联村成立永合社区，近三万永联本村、外村人口在此居住。永联村、永钢集团、永合社区形成了一个城镇形态的"永联区域"。当永联村进入"永联区域"这一新的发展阶段，很难想象仅用一个村的资源去运作三倍于其行政容量的城镇区域。目前，近三万人口在永联居住与生活，他们的公共服务需求如何得到满足？稳定和谐的公共管理秩序如何建立和维持？这都是永联村在城乡一体化背景下亟待解决的现实问题，也可以说，这是城镇化进程中永联村在社会治理层面需要探索的核心议题。

众所周知，政府是拥有公共权力的唯一合法主体，因此，公共管理秩序的维持和公共服务的供给主体应为政府。在城市，各级政府直接对其辖区实施公共管理和公共服务活动，权责下沉到街道，街道以下的社区实行居民自治；在农村，实行"乡政村治"，国家公权只延伸到乡镇一级，村则实行村民自治，即村内的公共事务由村自行解决。而当下永联村的现实状况是，10.5平方千米内居住生活的人口已非仅限于永联村民，在此地从事生产经营活动的主体已不仅限于村内企业，开展社会服务活动的主体也不只有村内组织。内生工业化、城镇化形态的永联村已演变为一个"村中城"，于是，在永联区域内产生的很多公共事务是永联村自身无权管理、无力服务的，村民自治制度发挥管理与服务的效用明显地受限。从"永联小镇"诞生起，永联人就一直在思考怎样解决新形势下的乡村治理难题。作为永联村所属的南丰镇政府，乡镇公权，即"乡政"是否需要直接延伸至村？如果"乡政"向村延伸，怎样延伸？延伸后如何开展相应的公共管理与公共服务？

在这一章，我们将解读在农村城镇化进程中，永联所属的南丰镇政府如何顺势而为，转变政府职能，下沉公权，向农村延伸公共管理与公共服务，与村合作共治,协同推进乡村治理的探索过程。

第一节 现实诉求与政府职能转型

◇ 一、农村城镇化中的治理难题

人们欣慰地看到了永联村庄经济的大发展,但同时又为伴随城镇化而来的管理与服务问题犯了难。2005年9月吴惠芳接手永联村时,永联已经是一个内结构复杂、外关系庞杂的"超级村庄"了,因此,称"永联小镇"确不为过。在永联村内,既有职工过万的大型企业——永钢集团,也有永联自身的经济合作组织,还有一支万人规模的被永联经济吸引驻扎村内或在周边自营谋生的庞大人群。人们要共享村庄内部的公共资源而他们的身份归属各有不同,怎么可能不产生些摩擦?而在村外,政府、市场、专业机构都与永联的发展密切有关,它们更是支持永联村庄运行的资源供体,将它们的服务资源争取进入村里,怎么分配?怎么使用?

在永联村走访,我们就听到不少有关随着村庄的扩大,永联村原有的公共管理与公共服务供需矛盾的例子。按照当时永联村提出"城里人有的,永联也要有"的目标追求,永联村先后为村民建设了学校、医院、农贸市场、商场等服务设施,但与此同时,一些管理难题也随之产生。比如农贸市场,不少未经检测许可的流动摊贩在市场附近卖菜,有些菜贩的蔬菜农药残留超标,老百姓吃了之后身体不适,他们就反映到村里,认为村里建了农贸市场,就应该管理好。但是村里一是没有检测的人员和技术,无法承担这项专业技术工作;二是即使聘请专业人员来检测,由于这些摊贩不是本村人员,他们认为村无权干涉,对检测也相当不配合;三是村委会是个自治组织,没有执法权,无从对这些流动摊贩进行行政处罚。再如,原先村的医疗服务主要由永联自建的村医院提供,医疗费用以农村合作医疗的形式开支。而一些村民拆迁后,虽然还住在村里,但其户口性质已经农转非,被纳入城镇医疗保险范围;另外在永钢集团工作的村民,企业帮他们缴纳了职工医疗保险,而这些村民又习惯在永联村医院就医,如果按照农村合作医疗规定的范围就医,他们就享受不到城镇职工医保了,由此就产生了农村城镇化进程中的种种冲突与矛盾。

不仅如此，随着永联村城镇化进程的不断推进，永联村内的公共事务迅速增多，诸如环卫、工商、交通、计生、治安等各项事务，村"两委"已难以或无权妥善处理，千头万绪的公共事务已超出永联村作为自治组织所能管理的权力范围。

事实上，村企合治的管理模式，尽管很大程度上节约了企业使用村庄资源的交易成本，但也避免不了实际管理工作中出现的尴尬。吴惠芳书记就对我们讲过这样一个村企管理尴尬冲突的例子：

> 永钢集团的保安，平时更多的是管厂区内的员工。保安对摩托车、自行车乱停放以及摩托车不上牌照等现象管理得很顺手。有一次在我们永联小镇小区内，一居民（同时也是永联村民）将摩托车停在楼下，没有上锁，车主去楼上家里吃中饭，小区保安上楼告诉那位摩托车车主，以免摩托车被偷。那个村民正在家中宴请客人，面对保安上门提醒，突然感到好像丢了面子，非常生气，甚至打了保安。保安觉得很委屈，后来找到我，他说："你看看你那个村民不管管好，我给他说是为了他好，他还动手打人。"那个村民确实不像话，但是我说："我们在管理方面也有问题，用同样的方法管理了两种不一样的对象。企业是雇佣关系，管理者代表的是老板、资方；而我们村里村民与管理者是主仆关系，村民是主人，村里的领导与管理者是仆人，村民当家做主，我们是他们选举产生的，我们拿的薪酬是他们给的聘佣金。那个村民的话虽然难听，但道出了这个问题的本质，利用雇佣关系模式来管理主仆关系，是要发生冲突的。"所以我在想，这件事也引发了一个问题，村里的综治办的职能到底是管村里还是管厂里？如果让这样的模糊继续存在下去，就还会不断有新的处理不了的矛盾产生……（20140623xW）

永联村务管理的尴尬不仅如此。永联的经济发展使其成为当地一个重要的工商活动中心，但由于是通过聚集效应自然形成的，而非提前规划的，因此居住空间和商业空间布局错综交织，占道经营、店铺外围脏乱差等问题日趋严重。为了解决这些问题，永联村不仅成立了综合治理办公室，还先后投入160万元，在村域内5个主要道路口安装了红绿灯和高清摄像头，安排人员加强巡逻管理。但因为永联村委会不是基层政权组织，没有相关执法权，即使高清摄像头拍到了车辆超速、闯红灯、乱停放等行为，村委会也无处施展管理权能。同时，一些小商小贩在马路边摆摊，肯定影响交通秩序，村委会多次要求其整改，却屡遭指责是"假警察"。

总之，永联村经济强大了，村庄扩容了，公共管理与公共服务却遇到了难题。

二、政府职能转型

自从永联村工业发展并带动当地城镇化以来，永联村委会遇到的公共管理与公共服务方面的难事越来越多，村委领导班子为此很是头疼。管理不给力，服务跟不上，这样下去早晚要将永联经济发展赖以存续的秩序根基逐渐消解掉。要从源头上尽快查找原因，并探索出解决问题的具体办法。问题发生的源头在哪里呢？吴惠芳书记和他的班子成员是要静下来进行深入思考了。

回顾永联发展的历程，梳理永联村域内提供各类服务的不同组织和机构的权责边界，分析永联村在村—镇体系中的职能定位，厘清永联村内部各组织之间以及与村民间的不同关系。通过上述几番用心思考和实践"试水"，永联村委会成员发现，城镇化以来，尽管更为复杂和多元化的服务需求与管理要求确实都发生在永联村域范围内，但永联村委的职能权限只能效用于在籍的村民。而永联户籍村民的日常生活已与那些到永联村务工和谋生的外来人口密切相关，所以永联村委无论怎么服务、怎么管理，都不可能将各类资源在永联户籍村民和非永联户籍人群之间彻底撇清，而且即便是完全站在永联户籍村民的立场上来提供管理与服务，也是不利于永联发展的，因为永联的经济运行已完全离不开这些外来的人力资源了。

面对这样的情形，村委会该怎么办？唯一的解决路径就是寻求兼顾永联村域各类人群公共管理与服务需求的共赢之策。其突破口就是看谁有职权对村域公共事务进行管理，谁应当负责满足村域公共服务的需求。那么，在公共事务方面与永联村域发生关联的管理与服务主体有哪些呢？首先是张家港市政府相关职能部门派驻南丰镇的"七站八所"、南丰镇人民政府，其次是永联村两委，永联村域相关企业、村经济合作社以及永联村内原有的学校、医院等村内自建的服务机构——这是村内组织，前文已有提及，这些村级层面的相关组织与机构一直在为永联村域范围内生活的各类人群提供管理和服务，但逐渐不堪重负。而且就管理而言，村级层面的组织与机构既没有公共管理的执法权，也无资格对非本村籍人口进行行政管理。作为村域企业，永钢集团可以为村域居民提供资源以满足其生活服务需要，承担企业作为"社会公民"的应尽职责，但同时，作为企业，它的管理对象只能限于本企业内的职工。那么，在永联村域范围内，谁有资格和权责为永联辖区内的人们提供公共管理与公共服务呢？答案只能是张家港市政府相关职能部门派驻南丰镇的"七站八所"以及南丰镇人民政府。

2006年10月，党的十六届六中全会明确提出"建设服务型政府，强化社会管理和公共服务职能"的要求。2006年国家以税费改革为突破口启动了地方政府的职能转型。

永联村所属的南丰镇政府与"七站八所"也在这场转型中探路。具体而言，就是如何为包括永联村在内的所辖各村提供公共管理与公共服务，为促进村庄稳定和谐发展创造条件。政府的公共财政如何下乡，公共管理与公共服务如何向农村延伸与覆盖？南丰镇政府与"七站八所"此时需要研究：包括永联村在内的所有其所辖村庄都有哪些公共管理与公共服务的需求？公共管理与公共服务机构在村级怎么设置？人员怎么配备？服务怎么送达到村？相应地，属于乡镇政府与"七站八所"公共管理和服务职责范围内的部分，怎样与村民自治体系合理地对接？同时，永联村领导也在考虑，对永联村域内的公共事务，村里能管的都管了，能服务的都服务了，那些不属于村委职能范围内的公共事务就只能是让其回归其本位，分别由应该承担职责的主体去完成。当然，永联村域内的公共管理与服务活动在开展过程中，一定会与永联村发生这样或那样的联系，应当协助配合的时候永联村无须回避，但万不能再包办包揽。

> 以前永联村什么事情都是永联村委承担的，包括医疗、教育、安保、环卫等一些社会性的管理与服务职能全部由永联村承担。但在发展过程中以及在日常工作中永联村委逐渐发现，在涉及一些执法方面的事务时，作为村一级机构，主体不对，没有这个执法资格。同样的，在永钢集团厂区内，一旦出现车辆超载、违章，企业保安可以根据厂规给司机以相应的处罚，但在厂区以外的马路上，人家就不听企业保安的了。对于闯红灯、闯马路或者违章超载等现象，企业就没办法管了。在这种情况下，永联村就向张家港市和南丰镇党委提出来，能否在永联村成立一个综合管理与协调部门，将政府相关职能部门的职能向永联进行延伸。（20140721J）

从2005年到2009年，永联村的发展还是比较快的，当时的管理都是由村里负责的。随着城镇化的加快、居住人口集中化的加剧，永联村对好多公共事务无法管，比如，流动摊贩出现了，村里面想去管，但是没有管理权限；村里花了很多钱用于安装路口的红绿灯，发现闯红灯的还是很多的，由于村里没有执法资格也就无权进行相应的处理……所以，永联就给南丰镇政府提出来，咨询这样的问题怎么解决。在这个背景下，一方面，村里在管理中有这方面的需求；另一方面，南丰镇政府也意识到村民集中居住了以后，城镇化发展会很快，管理中也一定会存在着这些仅靠永联村委无法解决的问题。两方面一结合，就考虑到了政府向村直接延伸管理和服务这样的探索。（20140721Y）

也许是历史的巧合，吴惠芳回到永联的时期，正是我国政府职能转变、乡镇行政体制改革以及城乡一体化快速推进的阶段。从永联村这一个案中可以窥见，"自下而上"的来自永联村域的公共管理与服务诉求和"自上而下"的来自政府转变公共事务职能的施政要求不谋而合，从而使永联村在城镇化发展的深化阶段，开启了促进城乡公共服务均等化与公共管理共治化的创新性探索。

第二节　乡村合作共治的实践探索

南丰镇政府和永联村双方经过多次磋商，共同实践与探索，形成了目前这种相对稳定的合作共治格局，总体上，这是一个地方政府（包括基层政府和"七站八所"）向村级延伸公共管理与公共服务的模式。双方通过成立一个综合治理平台——永联社会事务管理服务协调小组办公室，承接地方政府延伸至村内的公共管理与公共服务，地方政府与永联村组织合作共治，使永联村公共秩序的管理逐步走向了常态化，公共服务活动实现了社区化。

◇ 一、成立社会事务协调办

站在地方政府的角度，将公共职能向村延伸，可以是直接的公共财政投入或者是人员配备及服务网点建设，或者是专门的管理机构设置（当然这样做也会增加政府管理层级，加大行政运行成本）；而站在永联村的角度，一个首要的任务就是将地方政府、村委、村经济合作社、村域企业以及村级公益服务机构之间的职能边界厘清楚，按照永联村自己的说法即"镇归镇、村归村、厂归厂"。必要的时候，甚至要根据城镇化管理与服务的需要以及永联村域内人口的特点来调整行政组织架构。为了尽快解决当前永联村域内的公共管理与服务的难题，镇与村之间经过多次的互通研究与摸索，逐步确定了在永联设立一个综治平台来延伸政府公共管理与服务职能的做法。由于永联村域内的公共管理与服务涉及多个"条线"上的内容，需要多个政府部门同时进驻。2009年3月，南丰镇社会管理服务中心永联分中心挂牌成立，派驻公安、交通、城管、卫生、工商、消防等"七站八所"执法机构和人员，在永联村成立社会事务管理服务协调小组，将政府的公共管理与公共服务真正延伸到了村。

南丰镇的金副镇长向我们详细讲述了社会事务协调办成立的具体过程：

> 永联分中心成立之初叫作社会事务协调领导小组办公室，后来又叫社会管理服务中心。从社会管理的角度，省、市以及各级要求成立社会管理中心分中心，因为南丰镇是有社会管理服务中心的，于是在永联成立的机构被命名为社会管理服务中心永联分中心。大家讲"协调办"是沿用前些年的说法，其机构本身的内在职能定位没有变。
>
> 对于永联社会事务的管理，当初张家港市政府希望成立一个办事处。但是后来考虑到永联村农民已经集中居住了，可能要成立社区。如果成立办事处来延伸政府职能，那么办事处是南丰镇党委政府的派出机构——派出机构充其量最多成立党工委。由于不久就可能成立社区，按道理，办事处要去管理永钢，要去协调永钢与永联村的管理与服务。可是，如果成立永联社区，办事处又怎么去协调永联村？到最后，这个办事处是永联村的办事处还是南丰镇的街道办事处？基于这样的考虑，办事处就没有挂牌。后来，张家港市里主要领导和南丰镇、永联村共同商议之后决定，还是于2009年3月在永联村成立社会管理协调办。
>
> 成立初期，协调办得向上级要人员、要编制、要经费，张家港市政府在具体实施过程中进行了很多协调工作。事实上，南丰镇党委政府在前期已经做了大量的调研工作，对于在当前经济社会的实际发展状况下永联人到底有多少公共管理与服务需求，永联村委和南丰镇党委政府心中要有数。当时永联村最突出的是治安、交通等执法权的问题，于是协调办先把一些执法部门请进来，涉及要求由张家港市政府出面协调的，比如说公安，永联村域要增加民警，南丰派出所不可能派出民警来——派出所就那么些民警，安排到永联这边，镇上就少了。所以就请张家港市级领导和相关部门在人员、装备、经费这些方面给予协调。其他诸如卫生、城管、工商等部门也大体差不多。这些重要的职能部门进驻过来

以后，依据它们各自的职能范围，在永联村10.5平方千米内，怎么主动开展管理与服务呢？为了服务永联、永钢的发展，这些职能部门的本职工作怎样在永联落地完成呢？

因为这一模式当时还是新鲜事物，有的事务很好管，比如公安、卫生、工商等方面工作的开展还是顺利的，但是当城管进驻后就有问题了。永联还是属于农村性质的，在农村地区，你违规停车，我管管你，问题不大。但对于在农村流动摊贩的具体事务管理方面，我们城管的执法依据在哪里？其他部门，比如绿化，也碰到类似问题。农村地区绿化是不是属于城市绿化？如果不属于城市绿化，城管就没有对农村区域毁绿行为做出惩罚的权力。特别是在永联小镇还没有成规模、还没有成型阶段，我们在执法方面还是存在着一些困惑。永联小镇初创阶段，我们这里的一些标记、标识以及一些公共设施都很不完备，但是通过这几年的工作，现在这些都逐步完善起来了。

现在"七站八所"已经根据它们各自的职能范围，在永联村域内正在分别有序地开展相应的管理与服务工作。永联村作为全国闻名村，各级领导来得也非常多。作为永联，你说它是单纯的农村吧，它又是农村中的城市。城市地域内有城中村，而永联则是村中城。在对永联这个村中城的管理与服务方面，我们除了原先引入的执法部门外，另外还把一些政府的公共管理与服务职能也逐步延伸进来。原来学校、医院都是永联村自己办的，现在永联的学校是南丰小学和南丰幼儿园的永联校区，医院则变成了南丰镇卫生院永联分院，永联的农贸市场也由南丰镇政府的经贸所来进行统一管理，整个永联区域的环境卫生都是南丰镇上的爱卫办环卫所进行统一管理的。

应该说，政府的公共管理和公共服务已经基本延伸到了永联村里。但是目前还有很多领域需要进一步理顺。比如，永联村民民生保障主要在永合社区，政府的公共管理和公共服务还是在协调办。农村环境卫生方面，在南丰镇其他村，南丰镇环卫所没有派驻专门的保洁人员，而在永联不仅有专人从事垃圾清理，另外还专门配有保洁车辆，这又有可能引发农村内部村与村之间公共管理与服务的新的不公平。

……

协调领导小组和协调办，目前还是属于政府的临时机构，其主要领导一般是由镇长、副镇长兼任的，我们这边还设立了主任和两个工作人员的岗位。而且就目前来看，协调办也只能是政府的临时机构，因为"三定方案"中是没有这个机构的，此外，所谓的管理服务中心也是没有的。（20140705J）

二、公共管理与服务的常态化

协调办的成立解决了永联村域内公共事务治理的主体缺失问题，实现了政府公共管理与服务职能向农村延伸的体制和组织层面的突破，但这并非意味着具体工作的开展是一帆风顺的。正如协调办主要负责人所介绍的，由于协调办是新事物，它解决的是城镇化进程中镇、村遇到的"新问题"，协调办的工作模式也经历了一段由问题导向下的"专项整治、专门服务"向制度导向下的"常态化管理与服务"的演进过程。

以下呈现的是根据对永联社会事务协调办郁主任的访谈资料整理的内容。

协调办从2009年3月成立到现在，其具体的运作模式也是在不断的摸索、探索之中逐步完善的。刚开始主要考虑把那些违法、违纪的问题管理好，以后逐步形成了一套比较健全的制度。怎样沟通协调好？怎样把这些职能单位或部门的职责发挥好？怎样把这项工作顺畅地做好？这些都应该有相应的制度规范起来，然后逐步落实的。随着时间的推移，早期的一些规章制度有的已经不适用了，因为毕竟永联村的情况还在继续发生各种各样新的变化。

原先永联村的主要问题集中在乱停车、流动摊，还有治安方面的问题，如赌博、卖淫嫖娼等。2008年以前，永联新街到大桥那段路两侧，有很多美容美发店、按摩店。再比如，因为人口多，到处都是夜摊摊点，食品安全方面存在很多问题。此外，还有打架、斗殴、赌博甚至吸毒等现象——当年永联村的刑事案件和打击处理的人员，占了南丰全镇的一半。当时，基本上都是"运动式"的加以集中清理整治。比方说赌博问题，原来在永联村有好几个赌博场子，每天都有人去赌博。永钢的员工是很辛苦的，但是其福利待遇还不错，每月刚发下工资的那几天，就有员工因赌博输个精光。还有游戏机室、美容美发室等，里面往往人满为患，热闹得不得了。但到下一轮发工资的前几天，这些人就没钱了，于是，上述这些场所也就相对冷清了。协调办多次通过"运动式"的整治，使赌博问题、卖淫嫖娼问题等得到了显著的遏制。

说实话，对早期这些老大难问题，协调办只有通过一次次的专项整治，才能把这些"硬骨头"除掉。后来，随着对永联村域专项整治工作愈来愈深入，协调办就考虑，总是用运动的方式开展工作也不行，要形成常态化的管理，要建立长效的机制。那么协调办就想到了通过逐步完善各方面的治理制度，促使各个相关的职能部门来落实，从而形成长效治理的良性工作局面。（20140705Y）

我们来看看在协调办成立之后，他们在实践中逐步转换工作思路，通过制度化途径，推动永联公共管理与服务职能运行"常态化"的具体举措：

1. 清晰组织架构

成立永联社会事务管理服务协调领导小组办公室（简称协调办），由南丰镇一名副镇长任组长，南丰镇政法委副书记任协调办副组长，组员分别由公安、交通、城管、卫生、工商、消防等执法机构派专人组成。

2. 明确组织职责

警务室职责：开展辖区内群防群治工作；及时受理、限时办理报警求助，积极排查调处民间矛盾纠纷，做好重点人群稳控工作；及时收集、上报涉及社会政治稳定和治安稳定的各类信息；加强治安检查，落实户籍人口、实地人口管理；加强安全防范，教育群众使用技防、物防设施；维护公共场所治安秩序；督促、指导治安保卫重点单位建立健全安全防范制度，落实安全防范措施，预防、减少各类案件和治安灾害事故的发生；协助侦破刑事案件。

交警职责：对辖区内交通管理及事故处理；对辖区内"五小"车辆进行专项整治、摩托车的上牌及年审工作；加大安全宣传和防范，严查摩托车套牌、无牌、无证、未年检以及驾驶员不戴头盔行驶等违法行为；杜绝重大交通事故的发生，保障村民及职工的生命安全；加大对重点区域交通秩序的管控力度，及时疏导游客车辆并指挥车辆有序停放，确保交通安全、通畅。

城管职责：对辖区内运输车辆带泥行驶、抛洒滴漏、污染或破坏城市道路等违反市政管理行为的处罚管理；对店外经营、店外摆放、流动摊贩、非机动车乱停乱放、乱倒垃圾、乱设广告牌等行为的处罚管理；对影响市容的乱涂写、乱张贴、私拉乱挂等现象的清理；对破坏绿化、破坏市政设施、噪声扰民等行为的部分处罚和管理；对城市道路上违章停车的抄告处罚；保障接待、活动的线路等。

交通职责：对辖区内村级公路、桥梁的日常养护及安全检查，积极开展辖区内路政管理工作；对公交开展行业管理，积极开展公交网络调研并合理优化公交线路，改善群众乘车候车环境，提高居民公交出行率；对客运、货运市场开展监管，确保道路运输市场的健康发展；加强三类维修市场管理，做好黑车、黑摩的查处工作。

工商职能：对经营者合法经营地位的确认；对经营市场交易活动、交易市场的监督管理，查处不正当竞争、非法垄断、损害消费者权益等违法行为；负责交易合同的监督检查，对不按规定登记管理行为进行查处；负责商标的注册和管理；对广告内容监督管理；负责流通领域的食品流通许可、审核、发放；负责消费者申（投）诉与举报的受理、调解和查处。

卫监职责：负责辖区内预防性卫生监督，负责卫生许可证和餐饮服务许可证的审核发放，负责经常性卫生监督和现场食品卫生监督检测工作；参与突发公共卫生事件、投诉、举报的调查处理；开展公共场所、餐饮、非法行医等的卫生执法检查、专项整治工作。

市场职责：对市场日常卫生、秩序进行监管巡查，调解各类经营纠纷、消费投诉和服务投诉；做好食品安全准入、检疫检测、计量、物价、卫生、治安、消防、环保突发事件的应急处理等工作；加强制度管理，落实岗位目标责任制；做好相关人员法律法规和业务培训，做好日常行政事务、接待工作。

3. 建立组织制度

主要通过例会制度，定期协商永联村域内的公共事务议题及解决办法。工作例会分为月度办公会议和专题协调会议两类，由协调领导小组组长或由其委托副组长召集主持。月度办公会议通常每月召开一次，时间一般安排在每月的最后一周（具体时间确定下来后，打电话通知各参会人员），参会人员为协调领导小组正副组长、永联村委负责人、永合社区负责人、永钢集团分管领导、各职能部门负责人以及协调领导小组办公室人员，邀请大桥物业公司工作人员列席会议，并根据实际需要，临时安排相关人员参加。此外还不定期召开专题协调会议，会议视情况召开，参会人员根据协调的内容确定。

例会议题主要分为月度办公会议议题和专题协调会议的议题。月度办公会议的议题有：听取协调领导小组各职能部门负责人汇报当月工作完成情况及下月工作安排情况；听取永钢集团、永联村委、永合社区汇报下月主要工作安排以及需要协调解决的事项或问题；通报当月永联区域公共事务管理情况，对重点工作逐一解剖分析；研究部署下月的主要工作；其他重要事项。专题协调会议的议题有：听取当事单位或部门有关情况的介绍，明确需要专题协调的事项；共同研究对需要解决问题的处理方案；明确分工，落实责任。

4. 常态化运行管理

协调办各个参与部门职责分工清晰，并有相应的规章制度。"永联区域常态化管理分工责任表"对各职能工作予以监督、约束与考核。

协调领导小组：负责永联村域公共事务的日常管理，对各单位、部门的工作完成情况进行督查；牵头公安、城管、工商、卫监、交通、环卫等相关职能部门，加强对永联村域内公共设施、公共环境、公共秩序等日常维护，开展日常执法管理工作。

永联村委：负责对永联村属资产和下属单位内部管理。

永合社区：负责对永联村域内居民事务（非村合作社利益分配等）日常管理。

永钢集团：负责企业内部管理，督促外协单位配合服从社会公共事务管理。

大桥物业公司：负责永联小镇物管区内协议约定和物业管理条例规定的相应事务的日常管理。

在合作综治过程中，永联村将学校、医院、农贸市场、卡口等逐步交由南丰镇上管理。这些设施，虽然都是永联村的资产，但是资产归资产、管理归管理。调整后，村民反而可以享受到更好的服务。另外，永联村还将综合治理办公室的人员以及环卫设施、环卫人员移交给南丰镇管理。永联村域综治平台建立后，在协调小组各部门合作努力下，永联村域内的公共秩序得到了有力整治，公共服务水平有明显提升。

翻看协调办保留的从2009年成立以来的近百份会议纪要、工作简报和督查通报，我们通过详细的文字记录了解到各公共事务责任主体分工合作以满足永联老百姓公共服务需求和保障辖区内公共管理秩序所做的努力与取得的成绩。我们抽取2009年协调办成立以来近40份工作简报进行了内容分析，将协调办参与永联村治理的内容分为专项及综合整治、巡查整治、特定事务（接待任务、会议安排、活动保障、专门服务等）、制度及机构建设、预防治理五大类别。经汇总分析后发现，在协调办成立早期，其治理的内容主要集中在永联村域内的社会治安、环境卫生执法方面，包括专项及综合整治、巡查整治等。随着执法绩效渐显，永联社会秩序好转，协调办逐渐开始拓展协助治理的内容，并主要朝着服务的方向发挥作用。一方面，由于永联快速发展而产生了较大的社会影响，因此，前来永联交流、学习及指导工作的接待任务开始增多；随着永联多元产业发展思路的落实，永联村域内开展的公共活动明显增加，这些对永联提出了较高的服务保障要求；随着永联城镇化步伐加快，居民多样化的生活需求凸显出来，对永联提出了更高水准的公共服务要求。协调办顺应时势，在保证执法力度不减的基础上，优化人员结构、修订工作制度，从而为永联创设了良好的公共服务支撑条件。我们还可以看到，协调办除了采用常态化管理工作方式开展治理之外，也在积极探索预防式治理途径。例如，定期开展各项普法工作、公民素质培训、生活安全技能演练、志愿精神引领、邻里互助活动等等。这些"防患于未然"的治理活动反映出永联治理者良好的超前思维与长远洞见。

表4-1　公共管理与服务的内容分析表

简报期数	简报关键词	治理内容分类（次）				
		专项及综合整治	巡查整治	特定事务（接待、会议、活动保障、专门服务等）	制度及机构建设	预防治理
7	执法	3	1			
8	服务				1	
9	执法	1	1	1		1
10	执法		3	1		
11	服务、执法	1		2		
12	服务、执法	1	1	1	1	
13	服务		1	1	1	1
14	执法、服务	1				
15	服务			1		
16	服务				1	1
17	服务					1

续表

简报期数	简报关键词	治理内容分类(次)				
		专项及综合整治	巡查整治	特定事务（接待、会议、活动保障、专门服务等）	制度及机构建设	预防治理
18	服务、执法	1		1		
19	执法	1			2	
20	执法	1				
21	服务			1		
22	执法	1				
23	执法、服务	1				1
24	服务			4	1	
25	执法、服务	2	1	1	1	
26	服务、执法		1	2	1	2
27	服务、执法	2		4		
28	服务、执法	2		1	3	1
29	服务、执法	3		1		2
30	服务、执法	1	2	2		1
31	服务、执法		2	2	1	2
32	服务、执法			4	2	
33	服务、执法	1		4		
34	服务、执法	1	1	5		
35	服务、执法	1		5	1	
36	服务、执法		1	3		3
37	服务、执法	1	1	3		2
38	服务、执法		1	6		1
39	服务、执法	1	1	4		2
40	服务、执法	1	1	2		
41	服务、执法	1	1	2		3
42	服务、执法	1		3	1	2

资料来源：根据协调办自2009年3月成立以来工作简报抽查统计汇总整理。

三、公共服务社区化

1. 成立永合社区

从治理绩效角度看，政府直接派驻机构和人员进村联合执法、协作办公，这对处理永联村域内的公共事务是高效的。事实上，协调办自成立后能较为迅速而有针对性地就永联村域内的公共问题予以化解，获得了很好的综治效果。但是从长远来看，特别是从永联村民社会参与的角度来看，协调办的职能发挥会受到限制。毕竟，协调办的行政资源由乡镇政府自上而下地分派，因此其管理方式不可避免带有行政化的色彩。不仅如此，随着永联村域经济社会活动继续扩容，人口继续增加，可以预见未来永联村域的社会形态很有可能走向城市化。因此，依托协调办，只能解决当下城乡交替阶段公共事务的部分难题，而将来面对更为复杂的公共事务内容以及未经组织化的散状居民，协调办的工作也极有可能出现不堪重负。永联村民、永联企业职工、非永联村居民等所有在永联村域生活的居民如果要在永联安居乐业，除了物质空间条件对他们要有吸引力之外，还要身处其间的居民能在这个物质空间内发生和谐的社会交往，并在永联形成稳定的归属感，从而能自觉地维护永联的社会安全，并基于熟悉的地域情感而相互支持帮助，关心永联公共事务，积极参与到永联区域发展的公共决策当中——这是基层民主自治的最佳状态，它和村民自治的诉求一样，体现的是一个区域自治的精神与实践。

因此，在借助协调办的成立用以解决永联村域城镇化进程中城乡对接阶段的特殊公共管理与服务需求，完成基层政府回归服务本位之后，永联还要解决一个问题，就是居民自我管理、自我服务的问题，即居民自治，这也是最根本的问题。吴惠芳书记在和我们的交流中，不止一次提到了他对未来永联行政区划的设想，提得最多的就是"社区"这个概念。作为永联村庄治理的当家人，吴慧芳书记也已意识到，面对越来越都市化的永联区域，面对越来越多的进入永联生活和居住的陌生人群，需要一种利益纽带将他们联结起来，需要一种社会化机制将他们组织起来，更需要一种共同精神纽带将他们统一起来。否则即便是"镇归镇、村归村、厂归厂"，那也只是通过划清行政界限，解决了管理与服务上的纠纷，也只是解决了永联发展从过去延续到当前作为一个村中城尚未妥善解决的问题。协调办并不能解决未来可能发展为一个城乡经济社会联合体的永联所需要的公共治理领域和服务空间。

若要一劳永逸就得未雨绸缪。在吴惠芳书记的倡议推进下，永联区域注入城市社区管理与服务体制，将村转型为社区，整个永联区域实行社区化管理与服务。政经分离、政社分离、经社分离，政府提供基本的公共和管理服务并在社区实现承接与延伸，经济组织满足居民就业与消费需求，而社区推动居民互动与交往，创设公共参与的基层空间，培育社区居民自治精神与能力，促成居民自我管理与自我服务。经永联村积极筹备申请，2011年5月经张家港市人民政府批准，在永联村域成立了"永合社区"。永合社区总面积10.5平方千米，下辖永联小镇、永联小区两个集中居住区，分设永泰、永顺、永兴、永和、永润、永谐、永锦、永瑞、永馨、永颐、永琪、永秀共12个园区，建筑面积79万平方米，总人口20 000多人，常住人口10 000多人。取名"永合"，犹如吴栋材老书记当年所期待的一样，寓意"永远联合"。

2. 永合社区公共服务实践

永合社区自成立以来，在公共服务这一方面，与政府下沉的行政化色彩公共事务不同，切实发挥了作为一个基层社会化组织或联结机制的重要优势。从工作内容组织、工作手法创新、工作流程监督到工作成效保证，社区工作者都是费尽心思，用尽才智，尽心尽力。尤其是在社区党建、社区教育、社区文化、社区志愿者服务、社区调解等方面，永合社区的公共服务实践创出了自己的特色。可以看到，在永联区域成立永合社区之后，公共服务与管理的行政化色彩淡化了，而居民参与自治的社会化色彩浓郁了。

第一，基层党组织工作开辟了新根据地。借助社区抓手，整合了社区党员队伍，巩固了党组织与社区民众的政治联结，夯实了永合社区内民主制度化的组织基础。

第二，公共服务找到了确定空间。运用新的服务模式与手段，永合社区为居民架构了多层次、多面向的新型公共服务体系，满足了永合社区居民日益多元化、城市化的服务需要。

第三，居民自治有了参与平台。无论是社区党建，还是社区服务、社区管理，居民都有渠道和机会参与其中，真正体现了社区主人的价值感与归属感，展现了居民自我管理、自我服务的自治能力。

第四，社区精神有了组织引领。通过开展社区教育以及举办各类居民喜欢且层次和品位较高雅的文化活动，社区居民的公共素养得到了很大提升，其精神生活丰富，对社区有了强烈的认同，培育了社区居民深厚的社区情感。

这正是永联成立永合社区所期望达到的状态——一方面，为永联村民完成农民身份到市民身份的转型提供了包含物质条件、精神条件在内的日常实践空间；另一方面，为在永合社区居住的人群创造了安居乐业、社会交往与心理归属的生活空间。

第三节　实践价值与未来走向

一、实践价值

就全国范围看，永联的公共管理与服务供给已走在前列。其公共管理与服务能达到今天这样的规模和层次，客观来讲，也有其特殊性。

其一，永联的公共服务资源，有着村级集体经济的强力支撑，这使得永联村能够也敢于在公共服务基础设施建设上持续投入。在南丰镇政府公共服务延伸至永联村之前，永联就为村民建设了学校、医院、农贸市场等公共服务设施。和一些贫弱村庄的公共服务设施破败缺失不同的是，政府公共服务的延伸带给永联的是管理水平的提升和服务质量的提高，而不只是临时打基础、搭台子。

其二，基于特有的经济地位，永联村在南丰镇、张家港市乃至苏州市都扮演了重要的中心村角色。因此，在探索地方政府职能转型，特别是推进公共管理与服务向农村延伸和覆盖的改革试点中，地方政府都会充分考虑永联村的现实诉求及其作为明星村可能带来的示范作用和影响力。

其三，永联城乡互动为当下城乡一体化发展储备了优势条件。永联地处江南，早在明清资本主义萌芽之际，其工商业就渐次发展起来。江南地区人多地少，农民自古就有从农业以外谋求生计的地域传统（详见费孝通先生《江村经济》和《乡土重建》及其"苏南模式"相关研究），于是，就有了后来的"社队工业""乡镇企业"以及"苏南模式"。因此，长久以来苏南城乡互动频繁，这为当下城乡一体化发展储备了优势条件。更为重要的是，永联村所属的苏州市是江苏省和国家级"城乡发展一体化综合改革试点"城市，这为永联大胆探索城乡公共管理一体化与公共服务均等化提供了政策契机。

尽管存在上述这些特殊条件，但它们也只是在时间序列上为永联乡村治理探索提供了超前机会。我们认为，永联为当地百姓创设的公共管理与服务的实践探索依然具有重要的参照意义。即便在操作层面，永联的一些具体做法可能会因地而异，但总体的演进思路和背后的运作逻辑是相通的。

首先，在城乡发展一体化背景下为农村输送达到城市标准的公共服务，使农民也能共享发展成果，这已是世界任何完成工业化与城市化国家缩小城乡差距和促成农民市民化的不二路径。这个理论逻辑甚至在我国经济发展水平不同的地区已得到了实践验证。即便是我国中西部地区，在财力受限的情况下仍在加大对农村公共服务设施建设投入，加大服务资源增量，力求至少达到城市基础性公共服务水平的标准；而东部地区则基于已有的农村公共服务设施优越条件，探索多样化的公共服务供给模式，注重提升服务资源质量，满足城乡居民均等化的多元服务需求和参与诉求。农村公共服务供给尽管还存在地区差异，但着力的方向是一致的，最终都是要实现城乡公共管理一体化与公共服务均等化。永联村实践探索的价值意义就在于，乡村工业发展壮大后能及时地反哺农业、农村和农民，强化工农互补而不是割裂工农关系。永联村直接按照城市的建设标准为村民修建完善的公共服务设施，满足村民市民化的公共服务需求，同时保留农村特有样态，以区别城市建设的常规思路，创设富有城乡共融的新型公共服务空间，这既尊重了农民向市民转型的过渡性服务需求特点，也尊重了城镇化发展的自然规律，且创新实践了城乡一体化发展的新形态。这样的公共服务供给思路和做法是可以为全国其他村庄所参照的。

其次，永联村域公共管理与服务的实践探索，某种程度上是通过自下而上的"逆推动"达成的，即永联村工业发展推动永联村庄建设（集中居住），永联由此步入城镇化快车道，对于永联村民提出的更高标准的公共服务需求和参与公共治理的诉求，永联村及时做出回应，包括积极推动地方政府职能转变的相关改革（成立协调办）和转变管理与服务的范围、方式（政府职能向农村延伸），明晰公共事务责任主体及职能边界，架构公共事务的多元共治格局等。由于永联村域内的公共管理与服是自下自上的"需求导向"，其内容是契合当地发展需要和百姓生活需求的，因而是接地气的，有生命力的，可持续的。

再次，社区是政府向农村延伸公共管理与服务的有效载体。永联通过成立永合社区开展公共管理与服务，其公共服务社区化有效解决了基层党建根据地及队伍整合问题、服务资源投放空间问题、居民自治参与渠道问题，以及居民自助互助平台问题。在一个确定的地域空间内，居民的切身利益是通过在社区的生产、消费、交往、维权等公共活动加以联结，有了社区，居民就有了自觉维护社区秩序和形成社区共同体的基础与纽带。社区既是一个国家治理社会的基础单元，也是居民表达利益诉求的基层空间，更是居民展开日常生活的现实场域。在永联村域设立永合社区是一个居民与政府获得双赢结果的行动策略，它既解决了国家治理、民众诉权、居民生活的空间所需，更重要的是，它创设了推进永联农民市民化的具体实践场所——具有城市化的物质空间布局和现代化社会规范要求的生活空间布局。在这个物质空间与生活空间里，永联村民最终会通过市民化的日常生活与公共生活实践，转型成为具有公共意识与民主能力的现代公民。

二、乡村合作共治的未来思考

政府向农村延伸其公共管理与服务职能，进一步有效实现政府公共权责本位的回归，及时补给村庄发展所需的公共资源，同时对村庄公共秩序的重建予以了有效的制度支撑。但同时，地方政府作为公权拥有者，也容易在公共管理与服务职能向农村延伸过程中，因种种原因而与自治体制下的村级组织在权责划定上出现边界不清的现象，永联村也不例外。

永联的复杂性还在于，在地方政府公共管理与服务职能延伸下来以前，行政村内已有多个发挥乡村治理职能的经济政治实体，如果这些原有的村级治理组织各自发挥作用的对象是明确的，政府职能部门进入后便较为容易地确定自己的行政边界。但在永联村域内集中居住的人群中，人们的身份往往是多重的，一个人可能兼有永联村民、永联村经济合作社社员、永联村企职工、永合社区居民等多种身份中的两种、三种、四种甚至更多。况且，永联村域正处于城镇化快速演变中，城乡双轨期社会治理首要的难点就是体制的并轨。在城乡发展一体化阶段，不可避免地涉及地方政府，尤其是乡镇政府与村庄之间权责划分的边界问题。

农村城镇化转型阶段，地方政府特别是南丰镇政府向永联村延伸其政府公共职能是通过成立协调办这一具体形式加以推进和实现的，一方面，将公权部门的各类管理与服务职能整合后引进驻村，另一方面也帮助协调永联村与外部的沟通联系。实现这两个方面的功能定位是以地方政府与村、企业、社区之间权责边界的清晰划分为基础的。

永联社会事务管理服务协调办郁主任在接受我们访谈时说：

这个协调办是在南丰镇政府安排下设立的一个临时性的办事机构，

在镇党委和政府的领导下开展工作。它与其他治理主体之间是协调的关系，是我们协调办事的平台。在永联有很多部门，如果没有一个牵头部门、协调机构的话，各主体之间是比较散漫的，难以形成一股合力。有时候某些事务不是一个部门就能解决的，需要两个或者两个以上单位或部门合力解决，如综合治理、联合执法等，面对这一难题，我们协调办会提供一个平台，其中，每月例会就很好地把这个问题解决了。

除了每月例会，还召开专题协调会，不定期对一些重大的或突发的事情、事项专门召开会议进行商定。比如水上乐园试营业后，其监控、安保方面的问题以及一些外围延伸的问题，我们都要提前介入，提前服务的……所有专题协调会的决议内容我们都要一一落实。

……

至于管理和服务过程中的经费问题，协调办的人员薪酬待遇是由政府财政承担的，具体项目经费具体商议，一般是由南丰镇政府和永联村共同商议按什么比例来支付。目前协调办的办公经费大约是一年一百多万。

……

协调办有很多成员单位，协调办设有一个办公室，办公室下面分各个工作组，而办公室领导小组有一个组长，两个副组长，组长是由南丰镇副镇长兼任，下面有各个派出机构的工作组的成员。在人员方面，公安、交警成员多一些，而工商方面只派了两名工作人员进驻在永联。

……

协调办与这些派出机构的工作组属于领导和被领导的关系。协调办作为一个工作平台，接受任务后就直接按其所对应的对口部门分派给"七站八所"进驻永联的机构与人员。各派驻机构与人员所属的部门不直接管理这些机构与人员。涉及永联村域的工作就由协调办统一安排协调了。

……

因为永联从一个分散而居的村发展成为现在集中居住的社区，很多事务的界限都是不明晰的，比如，永联村里的道路维修、养护，根据道路所属的层级指定其维修、养护的承担部门，属于哪一层级的，就该由哪一级部门来维修和养护。在慢慢地探索了以后，逐渐完善了各项事务的管理与服务。接下来该怎么去做？该怎么做好各项管理与服务工作？这也是协调办目前在探索的问题，目前更多的工作是把面临的问题和相关职能部门对接好，能够提供更好的管理与服务。协调办的成立初衷和工

一个苏南乡村的治理之道
——张家港永联村调查

作职责就是这样定位的。

……

> 涉及依法执政的就交给协调办来管理。按照行政村的定位,超过永联村范围的就由协调办来负责。其实现也有一个渐进的过程,刚开始村里面出现问题后,就成立一个部门,明确提供人员的主体,以及提供薪酬的主体,经过一段时间以后,人员和薪酬都落实了,剩下的就是定位的问题了。定位好了,再考虑如何发挥该部门的管理与服务作用,慢慢地在发展过程中形成了一定的规章制度。(20140721Y)

可以看到,就公共职能延伸这一点,政府与村的对接过程并非易事,它涉及责权划分、人员定编、经费定额、制度商议等诸多层面的问题。双方既要交出各自的职能底线,又要基于共赢的利益基础而实行有分寸的合作。可以想象,如果政府与村之间未能清晰划分彼此的权责边界,政府公共职能向农村延伸的实践就不仅没有解决政府"缺位"的问题,反而增添了政府"错位"与"越位"的问题。

尽管永联协调办承担了地方政府向农村延伸公共管理与服务的功能,发挥了"村转居"阶段社会管理与服务的重要作用,但永联村的发展并不会永远停留在"村转居"这一过渡阶段。随着城乡发展一体化进程的不断推进,可以预见,永联村将逐步完成农村城镇化转型,最终实现"农民终结";永联小镇也将最终具备城市社区形态。到那时,政府向农村延伸公共职能的这一过渡性的制度设计,其效用也将发挥尽致。相应的,作为一个机构,发挥政府职能向村延伸作用的协调办也将完成其使命而退出历史的舞台。但这并非意味着由协调办介入农村而延伸下来的公共职能的消失,相反,它会在新的组织架构下继续满足永联区域居民的管理与服务需求。关于这一点,无论是协调办还是永联村都在做进一步的思考:

> 关于协调办未来的发展会是怎么样?现在大家还在考虑之中。就目前而言,协调办与永联村的关系相对来说理得还比较顺。下一步,怎样进一步发挥协调办的平台作用?如何进一步理顺协调办与其他相关部门的关系?领导们也在考虑之中。吴惠芳书记提出一个大社区的概念,这个大社区相当于办事处和街道的概念。他认为,要将协调办和社区合并起来,今后,为居民提供的公共管理和公共服务,以及发挥居委会的作用等,都要统一整合到社区里面。到这个阶段,事物怎么获得更好的发展,现在我们都是在摸索当中。总之,就是今后要把协调工作做得更

好，使居民幸福感、安全感都得到提升。（20140721Y）

协调办是政府在永联村专门设置的机构，再过两三年，这个机构的名称、牌子应该停用，但该办事机构应该留下来，其功能应该继续发挥，办事人员也应该留下来。前两天我给南丰镇常书记提了个建议，即南丰镇应该走在创新的前列，即将脱离永联了。为什么我们要脱离永联？因为在永联，我们就剩下经济合作社，永联村域的社会事务，我们不掺和。我建议南丰镇还要成立一个东沙社区，治理好七干沙以东一直到码头一带。永合社区把永联管起来。永联也可以叫永联社区，重叠也没关系。永联村和永联社区是两个概念，一个是永联村演变过来的经济合作社，是一个经济合作体，另一个是生活共同体。目前，永联村还没有全部拆迁集中居住，其集中居住的比例还低于34%，这些散居的村（庄）总体上还是有村委会的，以农为主的那些村庄也要发展成一个个社区，总的由社区来管理村里的一些公共管理、公共事务，只是行政意义上还是村委会，双轨制。另外南丰镇上，可以建一个南丰社区，把整个南丰镇所在的区域管起来。

……

然后政府给每个社区里面派出一些服务机构，像目前永联协调办这样。社区相当于街道，下设居委会。我个人对社区的理解是这样的，它是一个区域的概念，而不是一个居委会就是一个社区的概念。居委会要充分自治，社区在某种程度上是提供公共管理和公共服务的。要把南丰镇社会管理与公共服务中心发展成永和社区公共管理中心，把永和社区现在的一些公共管理和服务的职能都合并到一块儿去。我认为这两个机构是应该合并的，有的村可以把它划到居委会。我现在正在规划一个机构，我把它叫作便民中心，是为整个永联的老百姓办事的，也可以附带设置便民超市，这个便民中心具有协调办的职能、社区的职能，还有为永钢员工服务的职能……

当时成立协调办的时候，我就说过，这是一个过渡性临时机构。因为当时上级政府不让设置办事处……假如设置便民中心以后，所有事务不一定要交由一个办事处来协调了，将来就只要由南丰镇领导分管这一块儿就可以了。（20140623xW）

第五章 社会事务

第一节 社会事务的"问题"扫描

社会事务内容较为庞杂,且不同时期其内容和重点有着很大不同。对于集镇社区治理单元而言,社会事务主要是与居民社区生活杂务相关的事项,其建设目标和关注点在于如何增加服务供给主体,提高社区治理水平,不断满足居民的主观诉求。

一、村民生活方式的调适

集中居住,是将分散在农村居住的农民集中到新型社区居住。其背后包含着深刻的社会含义,它意味着农民生产生活方式的变更:其一,在居住空间上,由原先的分散型走向聚集型。乡村村落一般沿河沿路呈带状或点状分布,是对农村生产生活条件直接适应的发展形态,村落里的房屋分散在田块附近,通常是建立在规划好的宅基之上,形成属于家庭空间的"庭院",临近的土地分配给居住者耕种。这种空间分散格局用地浪费,环境脏乱差,不利于基础设施建设和公共服务的供给,但却保证了个体相对自由的活动空间,村民彼此之间干扰性、影响性较小,不容易产生摩擦和纠纷。而集中居住之后,空间距离异常临近,村民日常生活起居挤压在狭小的生活空间之中,容易影响、干扰到对方。比如,工厂务工人员半夜下班喧哗,影响到周围村民的夜晚休息。集中居住需要有一个不成文的时间规定要求大家遵守,需要各成员处处留意自己的言行举止以免惊扰到对方,个体闲暇活动的方式会逐步趋于同步化、同质化。

集中居住之后,农民基本全部上楼,再让农民每日骑着自行车、扛着农具,去几里之外的承包地耕种,已经不合时宜。农民逐渐脱离原有的农业生产体系,离土不离乡,实现多元化就业。一些年轻有技术的优势人群进入永钢集团有限公司工作,部分农民在村集体投资建设的小型标准厂房创业建厂,部分劳动对象经劳务公司正式培训后被吸纳到集镇绿化维护等岗位,还有一部分年龄稍大的农民则被安排到永联小镇为发展乡村旅游而建设的农耕文化园工作。生活上,集中居住后由于失去房前屋后的自留地、边角地,居民连日常所吃蔬菜也需到农贸市场购买,相比从前有所不便。集中居住导致的生产生活方式的转变,对于村民而言是一大挑战,需要他们假以时日去熟悉、适应和遵从。

其二,在居住格局上,由原先的独门独户走向现在的层叠式集中。对农村房屋的研究,受惠于建筑师的杰出贡献:他们描绘了房屋的形式、材料、结构、装饰;受惠于社会学家:他们收集了那些支配着人们建造简朴家室时思想中的传统、习俗,甚至宗教形式。农村房屋的真正独特之处,不在于那些不断变化、损坏和消失的外部特征,而是存在于布局、各种"地方性"的安排以及让一种思想感情支配无生物的内部秩序之中。① 房屋形式往往是长期演变的结果,是一种适应农民生产生活的工具,具有从属于生产经营的特性,给予人、牲畜及物品以合理的位置。集中居住之后,多层或者小高层的公寓房决定了居住空间的有限,功能上仅保留厨房、客厅、餐厅、卧室、卫生间等有限模块,人、牲畜、物品间的关系不再是考虑的重点,人们的目光更多投向居住生活的品质提升,大量家用电器设备开始导入,重视房屋的精细装修和保洁维护;居住的原有其他功能出现外移的趋势倾向,如家庭请客置办酒席不在家里进行,而是选择在附近的酒店招待。居住的布局变化,意味着村民需要主动走出狭小生活空间,去广泛参与社会生产生活;从自由、散漫的生活习惯过渡到规范、有序的生活轨道。

在访谈过程中,笔者了解到永联小镇早期公共绿化带中出现种植蔬菜等现象。原本是整齐美观的绿化区,苗木却被某些村民拔掉,种上青菜、玉米、花生等植物,这严重破坏社区公共环境。在这些村民看来,"蔬菜也是绿色植物,种蔬菜既绿化又能补家用","市场上的菜没有自家种的好"。然而,这与"美丽乡村"建设背道而驰,种植事件的背后归根到结底是有无共同体意识问题。传统乡村生活场域具有强大的习惯力量,在很大程度上阻碍

---

① 阿·德芒戎. 人文地理学问题[M]. 葛以德,译. 北京:商务印书馆,2004:217.

着村民向居民的转变。解决这一问题必须加大对社区居民的说服教育，通过各种方式引导他们形成共同体意识，让他们认识到专注于一己之私利会影响整个乡村村容的整洁美观，进而培养起新的生活习惯。

二、村民便民服务的需求

集中居住割裂了传统乡村社会人与土地、人与物品的顺畅联系，原有自给自足的生活方式被打破，迫切需要引入快捷周到的便民服务事项，这也是居民生活质量提升的要求。社区工作往往是因为社区有"需要"才开始，英国学者布莱德肖总结归纳出社区的四种需要：① 规范性需要。这种需要是专业人员、行政人员或专家学者，依据专业知识和现有的规定或规范，指出在特定情况下所需要的标准。② 感觉性需要。在社区中，当大部分居民感觉到某些需要与期望不能满足，并把它们说出来时，便是居民的感觉性需要。③ 表达性需要。当个人把自身的感觉性需要通过行动来表达和展现时，即成为表达性需要。④ 比较性需要。它是与其他个人和社区比较而得出的需要。[①]

从永联集镇社区来看，规范性需要上的硬件得到较好满足实现。2006年，永联投资15亿元建起集居住餐饮、娱乐休闲、文教卫生于一体的永联小镇，它占地达800亩，可容纳3 200户居民入住。2010年5月，经张家港市人民政府批准，永合社区正式成立，其行政关系隶属于南丰镇政府，永联村委会原来承担的计划生育、民事调解、征兵服役等社会管理职能逐步转移到永合社区。该社区下辖永联小镇、永联小区两个集中居住区，分设永泰、永顺、永兴、永和12个园区，建筑面积84万平方米，总人口20 000多人，其中常住人口10 000多人，外来人口约10 000人。2013年，永联全体居民选举产生永合社区居民委员会，解决了永联村委会管理外来人口理由不顺的难题。永合社区坚持"以人为本、真诚服务"的工作宗旨，积极探索社区自治模式。通过"管理规范化、服务精细化、环境优美化、活动经常化"的"四化"建设，面向居民积极提供各种便民利民服务，把"人性化服务"观念贯穿于实际工作中；创新服务管理机制，整合社区资源，逐步建立起社保、调解、居家养老、婚育服务等功能完善的社区服务体系；大力实施居民

---

① 全国社会工作者职业水平考试教材编写组. 社会工作综合能力 [M]. 北京：中国社会出版社，2010：202－203.

文明素质提升工程，培育社区特色文化，努力实现社区人际关系的和谐。永合社区先后荣获"全国综合减灾示范社区""江苏省绿色示范社区""江苏省社区教育示范社区""苏州市文明社区"等荣誉称号。

针对永联村民的感觉性需要、表达性需要和比较性需要，永联集镇以家庭为单位，按照500元/平方米、低于成本1 600元/平方米的低价分配，使村民集中居住在120平方米以上的房屋内，家庭中的老人入住80平方米/户的老年公寓；投资建设社区服务中心、联峰广场、文化活动中心、图书馆、影剧院等文化基础设施，开展丰富多彩的群众性文化活动；为方便村民日常生活，斥资建设屠宰场、农贸市场、医院、小学、幼儿园、超市、带自动扶梯的地下人行通道等基础配套设施，实现村民在家门口看病、买菜、（子女）上学等心愿。

当然，应该看到，上述属于"要素的城镇化"，永联集镇达到了"城里有的，我们也要有"的目标。然而问题的关键在于伴随着生活水平的提升，村民的诉求呈现多元化的特点，需求的质量和档次有所提升，他们希望能享受到城镇居民才能享受到的优质公共服务产品，这些均给乡村治理提出挑战，要求包含社会待遇、就业、医疗、保障、教育等全方位的"人的城镇化"，政府应当从总体发展战略高度推进城乡一体化的发展，实现从行政村治理体系向社区治理体系的转变。

◆ 三、社会事务管理的主体调整

集中居住之前，永联村委会居于乡村治理的主导位置，依靠村委会的强有力领导，将全村的党务、村务、经济、群团等工作统包统揽下来，成为带领全体村民发家致富的主心骨。虽然当时也有村经济合作社（1983年成立），但它更多的是一种形式意义上的存在，实际行使权力的还是村委会。随着永联经济实力的壮大、城乡一体化发展的快速推进、村民居住地集中和身份转变，以及外来人口大量涌入，传统的农村原有格局逐步被打破，乡村社会出现了许多新情况、新问题，不协调现象趋于明显。富裕起来的乡村在向集镇社区转向过程中出现管理困难、对接困难，"村庄变大、变强了，自己管自己都管不过来了，陷入越发展越麻烦的怪圈"。永联村里的市场、交通、卫生、治安、排污、教育都涉及公共管理问题：村域河道中拥有上百条货船，违法问题村委会无权管辖；投入的公共设施配套，以及村中不讲卫生的现象村委会也无法抓、无权管；并村后的永联村拥有五个道路卡口、八个红绿灯，涉及道路交通管辖权问题；村办农贸市场出租以后，带来工商管辖权问题……这些问题，远远超出村民自治固有管辖边界范畴，涉及永联小镇城乡管理体制的大问题。它需要村镇分开，"村归村、镇归镇"，村镇各自管好分内的事务；同时，政府公共管理服务要向集镇延伸，覆盖原有村落。

　　针对以上新情况、新问题，农村基层组织和乡村治理结构，应当做出相应的调整变革，治理主体必须扩容，并明晰各自的公共服务职能和职责。永联乡村治理结构由过去的"村委会主导模式"转变为"多元主体治理模式"，集镇社区共形成五个治理主体，即永合社区、永联村经济合作社、永钢集团、南丰镇社会管理服务中心永联分中心、社会组织。永合社区隶属于南丰镇，是以小镇居民设立的社区自治组织，开展居民自我管理、自我服务、自我监督，承担计划生育、民事调解、征兵服役等职能；村经济合作社是以集体土地、资产、资本为纽带的经济联合体，按照合作社规律办事，确保集体土地、资产、资本的保值增值，实现社员利益的最大化。永钢集团是永联村域内的最大民营企业，它采用现代企业管理制度，独立经营，自负盈亏；社会管理服务中心隶属于南丰镇政府，是政府公共管理对乡村的延伸，通过统筹公安、城管、工商、交管、卫监、集贸市场等进驻永联的市镇部门力量，履行社会治安、交通秩序、市容环境的日常维护以及交通安全、食品安全的监督管理等职能，实现政府公共服务的城乡均等化。社会组织是一新生事物，包括永联为民基金、爱心互助志愿者联合会、惠民服务中心、空巢老人服务中心等，是社会服务供给和基层民主治理的"一极"。"五位一体、共融分治"的治理框架由此形成，努力实现公共管理服务的城乡均等化。本章所涉及的社会事务主要是由社区、社会组织以及村经济合作社共同管理的内容。

第二节　社会事务的治理

◆ 一、治理内容

　　实践表明，集镇社区社会事务的治理具有复杂性、艰难性的显著特点。从当前永联社会事务的治理内容来看，主要包括社区纠纷调解、社区教育、社区物业管理和社区照顾等方面。

1. 纠纷调解

永联的发展过程就是城乡一体化的展开过程。社会的进步变迁,要求村民的文明素质也不断地同步提升,但这中间容易产生村民社会角色扮演的失调:先前社会角色为村民,与之相对应的是农业生产生活方式和"小农"心理、熟人社会,户户居住空间上的离散,血缘关系重于业缘关系等显著特征;而现在社会角色是社区居民,与之相对应的则是非农化的生产劳作方式,居住空间的"共生",交通的极大便利,生活设施的不断完善,地缘和业缘关系慢慢占据主导……社会角色的迅速转变对个体造成极大冲击,容易产生各种各样的纠纷矛盾。表5-1是永联集镇永和社区最近五年的纠纷处理情况,可以看出,各类纠纷数还是维持在一定的数量,每年在三五十起左右。好在永联高度重视,广泛动员社区中正式和非正式组织的资源,多方合作,多管齐下,通过排查、协商等方法预防和及时处理各类纠纷,取得了一定成效,这可从排查次数和协商率等指标上得到反映。

表5-1　永联永和社区近几年纠纷处理情况　　　　（单位:起）

年份	排查次数	各类纠纷数	受理数	协商率
2011年	24	35	32	100%
2012年	25	52	49	100%
2013年	24	52	48	100%
2014年	32	48	46	100%
2015年	35	42	42	100%
合计	140	229	217	100%

从纠纷内容具体形态上来看,主要有以下几种类型:

(1)婚姻家庭纠纷。生活方式的转变,经济条件的富足,年轻人的思想观念迅速转变,而其父母等家长却固守陈规,行为与思维方式上的差异造成家庭亲子关系紧张。婚姻殿堂中的男女双方在职业选择、家庭分工、孩子教育等方面意见不一致,缺乏良好的对话沟通,心理压抑得不到正确的释放,使得夫妻关系不和谐。集中居住进入永联集镇之后,每家每户按人口分配到房屋、股息等资产,但是家庭成员因为私利或分配不均等原因会在财产问题上产生矛盾。在婚姻家庭中发生的纠纷成为一种重要形态。

(2)社区邻里之间的纠纷。如前所述,传统农村社区每家每户在居住空间上是疏离的形态,而进入永联集镇集中居住之后,居住空间的紧凑化、共生化给社区居民新增了一些邻里之间的矛盾:垃圾的胡乱丢放问题;车位的乱停占位问题；公共楼道空间被"蚕食"问题；村民早睡早起的生活习惯与年轻人晚睡、图热闹的生活习惯之间引发的冲突；等等。在一个相对集中狭小的空间里，这些纠纷矛盾变得显性化，集镇社区出现一些不和谐之音。

（3）村民与社区物业之间的纠纷。在传统的乡村社会，村民秉持着"各人只扫门前雪，不管别人瓦上霜"的心理，认为只要把自己家里的事情管好即可，无须从公共利益的角度出发来思考问题。秉持这样的心理，村民集中居住、进入社区之后，对公共空间的分配、绿化的管理、交通工具的摆放、进出社区限制等方面与物业管理规定存在不一致，不服物业公司的管教，容易跟物业公司管理人员发生直接冲突，给和谐社区建设带来难题。

上述纠纷具有显著的特征，即纠纷类型的初级群体化。在传统社会，原本初级群体互动频繁、关系密切、整合性程度高，而在城镇化背景下，社会分化加剧，初级社会关系日益松懈，衰落的初级群体却成为纠纷矛盾的根源地和高发区。资料显示（见表5-2），2011—2015年永联受理的社区纠纷中，家庭纠纷共计122起，邻里纠纷46起，租赁纠纷7起，经济纠纷42起，治安纠纷3起，家庭和邻里初级群体纠纷占到各类纠纷总数的76.36%，而租赁纠纷、经济纠纷、治安纠纷所占比例不高。因此，在乡村治理过程中，对初级群体的关注应成为重点所在。

表5-2　永联永合社区纠纷类型情况　　　　　　　　　　（单位：起）

年份	家庭纠纷	邻里纠纷	租赁纠纷	经济纠纷	治安纠纷
2011年	21	3	3	5	3
2012年	24	12	2	11	0
2013年	26	10	2	10	0
2014年	26	11	0	9	0
2015年	25	10	0	7	0
合计	122	46	7	42	3

面对上述纠纷，永联经过多年的实践积累，按照"以人为本、真诚服务"的原则，形成一些颇有成效的工作方法。这种减少强制、增加合作的方法对于乡村纠纷调解具有重要意义。

一是发现要"早"。提前发现矛盾纠纷，控制矛盾纠纷的进一步激化，这意味着要把握矛盾纠纷化解的主动权。首先，建立覆盖全域范围的纠纷调解员，采取以走访为主、观察为辅的工作方法，及时发现矛盾纠纷；其次，强化永联社会事务管理服务协调领导小组与社区警务室等部门的合作，严格执行每半个月排查一次，重点时期实施专项排查制度，认真落实矛盾纠纷的排查化解机制、信息报告机制，做到防患于未然。

二是处理要"快"。发现矛盾纠纷，及时处理，实现"人在网格中管理，事在网格中化解，把矛盾控制在源头"。永合社区于2011年7月成立由社区退休干部、退休党员等为主要成员的义务调解队，充分利用老年同志积累起来的群众工作经验和极高的群众威望，积极开展纠纷化解协调工作，通过他们的及时介入，使纠纷影响停留在小范围、短时间内，而不致上升到破坏社区整体秩序层面。

三是执法要"公"。对于各类纠纷要站在客观公正的立场上，不能带有个人感情处理矛盾，本着双方自愿的原则，以批评教育为主的工作方针，依据有关规定或条例客观公正地处理纠纷。

四是态度要"诚"。在调解矛盾纠纷的过程中，把"为民众服务""群众利益至上"的意识放在首位，以心换心，以情动人，积极稳妥地处理矛盾纠纷，切实维护村民个体的合法权益。

2. **社区教育**（Community Education）

社区教育是以社区为依托，面向全体社区成员，挖掘和利用社区内外各种资源，以促进全体成员的素质提升和社区健康发展的教育活动。集中居住之后，居民对于社区资源如新建的商业网点、学校、医院、社区服务机构布局等并不熟悉，需要通过社区教育告诉居民现有的社区服务状况，帮助居民了解社区资源的组成分布，以便有效协调生活。更为重要的是，居民对于新建社区的认同感往往不高，对社区事务的关注度不够，因此，需要通过社区宣传教育，传播应对社区问题的有效方法，培育社区领袖或者带头人，说服居民主动参与社区，争取社区环境的改观。社区教育带有预防性和发展性，它将视角延伸拓展到社会基层，强化了大教育体系中的一些薄弱环节，在江浙等沿海地区受到高度重视。就永联而言，广泛开展的社区教育已波及不同年龄段的社区居民。

（1）针对青少年的社区教育。青少年是国家的未来和希望，永联社区教育重点关注青少年与学校教育的对接。一是双职工家庭的子女教育问题。主要体现在充分利用假期开展暑期营活动。暑假时间长，它为中小学生深入社区，与社区产生互动提供大好机会。为此，永联开展一系列主题活动，组建各种兴趣班包括课业辅导班、书法班、绘画班、手工制作班等，充实学生的假期生活。二是单亲家庭的孩子教育问题。由社区牵头，以退休老教师为主要成员的义务帮教队,每周上门给这些特殊家庭的孩子进行学业知识和心理健康辅导,并密切留意他们的日常生活,力所能及地对这些单亲家庭孩子进行帮扶、教育。

(2)针对老年人的教育活动。基于永联老龄化现状,社区教育针对老年人的活动内容比较多,着重关注老年人的养生保健和闲暇娱乐生活的提升。永联兴办老年大学,老年大学设置的课程主要侧重于保健类、兴趣培养类,同时还开设电脑班、烹饪班、医疗保健班,还普及维护权益、消防安全等方面的知识,让老年人精神文化生活更加丰富多彩,充满乐趣。

(3)针对中青年人的社区教育。为提高中青年人的文化知识和职业技术水平,永联与杭州电子科技大学、安徽工业大学、江苏广播电视大学合作开办硕士班、本科班、大专班和非学历教育班,学员经过三年培训教育可以获得结业证书。此外,考虑到社区中青年人平时都在企业或者服务中心上班,永联就利用周末等节假日时间开展一些关于就业知识方面的讲座培训以及素质公开课等活动,要求每户家庭派代表参加,以提高中青年人的知识技能,适应职业发展的需要。

从实施的内容来看,居民教育可以大致归纳为以下几个方面:

(1)安全教育。安全问题关乎社会运行的稳定,学者们将安全视为一种社会过程,主要研究社会运行中出现的安全问题、产生原因以及应对对策。有学者指出,影响社会安全的因素有很多,比如社会流动导致秩序的紊乱,社会分层引发的社会动荡,沟通行动的不合理性导致的"理解"未达成,越轨行为带来治安的压力,亚文化对主流文化的冲击等[①]。具体到永联集镇社区,主要表现为事故灾难、社会安全以及公共卫生安全等挑战。

公共安全。作为人口集中的社区,永联高度重视公共安全问题。早在2012年1月,永联警务室为落实张家港市委、市政府"民生水平提升年"的决策部署,确保广大群众的公众安全感和对公安法治建设满意度达到90%以上的指标,永联警务室全面启动"走千家,访万户,送安全"活动。活动要求社区民警每日走访10户居(村)民,每周走访50户居(村)民,熟悉并服务辖区群众,指导辖区群众做好家庭安全防范工作。同时,制定出入户调查表,加强家庭基本信息、车辆信息、移动设备信息、户籍信息及房屋信息的采集工作,让社区民警做到"带着目的下去,采着信息上来",提高源

---

① 颜烨. 安全文化与小康社会国际研讨会论文集[C]. 北京:煤炭工业出版社. 2003:66–70.

头信息的采集率，积极预防和处理社区当中出现的危害安全行为。

电气安全。集中居住之后，永联集镇居民家庭都普遍使用天然气、电器设备等，电气使用不当造成的安全隐患成为危害居民生命安全的重要因素。由此，电气安全知识的普及对于处于生活方式调适之中的居民来讲，显得异常关键。2014年4月25日，为进一步提高天然气抢险成功率，传播天然气安全知识，南丰派出所永联警务室会同张家港市公安局经保科、港华燃气公司、永合社区等部门，在集镇永颐园社区居民家中，开展天然气户内抢险综合演练。通过现场演练，教会居民在灶具管卡意外脱落等情况造成燃气泄漏并引发火灾的情况下，如何快速通知燃气公司以及社区消防，并科学进行先期处置。电气安全方面的宣讲受到辖区居民的好评。

交通安全。永联集镇目前拥有便捷的交通体系，宽敞的柏油马路，配套的红绿灯设施，简明的方位指示牌以及治安卡口……然而问题的关键在于，出行人的交通安全法规意识能否跟上硬件设施的改善水平。为此，永联主动邀请张家港市交巡警大队对村委会成员、村民组长、园区长、楼道长、永刚集团公司驾驶员等开展交通安全知识培训，讲解道路交通安全常识、道路交通安全法，并观看交通安全视频案例，发放居民"交通安全须知"材料。此外，永联还重点提高未成年人道路交通安全意识。2013年7月21日，永联交通警务室会同南丰镇永合社区居委会，组织辖区内200余名中小学生参加交通安全知识讲座活动。交通民警以幽默有趣的语言风格、丰富翔实的交通案例，向听讲座的学生讲述道路交通安全守则、交通文明礼仪等方面的内容，受到中小学生和家长的欢迎。

通过一系列的安全教育行动，社区居民遵纪守法和自我保护意识得到增强，同时也习得诸多生活知识小窍门、自我保护技巧等，这为集镇社区的平安创建打下了基础。

（2）普法教育。越轨行为偏离社会规范和主流文化价值观念，备受社会的广泛关注。集中居住的推进在给村民生活带来便利的同时，也间接造成负面的影响。生产生活方式的变革，使得之前面朝黄土背朝天的农民失去土地，生活变得空虚。一些村民为了消磨时光，主动寻求刺激，如参与赌博活动；有些村民适应不了新型开放社区的变化，存在严重的心理障碍；有些村民沾染上不劳而获的坏毛病，希望永远不劳而获地过上舒服安逸的城市生活，社区当中越轨行为时有发生。

从收集的数据资料来看（见表5-3），2012—2015年，永联小镇刑事案件和行政案件的发生数量趋于增多，平均每两个月的案件数量20起左右；且110警情常年保持高位态势。相关文献资料还表明，诈骗和盗窃引发的刑事案件与行政案件最多，其次是个体打架斗殴的案件，这些均对社区治安起到扰乱和破坏作用。因此，针对发生案件的破坏程度和集中程度，永联社区警力将对诈骗和盗窃的治理放在首要位置。

表5-3　近四年年永联小镇案件发生数量　　　　　　（单位：件）

年份	2012年	2013年	2014年	2015年
110警情	2 402	3 207	3 235	2 678
刑事案件	105	109	127	133
行政案件	133	116	218	213

电信网络诈骗防范宣传活动。针对电信网络诈骗的高发态势，永联集镇主要依托移动警务室，免费发放网络诈骗防范安全知识，开展系列法律"早市"活动。

2014年5月17日清晨6时许，永联警务室社区民警在南丰镇建农村菜市场，发放宣传资料，向现场群众讲解网络电信诈骗案例和防范诈骗知识，同时以播放宣传短片的方式，图文并茂地向现场群众展示多种常见的电信诈骗手段。

电动车管理精细化。为遏制电动自行车盗抢案件高发势头，减少电动自行车交通事故，落实电动自行车管理长效机制，永联积极响应张家港市政府的通知号召，要求集镇所有电动自行车（包括三轮电动自行车）进行备案、上牌管理。从2014年7月4日开始，永联警务室在辖区钢村嘉园大转盘路口开展非机动车管理宣传，为非机动车车主提供登记上牌服务。据了解，为方便社员、居民、职工办理上牌手续，居民可在永联北街的黄华电瓶车修理店实行代办，也可在设立的移动警务室办理上牌手续。警务室同时加大对非机动车证照检查，督促车辆上牌，对于非机动车无牌照上路的，查到一次罚款20元。

禁止赌博活动，提倡文明健康的娱乐方式。赌博是社会一大公害，它腐蚀个体的思想，危害着个体的身心健康，使个体在不知不觉中迷失自我；它影响着家庭和社会的稳定，一旦染上赌博恶习会严重影响夫妻感情和家庭和睦，容易致使个体走上偷盗、抢劫等犯罪道路。为此，永联积极整治赌博活动。

2014年6月10日，永联社区警务室结合"警民恳谈日"活动，召集辖区棋牌室业主开展禁赌宣传专题会议。其间，向参会的棋牌室业主通报警务室近期查处的几起赌博案件，告知赌博给家庭、社会造成的危害，同时普及相关法律法规知识，告诫棋牌室内不得开展赌博活动，提倡文明娱乐。辖区20余家棋牌室业主参加了会议，活动取得较好的宣传效果。

普法教育的开展，在一定程度上增强了社区居民的法律意识，减少了个体越轨行为的发生。永联通过制度控制、文化控制、组织控制等手段，增强社会管控的力度，加强对越轨行为的预防和监管，减少刑事案件的发生，努力维护集镇社区秩序的稳定。

（3）红白喜事。在集中居住之前，永联村延续着传统的红白喜事大办特办的习俗。村民结婚、生孩子或子女升学，都要宴请亲朋好友。这些喜事要求办得风风光光、热热闹闹，这样主人也觉得倍有面子。通常，喜事酒席均在家里置办，请来周围邻居亲戚帮忙，这种操办方式使喜事的共享性更高。在家里置办一是为了凸显家庭温馨氛围，加强与亲朋好友、邻里的情感联系；二是基于操办方便和节约支出的考虑。丧葬方面也大致遵循这样的习俗。在集中居住之后，考虑到居民没有足够的场地办理红白喜事，永联便在社区内部建立由物业负责管理的喜事厅和敬孝堂。

喜事厅共有两个大厅（一层一个大厅），一个大厅大约可以摆放20张10人座的餐桌椅，提供全方位的一条龙用餐招待服务。从洗菜洗碗、桌椅摆放到卫生清洁都是由喜事厅的工作人员负责，工作人员都是来自永联社区的居民，他们一般工作14个小时，有时会增加到16个小时，工作报酬则是由承办负责人发放，人均每天可获酬劳100元左右。喜事厅的酒席价目维持在600～1 000元/桌，可根据举办人的要求进行上下调整。此外，举办人还要另付人工费60元/桌和使用的水电煤气费用，承办负责人也会向举办人象征性地收取30元/天的场地租金。总体而言，在喜事厅办理喜事的开销远低于酒店招待的费用，办理程序简单，只需和喜事厅承办负责人提前定好日期；且喜事厅位置位于居民所在社区，距离较近，出行方便。

敬孝堂占地面积较大，共有两个厅，一个是用于摆放死者灵柩的高堂，另一个是配备休息室、餐厅、独立厨房等，敬孝堂里面装有空调、电视和无线网络，这项服务只针对永联本地居民。集中居住之后的丧事习俗出现简化趋势，由以前的几个阶段演变成现在的一次性办完。一般情况下，遗体放置高堂五天以供生前的亲戚朋友祭拜,在这期间,子女都要在此守灵。出殡的前一晚要举办一个隆重的仪式,主要有军乐队和哭丧,出殡那天会请道士与和尚来念经,然后是遗体火化。从去世那一刻到火化结束,逝者家里不会再放灵堂,一般就放置一张照片,而火化后的骨灰盒直接送到安息堂(安息堂是公用的,隶属于南丰镇)。办理丧事的家属会根据自家的经济状况选择仪式的隆重程度,也会根据逝者过世的原因和年龄选择合适的仪式。比如,八九十岁的老人过世,在当地可称作喜丧,军乐队的曲风没有那么沉痛,有时还会唱些红歌。虽然将遗体放置五天的费用是放置三天的两倍,但大多数家庭还是选择放置五天。

3. 物业管理

集中居住之后,村民表面上实现了向集镇居民身份的转变。为提升居民生活质量,转变村民的思想观念,永联村委会按照市场化的运作方式,最终敲定由具有国家一级资质的大桥物业公司进行小区管理,村委会采取暗补的形式直接替村民缴费。查阅相关资料,可以发现,大桥物业主要有如下管理职能:

(1)物业维修。社区管理办下设物业管理科以及公共设施管理科,配有物业维修班、水工班、电工班,主要对社区公共设施进行维修、对违规装修进行及时整顿、对居民物业维修纠纷进行调解等。其中,涉及工程量比较大的或比较复杂的改造维修则由永钢集团基建处承担。

(2)绿化种植与养护。目前,小区共有绿化面积23.8万平方米,绿化种植与主要养护工作(包括绿化修剪、施药、防冻)由永联园林工程有限公司承担,社区管理办负责监督管理,其中小区绿化除草由社区管理办负责,现已承包到人。

(3)车辆管理。目前,社区现有车库51个,充电表箱3 200只,基本每个车库都有车库管理员全天候看护。

社区物业费用是按照绿化、门面房和公寓的面积计算,由村委会按季度支付给物业公司,一年费用共计700余万元。永联村资产办根据考核条例对物业公司进行考核,并依据考核结果对给付的物业费进行上下调整,这样确保物业公司提供给居民的服务质量。

大桥物业公司引入之后,社区内部有了较为规范的管理,社区居民的合规意识得到增强。以前,居民的车辆摆放不规范,乱停乱放往往会引起邻里矛盾,有时甚至酿成冲突,不利于社区整体的管理维护;居民随地乱扔垃圾、乱倒垃圾的习惯,并没有因为搬进新建小区而有所改变,垃圾影响着居民的日常生活,给社区的卫生管理工作带来难题;村民秉持着有事找村里的惯习,社区中的零碎小事都要找到村委会要求村里干部给予解决或关照,这不仅加重了干部的工作量,而且也不利于村务和物业管理职责的划分。引入大桥物业公司,运行一段时间之后,物业公司统一设置车库,集中摆放车辆,划分车位,不仅使社区居民的私人财产得到保护,而且也使居民逐渐培养起按照顺序摆放的意识,社区道路通行变得顺畅。物业公司完善社区内部的配套设施,引导居民爱护公共物品,提升社区卫生环境。物业公司还协助设立调解邻里矛盾的小组,发动社区里的园长、楼长等积极分子,使他们带头行动起来,及时化解邻里纠纷。

总体而言,通过专业的物业管理介入,居民的生活质量得到提高,居民渐渐养成遵守规定的习惯,参与社区公共事务的积极性有所增强,并逐渐减弱对永联村委会的依赖,集镇社区渐渐成型。

4. 社区照顾

社区照顾是基本的基层福利项目,它是从全面关怀个人的观念出发,认为丧失能力的个人有权获得援助,同时也有权追求有尊严的生活[1]。截至2013年年底集中居住形成的永合社区现有户籍人口10 965名,其中年龄超过60岁的有2 602名,占到总人口的23.73%,可以说已经进入中度老龄化社会(如图5-1所示)。这当中60—69周岁共1 304人,占60岁以上人口的50.12%;70—80周岁共871人,占60岁以上人口的33.47%;80周岁以上427人,占60岁以上人口的16.41%。老年人群体呈现出基数大、增速快、寿龄高等特点。同时,永合社区这2 602名年龄超过60岁的老人中,有完全自理老年人2 459人(占94.50),有143名失能老人(占5.50%),有190名空巢老人(占7.30%)。从以上数据可以看出,永和社区的老龄化程度较高,中高龄老人比重占到近一半的比例,同时还存在不能忽视的占老龄人口12.8%的失能老人和空巢老人。显然,安置好这些老人的晚年生活已成为永联集镇社区亟待解决的一大难题。

---

[1] 黎锡元,等. 社区建设——理念、实践与模式比较[M]. 北京:商务印书馆,2006:27.

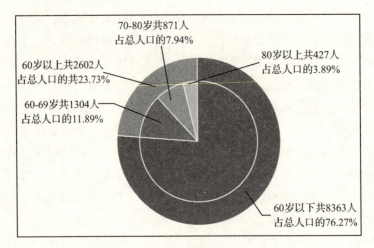

图 5-1 永合社区老年人口分布情况

针对上述新形势、新变化,永联先行示范,按照城乡一体化发展的要求,参照城市社会服务运作的经验,积极发挥集体资本的优势,全面统筹各类社会资源,已形成在社区照顾、由社区照顾和为社区照顾相结合的照顾模式,为辖区居民提供力所能及的养老服务。

(1) 在社区照顾。"在社区照顾"是指将一些服务对象放在社区内而开展的服务,即指有需要及依赖外来照顾的弱势人士,在社区的小型服务机构或住所中获得专业人员的照顾。其核心是强调服务的"非机构化",将照顾者放回社区内进行照顾,使他们在熟悉的社区环境中生活,协助他们融入社区生活。①"在社区照顾"的服务形式多种多样,永和社区所采用的服务形式主要有:

安排老年人集中居住,其住所紧挨成年子女公寓,方便子女的日常照顾。随着时代的发展变迁,老年人在家庭中的权威和影响力往往日益下降,容易出现被子女冷落的现象。为让老年人晚年生活更有尊严、更加体面,永联在推进城镇化的进程中,前期共建设了 1 167 套融入人性化设计的老年公寓(如表 5-4 所示)。将老年公寓建在与成年子女共同居住的小区内,最远不超过 1 千米,方便子女和亲友的日常料理与探访。后期建设的五幢小高层老年公寓更加贯彻以人为本的理念,考虑到农村人群"走门窜户"的生活习惯,每层楼可容纳 8 户居民,并配套设置一条宽敞的公共走廊,方便老年人

---

① 全国社会工作者职业水平考试教材编写组. 社会工作综合能力 [M]. 中国社会出版社,2015:214.

相互走动。老年人可申请入住80平方米左右的老年公寓,每户仅需缴纳2.4万元押金。当老年人去世之后,押金退还给子女,腾出的老年房再次滚动使用。从调研来看,入住老人反映,自从他们入住老年公寓后,与子女因思想观念、生活方式不同而产生的代际矛盾逐渐减少,并且更加方便与同辈群体老人聊天交流,老年公寓人性化的考量使得他们晚年生活更加幸福。

表5-4 永合社区各园区老年房统计

园区	房屋套数	入住人数	入住率	备注
永泰园	60套	61人	4.31%	多层
永顺园	249套	317人	22.40%	多层
永兴园	282套	311人	21.98%	多层
永馨园	224套	325人	22.97%	高层
永颐园	352套	401人	28.34%	高层
合计	1 167套	1415人	100%	

将大型机构拆分成更接近社区的小型机构。永联惠民服务中心新建的一栋老年公寓,已成为最受欢迎的"老年之家"。其楼层布局与以往的老年公寓有所不同,第一层用于养老机构与居家养老相结合的日间照料以及安放老年活动所需的配套设备,其余楼层则是用于老年人住所。

将照顾对象迁回他们熟悉的社区中生活,并辅以社区支援性服务。永合社区的老年人与城市社区的老年人在观念上存在着一定的差距,村民不太理解社区养老的理念,因此,工作人员要做大量的解释、宣传工作。另外,一些村民不太愿意接受服务人员的帮助,一方面对于尚有劳动能力的低龄老年人来说,志愿者的服务会让其"觉得很没面子",有失颜面;另一方面在受助对象丧失劳动能力的情况下,有部分老年村民仍不愿意接受服务,多数老年人的观念还是停留在家庭养老这一层面,他们希望还是由子女来照顾自己,但对于上班工作的成年子女来讲,家庭养老服务困难重重,亟待社区支援性的服务力量投入。

(2)由社区照顾。"由社区照顾"是指家庭、亲友、邻里、志愿者等所提供的照顾和服务,其核心是充分调动社区内部的资源,发动在社区内的亲戚和居民提供照顾。具体做法:将康复过程中一些比较简单的和非专业化的训练及护理程序改由服务对象的亲属或志愿者施行,使伤残或弱能人士不需要专业的服务和设施，仍然可以在家庭环境中进行康复训练和护理。①

"由社区照顾"的重点是积极协助弱势群体和有需要人士在社区中建立支持网络，这种支持网络大致可以分为三类：

第一类是提供直接服务的网络。该服务较多的是以地域社区为基础，在同一社区内动员亲人、邻居、居民组织或志愿者等去关怀社区内有需要的人士。永和社区依托永钢集团和永联村已经大致建立起这样一套居家养老体系。为进一步完善服务网络，永联专门成立一支志愿服务队伍，具体提供权益保护、医疗保健、物业维修、管道疏通、水电服务、文体活动等方面的服务。

第二类是服务对象自身的互助网络。它是指建立服务对象自身的互助小组，使他们能够相互支持、相互促进。在老年人的集中居住区，已成立以楼道或楼层为单位的老年志愿者队伍，大约每30户安设一名志愿者，现共有112名志愿者。他们主要负责老年人的日常巡视、心理慰藉、信息上报、健康生活方式引导等工作。同时，老年人或多或少患有一些疾病，由患有共同疾病的老年人组织在一起，相互分享吃药看病以及健康养生方面的心得体会，并互相给予情绪支持，已成为互助网络的常见形态。

第三类是社区紧急支援网络。它是为帮助个人及家庭预防突发事故或危机而建立的支持网络。老年集中居住区为有需求的390户老人免费安装"一键通"，实行24小时接听服务制度，老人无须出门只需轻轻一按按钮，志愿者或相关人员将会在半小时之内送上所需服务。同时，开发出综合性老年人"智能腕表"，对老年人心跳、血压等关键指标及老年人所处位置进行监控。此外，永和社区还定期向老年集中居住户介绍解决个人及家庭问题的生活知识和有关服务资料，使居民对环境及邻居的困难更加敏感，从而成为紧急支援服务的组成部分。

（3）对社区照顾。英国学者沃克认为要成功地进行社区照顾，单靠社区及家人的力量是不够的，为了不使这些照顾者资源被"耗尽"，还需要充足的支援性社区服务辅助才能使社区照顾持续下去。② 这些社区服务包括日间医院、家务助理、康复护士、多元化的老人社区服务中心、关怀访问等。因

---

① 全国社会工作者职业水平考试教材编写组. 社会工作综合能力 [M]. 中国社会出版社, 2015：214-215.

② 全国社会工作者职业水平考试教材编写组. 社会工作综合能力 [M]. 中国社会出版社, 2015：215.

此,"对社区照顾"更加明确地指出正规照顾和非正规照顾相互结合的重要性。

永联社区爱心互助街依托永钢集团的支持,借助政府公共服务下移的契机,根据老年人的实际需求设立棋牌室、谈心室、老年人助理餐厅、台球室、健身房、亲情浴室等为老服务设施,并积极开展健康讲堂、乐器培训、健身服务、心理慰藉、权益保护等项目。永联建设文化活动中心、永联戏楼等文化设施和场所,先后邀请国家京剧团、朝鲜国立杂技团、中国残疾人艺术团等前来演出。这些都在很大程度上满足了老年人的精神文化需求。

2014年,永联设立的惠民服务中心开展居家养老服务,中心设有日间照料服务中心、营养膳食中心、健康促进馆、老年创业中心、老年文体乐园、老少同乐园等功能区,开展生活照料、家政服务、医疗保障、精神慰藉等服务于一体,为永合社区的居民提供与张家港市便民服务中心的虚拟养老院相结合的居家养老服务。日间照料简称"日托",是惠民服务中心的特色项目,将老年人托付给惠民服务中心,由中心负责老年人的日常生活起居。

通过多年的探索实践,永联已初步形成一套以居家养老为主的社区照顾体系,基本实现"老有所养,老有优养"。老年人不仅享受到城市的优质养老服务,更享受到传统农村养老的亲情和邻里情。

◆ 二、治理机制

(一)社区自治事务治理机制

永联集镇社区建成之后,由于村民拿到手的是大产权、"红本子",住房可以进入市场流通,因此出现部分外来人口购置永联集镇的住房并定居永联的现象。据统计,截至2011年年底,永联小镇的居住总人口共10 098人,其中外来人口2 786人,占总人口的27.59%。永联集镇的800亩土地属于政府征用的城镇建设用地。永联集镇在建设的过程中经历从立项、规划报批到房屋质量监管等环节。因此,永联集镇就是一个纯粹的城镇化社区,在本质上是与城市社区相同的,但是在社会管理方面,需要面向社区建设与管理的方向渐进发展。为此,永联集镇设立机构来分块管理集镇社区事务。

1. **社区管理模式**

为保证社区各项管理服务工作平稳开展,永联集镇共设置综合、环保、民调、计生、民政、社保这六大部门,并有针对性地制定各部门的工作职责、岗位工作职责以及内部工作流程,逐步理清各内部体系;先后制定社区员工值班制度、请休假制度、错时工作制度、例会制度等，以加强对社区员工的管理。

通过近几年的规范化管理，目前已经形成社区管理员—园区长—楼道长三级管理模式，并全部签订考核责任书，形成"逐级管理、层层负责"的有利局面。此外，社区依托有利资源，健全以社区党组织为核心、社区居委会为主体、社区社会组织为补充的社区管理格局，打造"1234工作法""1+4社区管理法"，并率先建立起"网格化管理、组团式服务、社会化考评"管理机制，社区以园区为单位设置一级网格12个，划分二级网格84个，按照楼幢设置三级网格162个，每一网格配置固定服务团队，选齐配强网格长。结合"民情日记""党员干部连万家"工程，对网格内的居民实现"走家入户全到位、联系方式全公开、反映渠道全畅通"，真正做到横向到边、纵向到底，实现服务管理全覆盖。

三级管理模式在永联集镇发挥着巨大优势，一级一级的层级管理使得各级人员的分工明确，责任明晰，人员及物资的配置得到有效利用；逐级管理形成科学严密的管理体系，使得社区在管理服务方面尽其所能，最大化地提升辐射范围和服务质量。

2. 安保管理机制

为创造安定和谐的社区治安环境，推行信息化管理，永联集镇社区在主要出入口、交通要道、公共电梯、集体车库等重要位置均安装监控设备，实行24小时值班制，及时做好突发情况的通报、信息记录工作。永联还积极向上争取公共管理的城乡一体化，依托南丰镇社会管理服务中心永联分中心，实现工商、卫监、城管、交警等执法部门进驻集镇，成立社区警务室和首个村级消防警务室，配备消防人员队伍，为打造平安社区创造条件。

考虑到社区新市民、出租户较多的实际情况，永联强化新市民房屋租赁规范化管理，严抓人口管理工作，率先成立新市民共进协会永合社区分会，为强化新市民管理服务提供平台，增强新市民的社区归属感，对维护社区稳定起到积极作用。对于本地居民，为解决居民"摸不着门、找不对人、办不成事"的现实问题，社区推行"一站办理、一话沟通、一网协同"的服务体系，建立一站式服务平台进行统一受理、统一调度，设立一个居民服务热线（1890服务呼叫中心负责接受居民咨询，受理群众需求，调度各种资源开展服务）、一网协同（通过信息化平台将各部门联合、联动起来，便于更好开展服务管理）。

为落实安全防护长效管理机制,永联以园区为单位设置治安中心户12户,定期开展义务巡逻,及时解决矛盾纠纷。依托社区法官工作室、检察官联络站等有效载体,严格执行每半月排查、重点时期专项排查制度,认真落实矛盾纠纷排查化解机制、信息报告机制,强化社区规范化调委会的建设,实现社区调处成功率达100%。

3. 物业管理服务机制

物业管理是指业主通过选聘物业服务企业,由业主和物业服务企业按照物业服务合同约定,对房屋及配套设施设备和相关场地进行维修、养护、管理,维护物业管理区域内的环境卫生和相关秩序的活动。从社区环境建设的角度而言,物业管理覆盖到社区生活的广泛层面,成为现代城市社区管理的有效途径和组成部分。① 从市场经营角度看,物业管理是市场经营的一种独特方式,是房地产业在消费领域的延续。② 在现实生活中,物业管理就是指由专门的机构和人员,依据合同和契约,对物业及其附属设施、周围环境实施统一的、专业化的、综合的经营管理,并向人们提供综合性的有偿服务,是物业发挥其使用价值,并使物业尽可能地保值和增值。物业管理公司当仁不让地成为提供服务的主体,是在市场经济中的一个独立经济单位,其特征在于依据的规范是《物业管理条例》,并通过市场交换提供物业服务并收取物业管理费用。

物业管理的介入,与永联村委会在社区管理方面出现的"错位""缺位"有着较大关系。错位体现在永联村委会管理范围过大,不该管的或者囿于自身能力所限的也要硬管,导致事与愿违的结果。例如,部分外来人员半夜喧闹,影响周边居民的休息;个别外来人员利用车库等狭小空间场所开办棋牌室,影响临近居民生活。居民习惯性地将这些情况反映到永联村委会,村委会工作人员前去做协调工作,都被外来人员的一句"我又不是本村人,你凭什么管我"的话语给堵住……缺位即集中居住建立永联小镇之后,永联村委会难以根据社区的发展需要持续为居民提供必要的公共服务产品,故引入物业公司及其政府公共管理服务机构进入集镇区域迫在眉睫。

在永联集镇建立初期,住户基本上是永联村民,为给村民及时提供优质的物业服务,永联村委会出面引进国家一级物业公司大桥物业。2013年,永联村委会与大桥物业公司订立正式合同,大桥物业公司作为物业管理具体事

---

① 谭玲,胡丹缨. 物业管理相关问题再探析[J]. 现代法学,2006(6):188-193.
② 汪本聪,邹锐. 论新时期物业管理的创新与发展[J]. 经济师,2005(6):163-164.

务的执行者，以"运动员"角色直接参与为广大永联居民提供物业服务；村委会则以"裁判员"角色，发挥其"居民自治组织"职能，参与到对物业服务的监督与指导中去。大桥物业刚接手永联社区之初，面临一些棘手问题：一是居民思想问题，部分居民思想观念保守守旧，认为自己是土生土长的永联人，无须由外人（大桥物业）来管理。二是村民的习惯问题。永联当地村民遇到事情，包括社区生活上的问题都习惯找原来的村委会解决，将物业公司撇在一边。三是社区设备老化后的维修管理，以及一般物业不曾接触过的消防管理。面对以上存在的问题，大桥物业公司首先决定转变村民一切归由村委会管理的意识，逐步向村民收取物业管理费。前三年是由村委会全额补贴，三年之后规定一家一户缴费1 000元，永合村经济合作社补贴2 000元，让村民逐渐形成为自己享受的服务买单的意识，而不是将此与村委会发放的福利混为一谈。其次，大桥物业公司按照规范定期对员工进行培训，不断对员工的物业管理知识和实际操作流程进行辅导与指导，并定期进行员工考核，提高员工的物业管理服务能力。

大桥物业公司接手社区服务一段时间之后，逐步加强居民的社区规范意识，完善入住的外来人口与本地村民的协调机制。大桥物业公司主要负责绿化、道路保洁、楼道、自行车库、消防等十多个内容，永联村委会资产办根据明确的考核条例对大桥物业进行考核，如有服务工作不到位的情况则会扣除大桥物业公司下一季度的物业管理费5万~6万元以作惩罚。由此可见，大桥物业公司在物业管理法律关系中享有依据合同进行物业管理活动和获取报酬的权利，同时承担合同约定提供物业服务活动的义务。此外，大桥物业公司还涉及对外形象的宣传、为外部机构参观学习提供便利等。应该说，大桥物业承接物业服务几年来，社区面貌有了很大改观，管理服务得到多数社区居民的认可，社区管理整体运作情况基本令人满意，接下来的任务之一是如何提升大桥物业公司与业主和业主大会在社区管理中的互动性。

（三）社会组织治理机制

2007年，党的十七大报告提出"重视社会组织建设和管理"，这是党的报告首次用"社会组织"概念代替以往官方措辞"民间组织"，报告提出在基层民主建设中要"发挥社会组织在扩大群众参与、反映群众诉求方面的积极作用，增强社会自治功能"，报告还提出"把城乡社区建设成为管理有序、服务完善、文明祥和的社会生活共同体"，将农村社区建设置于与城市社区建设同等位置，表明我国社区建设将步入城乡并举、共同发展的新阶段。长期以来，农村社区社会事业发展缓慢，多数服务难以满足广大居民的公共需求，在我国全面推进小康社会建设的过程中，农村社区居民的公共需求又进一步得到激发，农村社区居民对公共服务的要求也更加迫切。社区服务的福利性、群众性、互助性，符合广大农村社区居民的现实需要。党的十八大报告也指出"引导社会组织健康有序发展，充分发挥群众参与社会管理的基础作用"。可见，官方资料中社会组织的内涵丰富，这为我国社会组织的快速发展创设出良好的政策环境。

　　社会组织的民间性、非营利性、志愿性、自治性等特征明显区别于政府部门及市场化运作的企业，它可以提供诸如文化教育、运动休闲、健康医疗、慈善救助等服务活动，是社会治理的一支重要力量。据《2014年中国统计年鉴》显示，截至2013年年底，我国社会组织共54万余家。其中，社会团体28.9万个、民办非企业单位25.5万个、基金会3 549个。同时，城乡基层尚不具备法人条件的服务型、群众性社会组织也在快速发展。浙江省宁波市海曙区是政府与非政府组织进行社区参与式治理的试点单位，其中政府要做的就是尽量放权，并大力支持非政府组织，承诺将社区政务减到最低可能，其他事务由社区主体自治决定，同时政府依据项目的形式予以资金扶持。该试点旨在推动非政府组织"社区参与行动"，负责当地的参与式理念和方法培训，参与模式共建。在农村，专业经济技术合作组织已经在多数地区得到政府的认可，但更具有综合性的协会类组织目前尚不能获得合法性，这是今后社会组织需要予以突破的地方。

　　随着工业化和城镇化的发展推进，永联10.5平方千米的范围内，业已形成"麻雀虽小，五脏俱全"的小社会。为更好地承接政府职能，增强社区自治能力，永联积极培育社会组织，作为构建现代乡村治理体系的重要一环。永联集镇区域内先后孵化出为民基金会、爱心互助志愿者联合会、"五老"志愿者协会、邻里互助服务队、"康乃馨"巾帼服务队、空巢老人服务中心等一批社会组织，在帮困、助老、睦邻等方面发挥着积极作用。

1. 为民众参与提供良好的平台

　　随着永联社区居民生活水平的日益提高，居民公共事务的参与热情有所提升，永联集镇积极为退休居民、爱心人士等提供献爱心的渠道和平台，传承"赠人玫瑰，手有余香"的奉献精神。"五老"志愿者协会成立于2011年7月，是一家非营利性的群众组织，其关注对象集中在老年人群体。它为热心老年工作、热衷投身于公益事业的老干部、老党员、老教师、老战士、老文体爱好者提供互帮互助、发挥余热的平台。永联集镇还专门为奉献爱心的人士建立一条爱心互助街，主要由志愿者联合会、为民基金会、惠民服务中心三部分组成。志愿者联合会主要依托永联爱心互助街的活动场所和设施，组织居民前来参加志愿活动。为民基金会是由永联村、永钢集团和永合社区三者共同管理的基金会，针对在永联集镇的一些困难职工、弱势群体、低保户，以及面临突发性疾病、突发性灾害事件的对象提供经济上的资助。惠民服务中心主要是为辖区居民提供社会服务的机构，开设文体休闲、健康咨询、血压（血糖）测量、足浴按摩、日间照料等服务项目，居民志愿参与提供了重要的劳力资源。

2. 推广柔性治理

永联通过参观学习和外地考察，借鉴国内社会组织的管理经验，探索出一条柔性治理机制，作为对政府刚性管理的有效补充，以更灵活、有效地回应社区居民的需求。前面提及的"五老"志愿者协会，就是旨在通过组织会员学习政治、文化、科技等知识，不断提升会员的素质；严格规范会员的行为，确保会员在老年群体中的表率作用；认真做好社区老年群体的各项调查，全面掌握社区老年群体的现状，积极向政府相关部门及时反映老年群体的实况与诉求，成为政府联系广大老年人的桥梁和纽带，进而维护好老年群体的合法权益。还有辖区内的和风社会工作事务所，它作为民办非营利性企业，不断吸纳"4050"人员以及"零就业"家庭人员，通过对他们进行专业化培训，使其掌握护理老人的技巧与方法，为社区老人提供低偿服务。此举解决了"4050"人员和"零就业"家庭人员的再就业难题，缓解了社区的就业压力。

3. 提供便民服务

永联通过社会组织积极向居民提供便民服务。爱心互助志愿者联合会专门设置针对老年人群体的活动，比如上门开展保洁服务，改善人们的居住环境等活动；解决双职工家庭子女上下学接送问题的"放心班"；针对永联几十名行动不便、子女无暇顾及的老年人，每天安排志愿者免费提供送餐上门的服务。为民基金会成功开展的一系列富有特色的项目，也获得集镇居民的好评。①"温暖回家路"项目。由永钢集团牵头，为民基金会出资，每年春节期间免费护送外地职工回家的"温暖回家路"项目，解决了永钢集团职工春节回家难的问题。现已开拓江苏、安徽两条线路，同时也在筹划其他路线，力图扩大辐射范围，让更多的外来务工人员享受到永联的为民服务。

②"爱心缝补"项目。该项目旨在帮助工作劳累而没有精力缝补衣物的永钢集团外来职工,提升集团公司的外在形象。③社会工作项目。和风社会工作事务所是一家民办非营利性企业,该事务所积极引进和培育专业养老服务机构和专业人员,开设日间照料、家政保洁、养老护理、家庭保姆等项目,为社区老人提供照顾服务,充分发挥社会工作的专业优势和特长。

上述这些组织已嵌入永联集镇社区,发展状况良好,在扶贫、安老、团结邻里、文化建设等方面发挥着作用。今后集镇社区的主要任务是要将社会组织从现有体制中剥离出来,成为独立的社会性领域,进而获得长足性的发展。

第三节 社会事务面临的治理挑战

一、多元治理主体的整合

法国社会学家涂尔干认为分工是高度发达社会的特征,也是有机团结的基础;分工的发展推动了社会由机械团结到有机团结的转变。① 分工的结果就是促进了各个社会主体的整合,从而更好地协作与互动。帕森斯在《社会体系和行动理论的演进》(1977)一书中,将社会整合概念界定为如下内涵:一是社会体系内各部门的和谐关系,使体系达到均衡状态,避免变迁;二是体系内已有成分的维持,以对抗外来的压力。一个社会要达到整合的目的,必须具备这样两个不可或缺的条件:①有足够的社会成员作为社会行动者,受到适当的鼓励并按其角色体系而行动;②使社会行动控制在基本秩序的维持之内,避免对社会成员作过分的要求,以免形成离异或冲突的文化模式。

乡村治理实务的推进,离不开治理得以实施的社会网络基础,它决定着社会治理合力的产生大小。一是应厘清乡村治理实务的实施主体范围,尽可能将对乡村治理具有重要帮助价值的机构和组织吸收进来,形成具有广泛社会基础的多元治理体系,并确定哪一治理主体"牵头挂帅"。目前,永联集镇初步确立五个治理主体的框架,这五个主体之间理论上是各自独立、分工明确、互相配合的,力图将永联集镇事务治理妥当。问题是,这五个主体的地位和拥有的话语权存在差异,其中比较明显的是社会组织还是一新生事

---

① 侯钧生. 西方社会学理论教程(第三版)[M]. 天津:南开大学出版社,2001:48.

物,目前尚处在建设发展之中,对乡村事务的影响有限,故此需要大力培育。此外,治理主体协作之间存在漏洞,存在着担负职能重复,导致居民遇到事务时,不知道该向哪一主体问询和求助;同样,当问题产生时,在应对方面,由于责任划分不明确,主体之间也会出现"踢皮球"的现象。已有文献资料表明,党建引领是目前通行的做法。其二,应加强治理主体间的整合协调力度。围绕乡村治理民生工程,考虑如何充分调动各部门机构的能动性,实现行动上的协调、资源上的整合以及功能上的互补,这些可能需要经过周密论证和科学协调,找出最佳的切入点和适宜的项目载体才行。笔者认为,乡村治理需要努力完善的是不断提高主体整合协调程度,形成一股积极向上的工作合力,做到区域协同,切实提升治理水平。

二、居民的被动依赖到主动参与

社会治理与社会管理尽管只有一字之差,但是两者体现的是现代社会与传统社会的最大不同之处。社会治理,就是结合多方力量,寻求多元化的治理路径体系,不再是依靠村庄领导等个别权威来治理社区。这些多元力量包括政府、非营利性组织、公民、企业、新闻媒体等。社会治理的创新之处就在于整合多级主体的力量,平等合作、互动协调,为社会事务的治理和社区的和谐发展出谋划策,使每一个个体真正自主参与到社会事务之中;而社会管理则是依靠行政指令或者是个体的领导才能来管理社会事务,民众力量在这个管理体系中是没有话语权的,它遵循自上而下、强调下级服务上级的运作路线。居民参与乡村事务是推动乡村经济社会全面发展的重大战略举措,也是建设社会主义新农村的重要内容。然而,在传统乡村社区中,小农思想意识根深蒂固,限制着农民接受新鲜事物和开拓创新的能力,使得农民在乡村事务的参与上处于劣势。依靠动员式的参与方式内容有限且参与的效率低下,与社区居民的参与期望存在偏差,因而造成村民参与热情不高。同时,也应看到,在乡村社区中,村民大多是知识文化水平相对较低者,其管理能力、参与能力存在不足。多数村民没有形成社区主人翁意识,参与活动也多以被动接受为主。

永联乡村在其成长过程中,初期的发展目标是发家致富,依靠吴栋材等一批村庄领导的精英治理或者能人治理,永联创办工厂,兴建永钢集团,实行以企带村、村企合一,富民强村目标得以实现。村庄领导具有较高的权威和地位,而村民是带动或者发动的对象,即使有些意见和建议也多是保留,毕竟村庄建设、发展取得了成功。但是，随着永联初始目标的实现，村庄格局发生了翻天覆地的变化，居民生活水平得到的极大提高，个体参与意识也有所提升，从之前的被动参与到现在的主动参与。顺应形势的发展需要，永联乡村治理做出应对，增强居民参与社区决策，凝聚与动员集镇社会资本，构建乡村新型权利关系。围绕社会事务，在社区党建方面，永联成立党员义务监督队和"五老"志愿者协会，在社区里积极开展"小区域，大党建"行动，实行"党员考核在社区""党员服务进社区"，使居住在社区内的在职党员、离退休党员和流动党员都积极参与到和谐社区的建设中来；在社区管理方面，永联采取社区管理员—园区长—楼道长的三级管理模式，使得来自底层的需求信息及时传递上来，极大地激发出居民参与社区管理的积极性；在社会生活方面，永联成立道德评议小组，设立家庭文明奖，组建各种业余爱好兴趣小组等。这些举措在有效引导广大居民参与社区事务治理的同时，也在丰富居民精神文化生活，促进社区文化繁荣，提高居民生活质量等方面做出了贡献。

◈ 三、社会事务治理的建章立制

"精英治村"往往通过选拔管理好手或者致富能手担任村庄干部，引领乡村经济社会发展，进而起到很好的示范带头效应。但是乡村要实现持久健康发展，除了选好德才兼备的"带头人"之外，更需要来自制度设计层面的保障。从建设的整体情况看，永联集镇在取得显著成绩的同时，也暴露出一些尚未解决的现实矛盾和问题：在管理层面上，管理职能还侧重于经济发展，而社会管理和公共服务工作力度不够；在社区层面上，社区自治的内生基础还比较薄弱，新老居民之间的社会交往有待提升，社区工作者的职业性、专业性有待加强；在治理机制运行层面上，基层政府管理与社区自治之间的衔接有待改进，在社区实践中缺乏可回溯的科学评估机制；在社区服务项目可持续性上，缺乏支持服务理念和服务递送的条例，以及能够解决矛盾、澄清目标的路径。为此，永联尝试性地提出乡村社会事务的治理机制。

1. 建章立制，力争社区内部管理规范

为保证社区各项管理服务工作的平稳开展，永联集镇专门成立永合社区工作领导小组，分设综合、环保、民调等六个部门，分门别类地制定部门工作职责、岗位工作职责以及内部工作流程，逐步理清部门内部体系。为强化精细化管理，永联集镇先后制定永合社区员工值班制度、请休假制度、错时工作制度、收发文管理制度、工作联系制度等，并初步开发一套社区工作服务软件，推进信息化管理，为社区工作常态化建设提供保障。

2. 资源整合，构建服务体系网络

永联集镇主要着力构建三大网络：社区管理网络、计生管理网络、居家养老服务网络。如上文所述，社区管理网络通过规范的内部管理已经初具战斗力；在计生管理网络建设方面，永联不断进行调整优化，分别以园区小组和拆迁未安置小组为单位来设立基层计生指导员，实行包片管理、绩效考核，取得不错的成绩。而居家养老服务网络是以惠民服务中心为主体，为家庭养老提供必要的辅助性资源，以应对不断加重的老龄化问题。通过居民终身服务体系，确保从初生的婴儿到白发苍苍的老人都能享受到社区服务。

3. 完善考核管理机制，探索社区管理模式

永联集镇统筹制定各部门岗位的工作职责，做到从楼道长到社区书记岗位职责、岗位考核签订率达到100%，认真落实好社区工作人员"百分之百群众满意考核责任制""党群代表议事会制度""社会化考评机制"，落实社区居民的知情权、参与权、选择权、监督权，打造民主管理型社区。利用集镇推广"家家有电脑，人人会上网"的有利时机，推动社区信息化建设，做到"一话沟通、一册查询、一网服务"（升级永合社区信息系统，开通永合之家微博以及永合论坛）。利用张家港市开展"政社互动"的大好机遇，为全市积极探索新型社区管理积累新经验和新方法，主要是完善社区实践工作中形成的"1234工作法""1+4社区管理法"，继续深化"网格化管理、组团式服务、社会化考评"管理机制，努力做到横向到边、纵向到底，实现服务管理集镇社区全覆盖。

4. 创新社区教育形式，大力弘扬社区文化

永联依靠"家庭文明奖"这一精神文明建设的有利抓手，进行道德讲堂宣讲，实施居民文明素质提升工程；认真开展好社区老年大学、中专学历班，在培训方式上求新求变，在教育内容上求精求进，将社区教育打造成省级示范点；进一步壮大社区文体队伍，推动社区文艺网格化建设，打造特色文体活动品牌，努力培育"和合文化"、"感恩文化"两大文化品牌；着重开展"楼道文化建设活动"，在每个楼道制作"邻里守望卡"，推动邻里交流和互助；挖掘特色楼道文化，培育楼道文明新风，打造出10~20个文明特色楼道；让文明健康的文体活动占领居民的业余生活，培养积极健康的生活方式，让文化成为推动社区人际关系和谐的纽带。

第六章 社区文化

第一节 社区文化导入

　　社区文化是指在一定的空间地域范围内,成员个体在共同实践中创造的具有自身特色的精神财富及其文化形态,包括文化观念、价值观念、社区精神、道德规范、行为准则等,其本质是一种家园文化。在社区发展进程中,社区文化扮演着协调成员个体行动方式和思维方式,并促成居民集体行为的角色。有学者认为,"以村民自治为核心的现代乡村治理改革,对普通村民至少有三个方面的基本要求:起码的物质生活条件、文化教育基础和参政热情"[①]。对于永联而言,追求物质富裕已不是当下乡村治理的最紧迫问题。统计数据显示,2013年永联全村实现销售收入355亿元,利税18.7亿元,居民人均收入32 937元。在全国60万个行政村中,永联村的经济总量排名前三,上缴国家税收排列前二,经济建设可谓名列前茅。然而乡村在创造物质文明的同时,需要社区文化发展同步推进。文化滞后(culture lag)理论告诉我们,由相互依赖的各部分所组成的文化在发生变迁时,其各部分变迁的速度是不一致的,快慢不一造成各部分之间的不平衡、差距和错位,由此产生社会问题。一般而言,物质文化的变迁速度快于非物质文化[②],故需要我们关注滞后发展的非物质文化,重塑社区文化成为集镇社区治理的当务之急。

[①] 徐秀丽,俞可平. 中国农村治理的历史与现状:以定县、邹平和江宁为例的比较分析[J]. 经济社会体制比较,2004(2).
[②] 威廉·奥格本. 社会变迁:关于文化和先天的本质[M]. 王晓毅,等,译. 杭州:浙江人民出版社,1989:106-107.

一个苏南乡村的治理之道
——张家港永联村调查

一、社区文化共建的主体联合

社会学家齐格蒙特·鲍曼（Zygmunt Bauman）指出，我们所处社会具有流动的现代性特征。一方面，资本可以轻松快速地流动，丢掉笨重机械和大规模人员这些负累之后，资本充其量只是带着一个仅仅装有公文包、笔记本电脑和移动电话的行李箱轻装旅行，它几乎可以在任何地方短暂停留，只要自己不满意，它在任何地方都不需要待得太久；另一方面，劳动依旧像它过去那样纹丝不动，但是它停留的那个地方已经失去往日的固定性，它徒劳地寻找落脚的乐土，没想到会落在脆弱不堪的沙地上。[①] 由于居民价值取向与劳动就业方式的多样化，传统乡村社会以"亲情"和"道德"为基础的约束机制趋于减弱，由此导致乡村组织凝聚力日益涣散，居民日常行为管理也变得越发艰难，容易给社区发展带来结构性紧张与压力。为适应集中居住之后的新形势，加强对社区精神文明建设的组织领导，永联努力探索社区文化建设之路，尽可能地将对社区文化建设具有重要价值的机构、组织吸纳进来，形成具有广泛社会基础的治理图式，重点指向"人已上楼，思想没有上楼"的现实问题。

目前，集镇社区范围内业已形成永联村经济合作社、永合社区、永钢集团、南丰镇社会事务管理服务中心永联分中心和社会组织五个主体，联合共建的多主体框架逐渐形成。村经济合作社具体负责永联村民的精神文明教育管理及"文明家庭奖"的考核评估；永合社区居委会主抓辖区内居民的思想文化建设和行为规范引领；南丰镇社会事务管理服务中心永联分中心负责通过执法管理，强化居民及外来流动人口的教育监管；永钢集团强化永联籍工厂员工的思想精神文明教育整治；而社会组织重在培育辖区内居民爱心互助、志愿奉献等利他主义价值观的养成。这五大主体各司其职，彼此配合，合力推进社区文化建设任务，并且取得了一定的成效。在一个互助体系中相互依存的各种政治、经济、社会组织将逐步培育一种新的公民社会关系。[②] "当文明人，说文明话，做文明事"，居民文明素养不断提升，永联也连续三届（2005年、2008年、2011年）荣获"全国文明村"，以及"全国先进基层党组织""全国农业旅游示范点"等多项荣誉称号。围绕社区文化建设的

---

① 齐格蒙特·鲍曼. 流动的现代性 [M]. 欧阳景根，译. 上海：上海三联书店，2002：90.
② 郭灵凤. 欧盟文化政策与文化治理 [J]. 欧洲研究，2007（2）：68.

中心任务,今后永联需要考虑在联合共建的框架下面,如何充分调动各部门、各机构的能动性,实现行动上的协调、资源上的整合以及功能上的互补,避免文化建设活动的重复,这可能需要经过周密论证和科学协调,找出最佳的切入点和适宜的项目载体才行。

二、社区文化空间的营造

我国乡村社会普遍建立在以家庭联产承包责任制为基础的土地制度之上,这是一种分散的、自由的、无序的经济形态。乡村文化以传统民间习俗文化为主,具有封闭性,很少形成具有自身特色的社区文化。[1] 对于永联而言,集中居住建成集镇之后,社区文化建设主要是通过改善居民的人居环境,不断满足居民日益增长的文化需要,提高居民的生活质量,以此提升居民的社区归属感与认同感,形成具有自身特色的文化形态。

一是重塑乡村人居环境。永联集镇按照现代化小城镇的规划建设标准,建有幼儿园、小学、医院、农贸市场、污水处理厂、商业街、路灯、喷泉等配套工程和标准设施,配备周界报警、电子监控等智能化管理系统。导入江南水乡建筑文化,集镇社区小桥流水、粉墙黛瓦;导入江南特色民俗文化,集镇社区建有可供居民举办红白喜事的喜事厅和敬孝堂;导入乡村发展历史,集镇社区采用公共艺术形式展现个性鲜明的永联故事和永钢精神;导入丰富多彩的文艺活动,集镇社区让脱离土地的居民"心有所托"。事实上,永联集镇已经不是传统意义上的乡村,或者城乡接合部位的物理空间。它拥有高规格、高标准的硬件设施。现代工业文明与传统农耕文化交相辉映,为集镇社区的文化发展奠定了优质的物质环境,起到了公共空间的纽带作用。

二是强化文化服务职能。文化是人类社会生产与生活方式所构成的网络系统,它发挥着化人的重要功能。为满足集中居住居民的文化诉求,永联建立了各种文化娱乐设施,开展社区教育活动,促进社区精神文明建设。例如,提炼"敢破敢立、自强不息、团结奋进、实干争先"的永联精神,建设村情厂史展厅、农耕文化园、"金手指"[2] 等特色雕塑,制作《华夏第一钢村》《奋进的永钢》等专题宣传片,并分批组织居民参观学习,提振思想

---

[1] 周运清,王培刚. 全球乡村治理视野下的中国乡村治理的个案分析[J]. 社会,2005(6): 89-91.

[2] "金手指"雕塑位于永联小镇广场,造型奇特,大拇指上扬,其余四指向下微曲。五个手指蕴含着永联先后五次并队扩村,也象征着永联永远团结一致、共谋发展。

"精气神";组织社区党员和村民代表外出参观游览,增长见识、开阔眼界;利用橱窗宣传栏、网站广播、电子显示屏、内部刊物《永联村讯》等宣传媒介,积极开展慈善互助、尊老爱幼、诚实守信等价值观宣传;与高等学校展开密切合作,把大学"搬"进乡村,通过补贴学费等方式鼓励居民学习知识技能,提高文化学历层次。

三是提升居民思想道德水平。与一流的外在硬件设施相呼应,永联大力提升居民的思想道德水平。集中居住意味着村民生产生活方式发生转变,村民单一身份也随之发生显著变化,他们开始扮演、担当多重社会角色,不仅是村经济合作社的社员,同时也是所在社区的居民,所在工作单位的员工等。由此,对个体行为的规范必须由过去的乡规民约管束向社会共建规制转变。为此,永联设计出台行为考核评价标准,联合其他共建主体,引导居民养成文明的行为习惯,并将考核结果与成员家庭年终福利挂钩,以有效提高居民的文明素质,培养居民的社会主流价值观念。用永联村干部的话来讲,就是"不管永联村的社员走到哪里,都将成为最好管、最自觉的人,叫响了'出了永联门,还是永联人'的口号"。

三、社区文化活动的推动

文化活动是在社区居民的生活、交往、学习、娱乐过程中产生,它如社区之"手",动态地勾勒出社区精神、社区理想、人际关系等隐性文化因子。就外在表现而言,社区文化活动内容呈现出多样性、丰富性的特点,有利于增进社区居民的相互联系和情感交流,对其思想行为起着引导、约束、凝聚和激励等功能。

面对传统乡村社区文化滞后的情形,永联积极推进社区文化活动。2012年,永联共举办各类大型活动及戏剧演出 20 场,活动内容主要包括春节团拜民俗文艺展、中国曲艺名家走进永联专场文艺演出,表演了《玉蜻蜓》《孟丽君》《红楼梦》等村民喜好的锡剧、越剧等;全年共投入 1 815 300 元用于丰富居民的文化生活。2013 年,利用重要的时间节点,永联共举办各类大型活动及戏剧演出 28 场,活动主要涉及"钢铁是这样炼成的——庆祝永钢集团炼钢十周年专题文艺演出"、2013 年 CCTV"最美乡村颁奖典礼"、最美乡村绿色幸福行暨永联公共自行车启用活动、"相聚永联·美丽乡村面对面"论坛、锡剧表演和越剧表演等,全年共投入 4 527 733 元用于提升居民的文化生活。2014 年,永联共举办各类大型活动及戏剧演出 27 场,活动主要包括永刚建厂30周年系列文艺汇演、文明百村欢乐行大型公益文艺巡演，《钓金龟》《三堂会审》《草命天子》等锡剧、越剧，《又见桃花红》等音乐剧，全年共投入2 445 956元用于拓展居民的文化生活。借助自身较强的经济实力基础，永联不遗余力地推进社区文化建设，力求满足集中居住居民对精神家园的向往与追求，文化立村理念得以慢慢确立。正如永联村党前任支部书记吴栋材所讲："永联村的分配形式有三样：房子，票子，文化。我们既要在物质财富上让村民共建共享，也要在精神文化上让村民共建共享。"而后者（社区）精神文化的滋养和引导在外界看来，正是永联集镇的魅力特色所在，它帮村民插上了先进文化的翅膀，产生共同的记忆和情感依赖。

第二节　社区文化供给及其运作探索

集镇社区居民对公共事务缺乏关心，邻里关系较为冷漠，缺乏解决社区问题的行动能力。而社区文化建设可以唤醒个体主人翁意识，维系社区良好的人际关系，增强社区居民的归属感，提高他们的闲暇生活质量，因而社区文化在乡村治理中占据重要的位置。当然，鉴于每个社区都有自身的地方特色、传统习俗以及不同的人文情怀，故社区文化在孕育成长过程中容易形成鲜明的特色。从社区文化建设的调研来看，永联社区文化供给主要包括以下几个主题内容。

一、闲暇文化

闲暇或者休闲应被理解为一种"成为人"的过程，是一个完成个体与社会发展任务的主要的存在空间，是人的一生中一个持久、重要的发展舞台。[①]闲暇具有补偿消耗、丰富生活、显示人的主体价值和激发个体才能的功能。永联集镇社区经过几年的快速发展，居民生活水平普遍提高，他们过上幸福安逸的生活，闲暇活动得以充实。

1. 文化场馆闲暇文化的导入

作为公共文化活动的物质载体，永联集镇社区休闲娱乐设施比较齐全，居民在闲暇时间可以根据自己的喜好进行相关的活动安排，包括阅读报刊书

---

① 凯利. 走向自由：休闲社会学新论［M］. 赵冉，译. 昆明：云南人民出版社，2000：5.

籍，观看电视、录像、影碟，收听广播；学习与自修；参与体育锻炼，吹拉弹唱等自娱活动；下棋，打牌，饲养花鸟鱼虫或宠物，参观游玩；参加公益活动、社交活动等。个体的闲暇时间安排或许各异，但是集镇社区给居民提供了多种放松休闲的形式，不用远足，找上几位亲朋邻里，悠闲漫步间就基本上可以在永联集镇享受到所需的一切。

工作和做家务之余，约出几位好友，端上一杯热茶，到戏楼去看看杂技，听听小曲，欣赏表演，无疑是件惬意的事情。永联集镇的戏楼就是社区居民欣赏表演、消磨时光的重要场所。它是永联投资300万元建设的一项文化福地工程，位于永联小镇东街，于2010年12月投入使用。戏楼建筑面积800平方米，分为上下两层，内设舞台、大厅茶座、可拆分大屏等，可容纳260人现场观看。戏楼主要提供综艺表演、评弹、说唱、杂技、木偶戏、皮影戏等演出节目。在开业当年，永联就引入包括《红楼梦》《徐九经升官记》《秦香莲》等众多经典剧目的近百场戏曲。此后，戏楼演出的节目越来越多，节目形式也趋于多样，截至2015年年底，永联戏楼先后共举办演出1 173场（如图6-1所示），接待观众10万余人次，绍兴东寿越剧团、无锡梅声锡剧团、张家港香山锡剧团等十多家演出单位曾多次来戏楼演出。这些戏曲文化大手笔丰富了居民的业余文化生活，激活了居民的艺术细胞，缩小了城乡文化差距，同时也为中国传统戏曲文化的传承发展提供了一个基层平台。

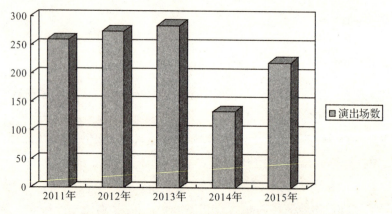

图6-1 2011—2015年永联戏楼演出数目一览

与通过视觉和听觉放松心情、调整情绪的戏曲相比，一些居民喜欢通过健身运动的方式来丰富日常生活，缓解工作中的压力。永联联峰广场和文化活动中心为集镇社区居民和职工提供了便利条件。联峰广场和文化活动中心，建筑面积共计 4 000 多平方米，工程自 2006 年 8 月开工建设，于 2014 年 1 月初正式竣工。联峰广场由主题雕塑、水景喷泉、壁画、回廊、溜冰场、篮球场、咖啡厅、茶座等景观和活动场所组成。而活动中心拥有可容纳 1 300 多人的大型剧场，外面设有 LED 大型户外显示屏。剧场设有大型舞台、同心圆式旋转升降舞台、可拆卸式乐池，并配有幕景和多媒体同步播放设施。剧场音响和灯光设备先进，采用程序控制，可实现水平和垂直移动。联峰广场与永联文化活动中心是目前全国村级建设规模和档次最高，集观赏、文化、休闲、娱乐等功能于一体的大型综合广场之一。它对于缩小城乡差别，使永联居民在家门口就能享受城市生活便利；对于经济业已富裕起来的永联居民，实现追求时尚文化生活的热切愿望；对于永联在高起点上推动乡村文化的内容形式、体制机制、传播手段创新，加强居民和企业员工的思想政治学习、能力素质培育、社会公德建设，形成积极向上的精神风貌，具有十分重要的意义。

随着现代社会竞争的加剧，居民已经逐渐认识到，仅满足于一般性工作岗位和现有工作技巧是不够的，还需要不断寻求自我发展，开发潜能，故强调个体发展、注重个体社会功能提升已成为趋势。居民在合理安排休闲时间的同时，以读书、读报、自修等为主要内容的"充电"生活方式占了很大比重。早在 1995 年，永联村就投入十多万元建立乡村图书室。当时的图书室面积不大，藏书 2 000 余册，采用手工登记和开架式管理，配有两名工作人员负责馆内日常事务。2006 年 8 月，永联图书馆进行大规模的改建和扩建，改建后的永联图书馆设有图书室、期刊阅览室、电子阅览室、资源共享工程播放室、影视厅等区域，总面积达到 1 200 平方米左右，藏书 20 000 余册。2011 年 12 月，永联图书馆搬至集中居住区永联小镇，位于小镇南街 14 号，馆内收藏社会科学、文学艺术、工业技术、农技百科等 22 大类约 30 000 余册图书，拥有 70 台电脑，并开通全国文化信息资源共享工程，成为居民文化素质提升和社会教育的重要阵地，并先后获得"全国示范农家书屋"和"全国服务农民服务基层文化建设先进集体"、中华全国总工会"职工书屋"、江苏省"百佳农家书屋"以及苏州市"十佳书香社区"等多项荣誉称号。

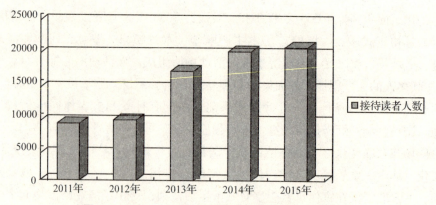

图 6-2　2011—2015 年永联图书馆接待读者人数情况

从上图 6-2 统计数字显示来看，2011 年到 2015 年，永联图书馆每年接待的读者数量成持续上升趋势，2015 年更是突破 20 000 万人，充分体现出永联图书馆的自身价值。可以说，永联图书馆自对外开放之日起，就受到永联居民和永钢集团职工的欢迎，图书馆现有持证读者 1 500 多人，书刊每月流通量达 3 000 多册，给读者带来智慧的源泉和精神的力量。随着网络社会的崛起，图书馆建设也与时俱进，不断挖掘自身的潜能。"图书馆的职能主要包括 4 个方面：保存人类文化遗产，开展社会教育，传递文献信息，开发智力资源。随着社会的发展和科技的进步，人类社会已经进入信息化和网络化时代，图书馆除了保留原来的这 4 项职能外，文化娱乐和休闲职能的作用日益突出。"① 从图 6-3、图 6-4 可以看出，永联图书馆近些年也逐渐开展了一些娱乐教育形式的活动，如亲子课堂、读者之星、读者园地等，充分发挥知识的力量，与读者展开互动交流，主动介入居民的生产生活中去。

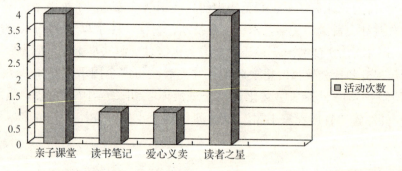

图 6-3　近两年永联图书馆活动记录情况

---

① 刘崇学. 休闲文化视野下图书馆功能的拓展［J］. 现代情报，2010（1）：115.

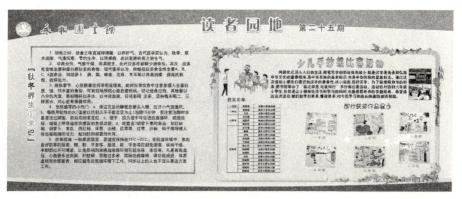

图 6-4　永联图书馆读者园地部分内容

2. "送文化"和"种文化"的结合

"送文化"与"种文化"在社区文化建设上都起着不可替代的作用。所谓"种文化",说的是居民像种庄稼那样,经常性地开展自娱自乐的文化体育活动,把文化的"种子"植入乡土大地,让它生根发芽、开花结果。"种文化"活动体现出这样一种理念:居民从文化的旁观者变为参与者,居民既是观众,又是演员,既是文化产品的生产者,又是文化产品的享受者,因而能够充分调动起居民参与文化建设的积极性,能盘活社区的传统文化。而"送文化"可以说是外部机构或相关组织将文化资源输送到基层乡村,给居民带来更加富有现代特色的文化"大餐",居民实际处于观赏位置。相对而言,乡村文化建设滞后,信息闭塞,高水平、上档次的文艺演出较为罕见,"送文化"活动犹如雪中送炭,使广大居民在自家门口就能获得高水准的精神文化享受。

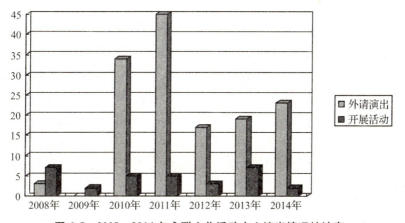

图 6-5　2008—2014 年永联文化活动中心演出情况统计表

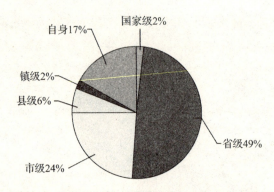

图 6-6 2008 年以来永联外请演出团队比例构成

永联小镇拥有自己的戏楼、图书馆、广场、文化活动中心等完善设施,从上图 6-5 可以看出,除去开始的 2008 年、2009 年之外,永联文化活动中心的活动以外来演出为主,其中包括来自上海、安徽、浙江等省的著名艺术团,也包括张家港市周边的其他县市的表演支持,而永联自身的文艺活动比例不高,约占 17%。可以看出,永联集镇社区文化发展主要以外来"送文化"为主,而本地的"种文化"发展正在培育和发展之中。从图 6-6 可以看出,近些年来省级团队演出比例最高,接近五成,若将市级及其以上的团队演出比例相加的话,所占比例达到 75%;而县级及以下的基层团队演出比例不高,仅占不到四分之一。可见,事实操作层面永联集镇引入具有较高档次和水准的文化演出,着重发挥外来文化的引领和带动作用。调研发现,永联集镇已经组建自己的舞蹈队、锣鼓队、龙狮队、折扇舞队等文体队伍,它们形成不同的社团和兴趣组,自编、自排、自导、自演,传承和繁荣着永联的传统文化。"种文化"重在"说自己的话,讲身边的事",它有着广泛的群众基础,更具鲜活的生命力,更容易满足居民的自我需求。相对于外来"送文化"的繁荣,永联集镇社区文化还需继续努力提高,需要设立社区群众性文化活动专项资金,积极打造乡土文化人才队伍,从而建设具有自身特色的社区文化。

文化下乡对于营造乡村文化氛围,活跃居民精神文化生活,起到巨大的作用,但在永联文化下乡的频次并不高,通常一年一次,作为文化系统毛细血管末梢的乡村文化建设仍被忽略。实践证明,乡村文化建设主要不是靠政府建设,也不是靠城市高端文化输入,其建设的主体只能是村民自己,他们才是乡村先进文化的建设者和受益者。只有具备了内生的驱动力之源,乡村文化才有旺盛的生命力。在由"送文化"向"种文化"转变的过程中,政府可以作用于"种文化"上，即引领方向，营造氛围，建立机制，着力唤起文化自觉；努力培养一批懂文化、热心于文化、善于经营文化的能人；协助挖掘、整合各种具有地方特色的乡村文化资源。以激发乡村内源性动力为主，以政府部门"文化支农"为辅的良性联动，可以成为当下乡村文化发展的有效路径选择[①]。

二、家庭邻里文化

家庭作为初级社会群体，是一种成员相互熟识，以感情作为基础结成亲密关系的群体类型。德国社会学家滕尼斯曾指出，在诸如家庭、村庄之类的社区中，人们之间的关系是自发的、亲密的且不易转移的，它包括每个人的多种角色和利益。[②] 随着我国社会由传统向现代的转型，初级社会群体日渐衰落，原有功能不断萎缩或向外转移，初级关系逐渐淡化，家庭、邻里等初级群体需要调整适应。永联集镇不是我们眼中的大城市，它是乡村社会的转变发展，比起人们记忆中的乡村多了一些现代化的气息。居民在这里享受着城市般优越的物质生活条件，同时也兼具城市欠缺的村庄大家庭的温馨。

1. 家庭文明奖

作为社会的细胞，家庭文明进步和能力提升是社区文化建设的落脚点。随着永联集镇的经济发展，居民的生活不断富足，但如何使居民个体的文明举止、思想观念等各个方面紧密跟上发展的形势，还需要不断的努力与探索。为此，2004年起永联尝试制定出乡村"家庭文明奖"的实施办法，力图从制度层面规范、引导、巩固家庭角色功能。

文献资料表明，永联"家庭文明奖"分别从遵纪守法类、环境卫生类、计划生育类、家庭生活类、综合治理类、农副业生产类、公共事务类等方面对村民进行日常行为考核与评估，只要违反相关规定的就会进行相应扣分。在"家庭文明奖"的考核中，家庭所有成员均获得满分的，该家庭可获得当年考核的全部奖金，即家庭成员数×1 000元。被考核家庭每扣1分，家庭所有成员每人扣罚100元。被考核家庭当年扣分超过10分的，取消评奖资格，且超过部分纳入下一年度的考核成绩，以此类推。在2010年之前，家庭文明奖是实施的联动扣分制度，分别以村民小组、园区居民小组为单位进

---

① 施亚康. "送文化"更要"种文化"[N]. 光明日报，2006-06-08 (3).
② 郑杭生，等. 社会学概论新修（第三版）[M]. 北京：中国人民大学出版社，2005：157.

行联动扣分。如果哪一家违反规定，整个小组的其他家庭也会受到牵连，进行相应的扣分处理。这种实施方法导致一些没有违反规则的村民因为他人违反规则受到牵连时便会产生抵触情绪，当然也产生过矛盾与纠纷，但这同时也提高了村民的自主性，逐渐使村民能够自觉地按照规定来进行生产生活。2011年之后，家庭文明奖以户为单位进行考核（以派出所户籍为准）。当年度该户所有家庭成员未加分/扣分的，则该家庭当年可获得的全部奖金和各项福利待遇为：家庭成员数×1 000元+全年各项集体奖励和补助。当家庭成员每加或扣1分，则该户当年各项福利待遇及奖金总额上/下浮动1%，即年终分配额=（参与考核的家庭成员数×1 000元+全年各项集体奖励和补助）×（1±1%）。2014年，家庭文明奖的内容做了进一步的修订和完善，在基本文明守则的基础上，明确了自主创业、敬业奉献、勤学优学、孝老爱亲、互帮互助、慈善公益的分类奖励细则，细化了违法违纪类、公共管理类、物业管理类、职业发展类、学习管理类的具体扣分要项。①

家庭文明奖的得力举措使得永联村民以及职工从最初的为不违反规则而行动到现在的自觉行为，改善了村民的生活形态。由表6-1可以看出，在总的4 500户左右的家庭中，违规比例趋减，由2012年的1.32%降到2013年的1.16%；而扣分分值有所增加，由345分上升到422分，分析发现主要是部分家庭户违规违纪的要项较多，相应的扣分分值较大所致。总的来讲，家庭文明奖实施后，村民工作、学习的自主性更高；成员之间的相处变得融洽；遵纪守法意识得到增强；参加志愿服务的人数更多……这对于加快推进永联现代化建设步伐，创造和谐文明的社区环境，提升个体思想道德素质均发挥了重要作用。笔者认为，今后永联家庭文明奖的改进，需要从转变实施主体（突出永合社区考核主体）、加大考核力度（制定底线，重正面奖励）上做出调整。

表6-1　2012—2013年永联家庭文明奖的扣分情况

	总户数	扣分户数（占比）	扣分	扣款金额
2012	4 480户	59户（1.32%）	345分	34 498元
2013	4 550户	53户（1.16%）	422分	43 695元
合计	—	112户	767分	78 193元

① 详细内容见本书附录。

2. 平凡中的感动

普通而正常化的生活几乎是所有家庭的诉求。我们需要柴米油盐维持生存，需要守护我们的家人朋友，需要应对我们周边的琐事杂务，需要与他人交往相处……生活无声，岁月无言，而蓦然回首，翻阅自己的心灵，总希望会有一抹记忆在生命之中留下深深的痕迹。

"久病床前无孝子，久贫家中无贤妻"，或许有人觉得这是对人性的蔑视，但如今社会确实存在子女因工作繁忙而不去探望自己父母，存在子女嫌弃父母没有给予自己想要的生活。孝顺父母原本是件正常不过的事情，现代社会却将"常回家看看"写入法规当中，这也许是社会的悲哀与无奈。令人惊喜的是，永联"最美媳妇"TDG（化名）却给我们带来正能量。

人们常说婆媳关系难处，可是所谓的婆媳矛盾在 TDG 家完全不存在。TDG 19 岁嫁到 CFJ（化名）家时，家中一贫如洗，结婚的婚房是借的大队仓库。TDG 并没有嫌弃夫家贫困，夫妻两人勤俭持家，几年后终于盖起新房。新房盖好后 TDG 就立即把公婆接到新房居住，让老两口也过上好日子。日常生活中，TDG 对待婆婆像对待自己的亲妈一样，在她的感召下，另外两个儿媳妇对老人也是关心有加，全家人其乐融融。2009 年村里房屋拆迁，婆婆先拿到一套老年房，TDG 还是和老人住到一起，一如既往地照顾她的日常起居。后来 TDG 家拿到新房，装修好后的第一件事就是把婆婆接过来住，可是老人怕麻烦儿子儿媳，总是以各种理由推辞，所以未能成行。但 TDG 对婆婆关爱不减，下班后常去看望婆婆，买些蔬菜、营养品改善老人的饮食。周末更是叫上一家人去探望，给老人打扫卫生、晾晒被子等，融洽的气氛令周围老人羡慕不已。天有不测风云，两年前婆婆因病住院开刀，TDG 请假在医院照顾，在她带动下其他两个媳妇也主动加入，最终老人因身心愉快而恢复得较快，提前康复出院。

作为一名朴实的农家妇女，TDG 不仅诠释了一个贤妻角色，更诠释了一名孝顺的儿媳角色。虽然 TDG 的行动只是孝敬父母、爱护家庭的点滴小事，但正是这些小事给了我们更多的启迪。平凡之中，总有些人、有些事像阳光般照耀着我们，这是感动，也是激励，是驱动我们不断向前的力量源泉。

3. 邻里守望文化

邻里是地缘相邻并构成互动关系的基本社会群体，有着显著的认同感和感情联系，由此构成相对独立的小群体。① 邻里概念在突出地缘关系特性的同时，点出互助体系的内容实质。"远亲不如近邻，近邻不如对门"。随着经济社会的发展，城市化进程的加快，居民居住结构和生活方式与过去相比发生了显著变化。曾经亲密无间、无话不谈的邻里关系被冷若冰霜、形同陌路的邻里现状所取代。在多数城市居民眼中，乡村淳朴和睦、以礼相待的邻里关系，犹如一首古老的歌谣，让人羡慕与企盼。邻里和谐不仅会提升居家生活的环境氛围，给成员生活带来便利和愉悦，也是社会和谐稳定不可缺少的组成部分。具有现代化气息的永联集镇不仅造就村民幸福安逸的生活，也努力维持着淳朴和睦的邻里关系，使之成为理想的居住栖息地。

（1）与邻为亲。如前所述，邻里是基于成员空间或者地理位置关系而形成的地缘群体。当生活中遇到一些困难或者问题时，第一时间向我们伸出援助之手的并不是亲朋好友，而是左邻右舍。48岁的WLP（化名）女士，是一名在永联小镇租房卖菜的流动摊贩，当谈到本地人对她怎么样时，她点点头说："都蛮好的。有一次半夜我回到家，发现自家的门被反锁了，进不去家里，我就上7楼邻居家求助。我问，半夜三更的家里门开不了，能找谁帮我开下一锁啊？邻居说，你到我们后面三楼去找人，你就说是我说的，你把我的名字告诉给他听。他家男主人就是开锁的。后来我找到那个开锁匠，人家大半夜帮我开了锁，我拿钱给他，也没要钱，还说都是在一块儿住的，不用客气。我当时就好感谢人家。"像这样的故事在永联集镇还有很多，住在一起，彼此交往熟识，邻里就是我们的亲人，彼此具有情感上的亲密性。

（2）与邻为善。社区是"我为人人，人人为我"的生活共同体，与邻为善，和谐共处，生活才会充满阳光。2003年，为响应永联新农村建设的需要，居民WZX（化名）带头同意老房拆迁。2007年拿到集中居住的新房后，全家搬到满是新面孔的居家里。开始，家人觉得有些不适应，但WZX说："邻里之间嘛，就是生活中最亲密的伙伴。"为使邻里之间的关系能更加亲密，他主动向大家自我介绍，先让大家对他熟悉起来，他和老伴每隔两三天都要把楼道、扶梯、窗台打扫一遍，义务劳动之举直接影响到楼道内的居民，大家积极参与进来爱护楼道内的环境卫生。

在WZX所在的楼道内除居住有当地居民外，六楼的房屋是出租给在永钢集团工作的外来大学生。WZX为使大学生们能融入本地居民的生活，他

---

① 顾朝林，等. 城市社会学 [M]. 北京：清华大学出版社，2013：48.

经常主动邀请大学生来家中做客，每逢过节之时，总会送一些本地特色小吃给大学生们品尝，如端午节会将自己包好的粽子送到外地大学生手上。他的举动感动了这些远离家乡的大学生，使他们觉得生活在这样的楼道中很幸福。在WZX的带领和鼓动下，小区居民从不熟悉到熟悉，从陌生到亲密，大家互相帮助、彼此信任，就像一个温馨的大家庭。

（3）与邻为乐。62岁的ZMF（化名）说起搬到永联集镇的生活，便乐得合不拢嘴，他不仅生活水平有了改善，而且平时生活变得轻松，就是做做家务，聊聊天，出去打打小牌什么的，晚上到广场上散散步、活动活动筋骨。一个人的生活并不孤单，因为有着左邻右舍的陪伴和帮助，ZMF的爱人讲到搬进来以后，邻居教自己学会了打牌，而且大家出去玩的时候都会叫她一起。她说："我住在底楼倒挺方便，大家一叫我就去了，我一叫他们就来了，反正搬到永联是挺幸福的，大家都很热情，来到这里以后又有了许多新朋友，平时日子也不会无聊，让我感到很开心。"永联集镇社区虽然拥有许多住户，其中有一部分外来户，但是在相处的过程中，大家基本都能善待自己的左邻右舍，邻里交往充满乐趣。

◆ 三、慈善互助文化

慈善就像一条涓涓细流，所经之处都会滋生万物，普济众生。亚瑟·C.布鲁克斯（Arthur C. Brooks）指出，慈善捐赠在很大程度上促进了国民经济的增长，它被视为承担那些不可或缺的公共服务的手段之一，也是改善捐助者以及接收者生活质量的工具。[①] 慈善能使捐助者爱心充实、情感升华，增强奉献社会的责任感和使命感；能使救助对象真切感受世间真情、社会温暖，激发感恩良知与回报社会的情怀，提升自强不息的自立精神。通过培育和激发公众主体道德与责任意识，形成"我为人人、人人为我"的浓厚互助氛围，丰富和提升社会主义精神文明的内涵。近些年来，永联集镇致力于慈善互助文化的弘扬，在创设"好的意愿"基础上，试图证明慈善互助举措富有成效性。

1. 为民基金会

永联为民基金会是经江苏省民政厅批准设立的一家公益慈善类非公募基

---

① 亚瑟·C.布鲁克斯. 谁会真正关心慈善［M］. 王青山，译. 北京：社会科学文献出版社，2008：118.

金会，它成立于 2010 年 5 月 30 日，注册基金为 500 万元。正如"为民"一词所指那样，该基金会以"互助关爱、德润永联"为宗旨，通过募集捐赠资金以建立可持续的互助机制，完善社会救助制度，在学生教育、尊老敬老、扶残助残、关爱健康等领域发挥积极作用。囿于我国公益慈善组织"先发展、后管理"的现实，公益慈善组织结构犹如万花筒般多姿多彩，故影响公益慈善组织可持续发展的因素之一便是其自身内部的治理成效如何，表征为有无科学而合理的管理机制。笔者将它的管理机制分为组织结构和运作规范两个维度。

表 6-2　永联为民基金会的组织结构状况

机构名称	理事会	监事会	会计
人数	9	3	2
规章制度	《张家港市永联为民基金会理事职责》	《张家港市永联为民基金会监事职责》	《张家港市为民基金会会计职责》
	《张家港市永联为民基金会章程》《张家港市永联为民基金会财务管理制度》《张家港市永联为民基金会基金管理办法（试行）》		

组织结构是支持组织管理自身资源最重要的工具，对组织的发展具有决定性影响。合理有序的组织结构能够将人、财、物等资源有效地组织运作起来，提高组织的运营能力。非营利法人是慈善机构常用的组织形式。通过表 6-2 可以发现，永联为民基金会的组织结构较为清晰，主要由理事会、监事会以及会计组成，三者的权责都以不同的规章制度确定下来，相关内容张贴在中国永联的官网上，方便社会公众监督，凸显规章制度的约束力。此外，永联为民基金会的财务收支和项目救助都会按时上传至官方网页，做到运作透明公开，社会公信力较强。

运作规范上，永联为民基金会的资金来源主要有两个，一是企业或其他组织的资助。为民基金会每年都会推出一些基金项目，并预设此项目所需资金。永联集镇的企业、事业单位和其他组织会对感兴趣的项目进行认领，出资促进所认领项目的推进。二是永联居民的捐助，通常居民和职工都会进行捐助，永钢集团的职工在每月工资里都会自动拿出 10 元钱捐给为民基金会。与捐款活动相关的一个问题就是居民对于捐款活动的态度，是自愿捐款，还是被动捐款？访谈中笔者得知，永联居民对于捐款活动是持积极肯定的态度，他们都主动参与捐款活动。永联为民基金会在援助困难者时都会查询个体是否参与捐款活动，这看似是一项强制居民捐款的制度设计，但其中隐含的却是爱心互助的意识培育。永联为民基金会对于居民的捐款数额并没有限制，捐款活动的目的并不在于筹集善款，而在于弘扬救助困难者的善心，体现"我为人人，人人为我"的互助精神。

针对老人、儿童以及困难家庭等不同的受助对象，永联为民基金会会推出相应项目。这些项目在制定之后会向永联党委进行汇报请示，然后面向不同的组织单位进行招募认领，表6-3、表6-4反映的是2013年10月永联为民基金会策划的六个项目以及之后的认领情况。

表6-3　永联为民基金会爱心互助基金定向捐赠常设项目

序号	名称	内容简介	预算费用
1	爱心便当	针对永联村70周岁以上的孤寡老人、空巢老人以及行动不便的且自身有送餐需求的老人，每天提供营养午餐送餐服务。	8万元/年
2	爱心剪刀	为永联村80周岁以上且行动不便的老年人及肢体残疾一级、二级的残疾人提供每月一次的理发、剪指甲服务。	2万元/年
3	爱心针线	为永钢集团员工提供衣服缝补、换修拉链、缝扣子等针线服务，提升员工个人和企业整体形象。	2.5万元/年
4	爱心手工	购买制作手工艺品原材料，由志愿者完成制作后进行义卖，所得款项用于永联为民基金会扶贫助残基金。	2万元/年
5	爱心早教	为永联村5周岁以下婴幼儿提供早教服务，为孩子多元智能和健康人格打下良好的基础。	6万元/年
6	爱心健身	为永联村民提供测量体温、血压、血糖、康复训练、健身运动等服务，倡导科学健康的生活方式。	2.5万元/年

备注：以上各项定向捐赠项目可一人单独认领也可多人共同认领。

表6-4　2013年10月永联为民基金会爱心互助项目认领统计表

序号	认领组织	金额（元）	认领项目	预算（万元/年）	参加人
1	中共永联村行政支部	21 700	助理餐厅	3.0	柳某某
2	江苏永钢集团安全生产管理处	6 000	助理餐厅		黄某某
3	江苏永钢集团轧钢总厂	51 316	爱心剪刀	2.0	历某某
4	中共永联村机修支部、管委会	15 300	爱心针线		陈某某
5	中共永联村建工支部	7 800	爱心针线	2.5	葛某某

续表

序号	认领组织	金额（元）	认领项目	预算（万元/年）	参加人
6	江苏永钢集团耐材厂	2 260	爱心针线		徐某某
7	苏州永联旅游发展有限公司	11 145	巧手制作	2.0	何某某
8	江苏永钢集团后勤服务公司	8 855	巧手制作		李某某
9	中共永联村建设支部、管委会	16 500	亲子书屋	3.0	李某某
10	中共永联村总装支部、管委会	13 500	亲子书屋		张某某
11	永联村经济合作社	33 400	健身运动	2.5	蒋某某
合计		18 7776	—	15	—

除表6-3中出现的主要项目之外，永联为民基金会每年还适时推出一些其他项目，如爱心礼包、牵手童行、学生家教和知心红娘等，这些项目紧贴永联集镇社区实际，为永联居民谋取福利，推动永联集镇的和谐发展。近年来，永联为民基金会救助范围有所突破，将慈善救助之风吹向集镇之外。例如，2013年永联为民基金会慰问四川省甘孜州道孚县木茹乡中心小学，给这所小学捐献2万元现金以及100本《新华字典》，受到新闻媒体的广泛好评。

2. 爱心超市

在永联爱心互助街上有这样一家特殊的超市——爱心超市，与商业性超市不同，爱心超市是借用商业超市自选物品的载体形式，依托经常性社会捐助点或者工作站，募集和发放社会捐赠款物，从而达到解决特困居民临时生活困难的目的。爱心超市并不以营利为目的，它的出现对于保障困难民众的基本权益，缩小社会贫富差距，完善社会救助制度，促进社会和谐具有重要意义。

"问渠哪得清如许，为有源头活水来"。爱心超市被誉为社会爱心的接力与中继站，募捐是其款物来源的主渠道，它在很大程度上决定着慈善超市能否做得长久。永联爱心超市接受以居民日常生活用品、新物资为主的捐赠，闲置物品要求至少八成新，具有使用价值。爱心超市以低价加以义卖，所得收入用于购置日常生活用品，以平价售给低保救助对象，助其渡过生活难关。而善款主要来自前文所提的永联为民基金会。爱心超市针对社区低保户、低保边缘户以及三级以上残疾人等弱势群体，每季度发放150元的爱心卡给救助对象，凭着爱心卡，救助对象可以在爱心超市内免费挑选日常生活用品。考虑到救助对象主要是生理机能减退、身患疾病或者经济收入状况不良的弱势人群，爱心超市借助志愿者的力量采取打包配送上门的方法，解决了救助对象的后顾之忧。从爱心超市配送情况来看（见表6-5），救助对象购买物品主要集中在调料类、副食品类、日用品类，其他类物品的购买相对较少。可见，救助对象的购买能力处于偏低水平，着重实现的是基本的生存需要，社会有责任使其通过必要手段获得生存所必需的物质资料，满足效用最大化原则。

表6-5 2014年6月爱心超市配送库存情况

序号	原料类别	原料名称	单位	入库数量	单价（元）	总金额（元）	第二季度爱心包裹发放数量	第二季度爱心包裹发放金额	库存数量	库存金额（元）
1	调料类	白糖（袋装）	包	120	2.90	348	96	278.4	24	69.6
2		海天草菇老抽1.9L	桶	120	16.34	1 960.8	96	1 568.64	24	392.16
3		恒顺陈醋	瓶	120	4.20	504	96	403.2	24	100.8
4		后塍老酒	包	120	1.75	210	120	210	0	0
5		排骨汤	包	120	3.30	396	96	316.8	24	79.2
6		太太乐鸡精200g	包	120	6.60	792	96	633.6	24	158.4
7	副食品	食用盐	包	320	1.00	320	192	192	128	128
8		康师傅方便面（盒装）	盒	600	3.00	1800	576	1728	24	72
9	日用品	500g白猫洗洁精	瓶	240	3.30	792	96	316.8	140	462
10		佳洁士草本水晶清爽薄荷牙膏140g	支	220	3.50	770	192	672	28	98

笔者通过调研发现，爱心超市这类慈善公益组织目前存在共性缺陷：一是缺乏"造血"功能。爱心超市没有采用紧凑的"前店后厂"式布局，缺乏盘活救助物资的能力，物品的洗涤、消毒、加工、包装、估价等系列服务严重滞后。仅有的一点义卖，也是"犹抱琵琶半遮面"，在拍卖牌子上标注一组数字，难以引起公众的注意，形成一定规模收入。整体而言，爱心超市的变现能力差、市场化程度低。在访谈中笔者得知，爱心超市中生活必需品类几乎鲜有捐赠，超市只能用现金直接购买，处于库存紧缺状态；而募捐而来的闲置物品面临售出困境，有的只能束之高阁，既占用场地空间，又浪费人力保管。久而久之，爱心超市会不再经营二手物品，会失去应有的经营特性，沦为一个救助物品的发放点。可见，目前爱心超市的输入和输出两端不尽通畅，捐献物品与救助对象需求结构不一致；变现收入近乎可以忽略不

计,造血机能严重缺乏,难以产生维系自身运作的资金,项目的可持续性令人担忧。

二是包裹式救助服务的欠缺。爱心超市对困难对象侧重于物质救助,而通常情况下救助对象个体所遭遇的问题较为复杂,需要给予全方位的服务支持。西方国家爱心超市秉持自力更生而非施舍的助人理念,从单纯的物品救济,发展到集物资救助、技能培训、信息咨询、业务承接、劳动力介绍等服务为一体的综合性救助体系。在他们看来,工作可以使个体建立自信、学会独立、获得友谊、拥有信任,每个人都应该得到这样的机会。[①] 在此,借用社会工作实务中的专业术语"包裹式服务"概念,即指经过需求评估和可利用资源的确认,设计一整套的服务,并且通过各种服务的连接最终促使服务对象学会独立自主[②]。由此,爱心超市的救助内容仅仅停留在物质救济上是远远不够的,它仅是解决"授人以鱼"的问题,需要予以进一步拓展丰富,真正的慈善是通过恰当的方法帮助救助对象获得自力更生发展的能力,达到"授人以渔"的目的,促进社会进步和良性运行。具体来讲,在解决救助对象物质困难的同时,还在教育、就业、医疗和心理方面对救助对象实施援助,使爱心超市运作效能得以提升。

当然,由于当前救助所需的物品货源不足,永联爱心超市很难在短期内寻求突破,故立足本地社区拓展适宜的便民服务及其活动以实现个体的发展,不失为一种开拓爱心超市生存空间的有效选择。根据致贫因子的不同,社会服务的内容也多样化:心理贫困对应心理援助,文化贫困对应认知辅导,制度贫困对应社会倡导,能力贫困对应能力救济。[③] 由此,永联爱心超市需要转型升级,采取市场化的经营模式,拓展经营范围和服务内容,增强"造血"能力,构建广泛的社会支持网络,将慈善之"道"与超市之"术"有机结合起来,借助营利性的收入来弥补非营利性服务的需求。

3. 志愿活动

志愿活动泛指个体利用自己的时间、技能及其资源为他人、组织、社区从事无偿援助的行为,在一定意义上标志着基层社会的自治能力和公民社会的发育程度。志愿活动的出现离不开志愿精神的培育和弘扬。在永联集镇社

[①] 吕洪业. 美国 Goodwill 概况及经验借鉴 [J]. 东方企业文化, 2012 (7): 17-18.
[②] 全国社会工作者职业水平考试教材编写组. 社会工作综合能力 [M]. 北京:中国社会出版社, 2011:147.
[③] 冯敏良. 我国慈善超市的发展瓶颈与生存智慧 [J]. 江苏大学学报(社会科学版), 2014 (6):56.

区,志愿活动开展蔚然成风。永联志愿者联合会成立于2013年,其志愿服务理念是"让爱心在互助中闪光",主要目的是通过志愿活动,弘扬、传播志愿精神,完善社会保障服务体系,促进社会和谐发展,共同创建美好生活。从图6-7的组织结构可以看出,永联志愿者联合会组织结构清晰,它由理事会和秘书处组成,秘书处又细分为活动组织部、文化宣传部、培训推广部、后勤保障部。依托现有企业党支部和社区党组织,永联志愿者联合会拥有众多的志愿者会员,具有广泛的社员民意基础。

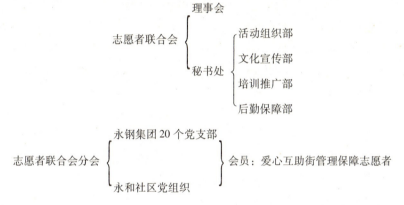

图6-7 永联志愿者联合会的组织结构示意图

功能设置上,永联志愿者联合会的主要工作包括:第一,负责爱心互助街各个功能室的管理与维持事务;第二,组织各项志愿活动的开展以及志愿精神的宣传活动;第三,负责志愿者的考核与评估;第四,负责与其他志愿团体的交流、合作。依此功能设置,志愿者联合会开展志愿活动项目,分为四大类、十九小类。四大类包括知识学习、保障服务、关爱帮扶和文化艺术,十九小类是对四大类的细分,其目的是为了提供更专业的志愿服务,主要包括信息化培训、技术互助、亲子互助、红领巾关爱、法律咨询、健康咨询、助读服务、维修服务、交通秩序、文明监督、节庆服务、捐赠献血、声乐互助、舞蹈互助等。将诸多的志愿活动融入居民日常生活之中,贴近服务对象的救助需要,为永联集镇增添一道亮丽的风景线,有助于提升居民的生活满意度、舒适度和基层民主事务的开展程度。

志愿者联合会中的志愿者大多是来自永钢集团的普通职工以及空闲在家的永联居民,数量庞大,人数在2 000人左右。志愿者联合会根据会员的兴趣爱好以及空闲时间为他们安排合理的志愿活动以及志愿时间,因而志愿者均是在不影响家庭和工作的情况下参加志愿活动,这有利于志愿活动的顺利开展，也使得志愿活动更加规范、有序。由于所开展的一些志愿活动专业性要求很高，为满足这些志愿活动的具体要求，志愿者联合会会对志愿者进行专业技能的培训，提高专业能力，使志愿活动摆脱"业余主义"的困扰。

  研究表明，志愿工作管理最大的困难不是招募志愿者，而是如何避免志愿者流失的问题。造成流失的诸多原因中，缺乏人性化的、合理的激励机制是重要原因。为此，永联志愿者联合会制定出一些针对志愿者的奖励制度。如对于亲子书屋和爱心互助街的一些活动项目，每个志愿者参加志愿活动时间满100个小时就会免费获得价值400元的免费体检一次，此外还可获得一些小礼品和部分补贴，这些志愿活动时间还可以通过不同的方式让会员子女享受。对于老年人的互助，一般是由五六十岁的老人组成志愿者队伍去照顾比他们年长的老人，采取时间银行储蓄方法，将其志愿服务时间储蓄累积起来，将来如果他需要帮助，也会优先得到他人等同时间的服务回报，实现志愿者从无偿到低偿、有偿的转变。年终考评之时，所在单位会优先考虑到职工的志愿者身份，对他们制定一些优惠政策。上述这些奖励办法能调动志愿者的积极性，也体现出志愿者联合会对志愿者的认可和礼遇。在精神激励方面，志愿者联合会推出星级志愿者评定，通过对志愿者进行考核，根据其参与志愿活动时的表现进行等级评定，给予其荣誉称号表彰（如表6-6所示）。

表6-6 2013年度永联星级志愿者评定人员名单

序号	所在支部	姓名	累计时长 （截至12月底累积小时）	星级评定等级
1	烧结二厂	STH	117.5	三星志愿者
2	总调办	LMC	105	三星志愿者
3	炼钢一厂	WDJ	104	三星志愿者
4	人事处	CKO	103.5	三星志愿者
5	烧结二厂	XPR	96.5	二星志愿者
6	经济合作社	SWQ	81	二星志愿者
7	金属制品厂	HLN	72	一星志愿者
8	棒材三厂	SZP	71	一星志愿者
9	安全生产管理处	LYT	66.5	一星志愿者
10	炼铁二厂	LGF	66	一星志愿者

  目前，志愿服务之风已经在永联集镇强劲吹起，"人人为我，我为人人"的互助精神也逐渐形成，一些居民与企业职工都加入志愿活动。在访谈过程

中，部分老年志愿者表示，他们参与志愿活动并非出于附和政府要求，而是自己真正想要帮助别人。退休后的生活比较清闲，一般都是通过下棋、打牌打发时间，但这些都不能给自己和别人带去更多的价值。而参加志愿活动，发挥自己的余热，这让他们的老年生活更有价值意义，也更利于身心健康。随着志愿者会员的增加，永联志愿者联合会不断加强制度建设，对志愿者组织管理条例、志愿者台账记录等做出规定，合理设定志愿者工作的开展流程和操作步骤，指引志愿者有序使用和服务开展，将志愿行为纳入良性发展的轨道（见表6-7）。

表6-7 永联志愿者2014年1月工作情况跟踪记录

序号	日期	姓名	跟踪情况	备注
1	01/06	XHL	工作不认真，电脑录入存在错误	综合服务大厅
2	01/09	YQA	认真负责	图书馆
3	01/10	LJR	工作较认真	外场秩序维护
4	01/12	PLQ	帮老人搬东西上楼	文明监督
5	01/15	CY	卫生没打扫好，椅子没放到位	亲子书屋
6	01/15	NLL	工作认真负责	图书馆
7	01/19	CGR	工作不负责，在志愿服务时间内离开亲子书屋，在室外转悠	亲子书屋
8	01/24	WJ	在志愿服务过程中出去修电脑	健身房
9	01/24	LJH	在健身房发现宣传栏中错别字	健身房
10	01/24	SGQ	认真为图书馆整理书籍	图书馆
11	01/26	FYL	没有按规定完成拍摄监督照片的张数，只拍摄1张，扣时1小时	文明监督

四、社团文化

社团是指为实现会员共同意愿，按照章程开展活动的非营利性社会组织。按照民间性程度划分，社团可分为官办社团、半官办社团以及民办社团。社团的主要功能：一是它能够满足社团成员的基本需求，如技能发展、学识提升、社会交往等；二是它能够协助政府进行社会管理，减轻政府负担。在永联集镇社区生活过程中，社团组织扮演着重要角色。

1. 永联社团的类型及现状

永联集镇社区社团数量约有26个，这些社团大体可以分为两种，一种是民办的文化体育类社团，另一种则是半官办性质的管理类社团。"和之韵"艺术团就是前一种类型社团的代表。它成立于2013年5月，是社区文体爱好者自发组成的群众性组织，为辖区中的文体爱好者提供一个展现自我、提升自我的平台。艺术团目前拥有65位成员，平均年龄在45岁左右，艺术团表演节目内容多样化，包括舞蹈、演唱、戏曲、小品等。自成立以来，艺术团先后推出一些精彩节目，如曾在张家港市获得金奖的舞蹈《彩云之南》。永联社区中的一些好人好事也常被艺术团改编成剧本，供排练演出。这些节目极大地丰富着社区居民的精神生活，增进了社区居民间的理解，散播出积极向上的文化观。

  艺术团的演出主要用于满足村镇地方文化需求，如参与重要节日演出、慰问敬老院等。演出性质多属公益演出，"和之韵"艺术团没有经济上的收入，参与演出时的服装、道具等多由主办方提供。目前，艺术团在发展中也面临着困境，如由于非营利性以及自我组织性的特点，艺术团成员的积极性难以调动，每次排练节目时，人员难以到齐，这给节目演出带来很大问题，影响到节目的表演质量。对于这个问题，艺术团现在也在努力寻找对策，他们将成员参加活动的时间计入志愿服务时间，志愿服务时间最后用两种方式来兑现，一种是精神奖励，服务一定时间就有荣誉称号鼓励；一种是微薄的物质奖励，就是在节目结束之后给参与节目的成员发放一些小礼品。此外，艺术团的组成人员不稳定，核心团员只有七八个，新进成员的流动性非常大，这主要是因为艺术团的入团要求较高，艺术团需要有一定表演功底的人士，没有相关方面才能的人很难适应社团。社团的凝聚力较低，不利于其长远发展。

  与"和之韵"艺术团不同，"五老"志愿者协会可以说是后一种类型社团的代表，它是一支在社区党委领导下的管理类社团。"五老"志愿者协会成立于2011年7月，主要成员是由社区中间的老党员、老战士、老教师、老干部和老文体爱好者组成。

    顾××，男，69岁，社区退休老党员，"五老"志愿者协会会员。居民们对于顾老的评价是"闲不住"，他是社区义务调解队的一员，平时除了做好自己的本职工作，定期反映社区民情之外，他总是主动做很多其他事情，如打扫公共卫生，免费修理门锁以及维护小区的环境卫生，帮助需要帮助的老人。顾××的行为充分体现出一名老党员的素质。虽然从工作岗位上退了下来，但他的心并没有退休，依旧想要为社区建设贡献自己的余热,"闲不住"三个字是对他精神的完美诠释。

在永联集镇,老年人口的数量已经达到两千三百多名,所占比重已经达到23%,老龄化程度较高。为解决老年人身体、心理、养老等相关的问题,"五老"志愿者协会的成立为社区老党员、老战士、老教师、老干部和老文体爱好者提供了一个发挥余热、提升自我的平台。"五老"志愿者协会的精神是"不计报酬,志愿服务",宗旨是"老有所养、老有所医、老有所教、老有所学、老有所为、老有所乐",积极践行志愿服务精神,代表和维护社区老年人的合法利益,积极推进社区老龄事业。"五老"志愿者协会的主要任务是维护老年人的利益;谋求老年人以及社区居民的健康发展;推进社会形成敬老、尊老、养老、助老的良好风尚;协助社区做好管理工作,为和谐社区的创建贡献力量;开展老年人士文体活动,丰富老年人精神文化生活。运作资金方面,"五老"志愿者协会接受永合社区居民委员会的资助,以及企业和社会资助等,经费主要用于会员文体活动、老年教育等公益事业;老年活动室的建设以及老年人文体用品的添置;敬老节、慰问老年人、表彰活动等有关开支以及开展各类服务活动所需费用。到目前为止,"五老"志愿者协会主要分为五个活动团队,分别是义务调解队、义务监督员、义务环保队、义务帮教队以及文体服务队(如表6-8所示)。这些活动都有具体的负责同志,负责人所需承担的责任也都有明确的规定,以保证活动能顺利展开。

表6-8 "五老"志愿者协会活动简介

活动名称	活动内容
义务调解队	1. 对社区居民之间发生的纠纷进行调解,化解矛盾,促进社区的安定和谐。 2. 了解社区居民的思想动态,注意社区的不安定因素并及时进行汇报。 3. 在社区内积极宣传家的法律法规、党的方针政策以及社区各项规定,教育所在楼道居民遵纪守法,恪守社会公德。
义务监督员	监督园区长、楼道长的工作,党员及党员家庭的遵纪守法以及执行社区各项规定的情况,以及社区开展的各项工作。
义务环保队	对不爱护环境的行为进行劝导,维护自己管辖范围内的环境卫生,对居民履行环保规定行为进行监督以及开展一些与环保相关的活动。

续表

活动名称	活动内容
义务帮教队	1. 教育、挽救一些失足青年，对他们进行结对帮扶。 2. 对青少年进行爱国主义教育、集体主义教育、革命传统教育、社会主义法制教育和共产主义理想教育。 3. 利用周末以及寒暑假开展学习辅导班或兴趣辅导班活动，丰富学生的假期生活，解决家长的后顾之忧。
文体服务队	1. 开展一些文体活动来丰富居民的生活，引导居民养成健康的生活方式。 2. 挖掘社区优秀文体资源，组建好文体队伍，积极排练文体节目，创造出优质的节目，争取在各类竞赛中取得好成绩。 3. 建设一支体育队伍，主要引导老年人如何打球、舞剑、学习功夫扇及腰鼓之类的体育运动，丰富老年人的晚年生活。

2. 社团的文化传播

随着永联集镇的壮大发展，人们由"村民"转变成"居民"的趋势不可逆转，乡村生活方式也必须随之发生改变，社团文化在这中间就起到规范和引领认知的作用。规范作用是以行为规范为载体，指向居民的行为方式、办事规则和处世规范转变；而引领认知作用主要以教育为传播介质，意指居民获得的各种知识，如价值信仰、主观态度等。

一是培养新的生活方式或习惯。在"上楼"集中居住的起始时期，很多村民都习惯于自己原先的生活方式，将绿化地带据为自己的菜地，清洗衣服不沥干晾晒影响到楼下居民的生活，垃圾随手乱丢乱扔等，这些不良生活习惯使得社区建设困难重重。为了整治这些生活陋习，永联积极发挥社会组织的功能，管理类社团引导并监督居民的日常行为，文化类社团传播新的生活方式理念，将居民生活中发生的事情以小品等表演形式再现出来，促使居民改变原先的错误认知，习得正确的生活方式。

二是保留传统生活方式中的优点。虽然乡村生活方式存在诸多缺憾，但它的优点也是城市生活方式所无法企及的，如邻里之间的友善共处、居民之间的公益互助等，这些是无法通过城市生活方式培养的，故需尽量保留下来。而社团文化建设可让居民凝聚在一起，共同为一个家园目标而奋斗，它使居民之间的摩擦冲突减少，邻里之间关系更加和睦，还能保留乡村生活方式孕育的邻里互助之情，增强社区的凝聚力和归属感。

三是丰富社区居民的业余文化生活。社区居民闲暇娱乐方式也在发生改变，看电视、打牌等传统方式渐渐被居民抛弃，一些新的健康的娱乐方式正在被引入。艺术团和文体服务队的存在让社区居民的业余生活更加丰富多彩，参与到健康向上的文体活动中来成为他们的选择。志愿者队伍建设将很多居民从牌桌上解放出来，在奉献时间、精力的同时，志愿者也能获得知识技能等个人发展方面的成果，受到周围人士的尊重、肯定和支持。社团文化生活所产生巨大的示范和带动效应，使得社区居民闲暇生活内容得以充实。

四是传播社区精神理念。社团在社区精神理念的培育方面发挥着巨大的作用。针对辖区内的青少年，社团组织举办兴趣班、托管班、暑假班进行拓展训练；针对老年人开设老年大学，成立兴趣小组，以加强社区教育的力度。通过文艺社团对好人好事的据实演绎、"五老"志愿者协会对老年人权益的维护以及道德评议会对社区中事物的公正评议，社团文化传播着团结互助、爱老敬老、公平正义的精神，这些精神理念的内化有助于推进集镇社区的和谐发展。

第三节 社区文化治理的困境及应对

社区文化是集镇社区的基本构成元素之一，是公共文化服务的重要内容，它在满足居民精神文化需求，活跃居民文化生活的同时，也起到提升集镇社区文明品位的作用。对于永联而言，社区文化治理面临如下困境与挑战。

◇ 一、文化自觉

乡村治理不单是转变生产生活方式的过程，更是重构社区文化主流价值观的过程。在这一过程中，实现居民的文化自觉是关键。在著名社会学家费孝通先生看来，文化自觉是指生活在一定文化历史圈子的人对其文化有自知之明，并对其发展历程和未来有充分的认识。换而言之，文化自觉是文化的自我觉醒，自我反省，自我创建。对于乡村治理而言，文化自觉主要体现在两个方面：

（1）从外在制度约束到个体内心自觉响应。永联社区文化的推进进程体现出外在制度的约束和引导特点。当村民从土地上解放出来，过上富裕而悠闲的生活时，如果不加以有效引导、管理，他们很可能会无事生非、腐化堕落，染上赌博等恶习。家庭文明奖做法是将村民文明行为与物质奖励挂钩，目的在于引导农民规范行为，使其将良好的行为方式作为一种习惯，逐步提

一个苏南乡村的治理之道
——张家港永联村调查

升村民的文明素质。永联村党支部前任书记吴栋材曾说过:"现在管理村民,缺少实际抓手,老百姓头上'光光的',抓不牢他,得给他安个'辫子'。村里拿出一部分钱设立家庭文明奖,套在他头上,奖励他的文明行为,又当是给村民发福利,一举两得。"包括前面提及的戏楼,村民一开始并不买账,特别是企业的一些年轻职工,认为看戏早已落伍、不入流。虽然每次戏票都是免费赠送,但前来看戏的村民并不多。于是,永联村党委出台一项规定:如果领票之后不来看戏,是村民的要扣家庭文明奖,是职工的要罚所在单位的款。用吴栋材老书记的话讲,"大事不拒小错,咱就是要把村民装进看戏这个模具,'逼'着他们慢慢养成好的生活情趣"。在制度规定的约束下,越来越多的村民走进戏院,爱上看戏,在潜移默化中提高了明辨是非、领悟事理的能力,培养起积极健康的生活情趣。由外在制度约束走向个体内心自觉响应,这是需要有一段时间过程的。笔者认为,脱离外在制度约束,转由个体内心觉醒,这代表着个体文明素质的真正提升,标志着"洗脚上岸"的农民与现代文明实现了接轨。

(2) 个体由自觉到自信。永联集镇力图打造便捷化的公共服务,如前所述,建设文化活动中心、永联戏楼、图书馆、文化广场、水幕电影等文化基础设施;健全基层公共文化服务队伍,在村民中组建艺术团、舞蹈队、锣鼓队、龙狮队等多支文艺团队;开展常态化的文化活动,如每季一台晚会、每月一次讲座、每周一场电影、每天一出戏剧,努力缩小城乡之间的文化差距。永联乡村治理希冀通过文化熏陶,使农民能逐渐树立文化自信,培养起健康的现代人格特质。用英格尔斯的话讲,现代人准备和乐于接受新的生活经验、思想观念和行为方式;准备和接受社会的改革和变化;思路广阔,头脑开放,尊重并愿意考虑各方面的不同意见;注重现在与未来,守时惜时;强烈的个人效能感,对人和社会的能力充满信心,办事讲求效率;无论在公共生活中还是在私人生活中都趋于计划性;知识可依赖性和信任感;重视专门技术,有愿意根据水平高低来领取不同报酬的心理基础;对教育的内容和传统的智慧敢于挑战;乐于让自己和后代选择离开传统所尊重的职业;互相了解、尊重和自尊……①社区文化建设要使村民转变原先固定不变的思想方法和行动方式,更主动、更有效、更乐观地去对待个人生活与集体、国家的命运。

---

① 阿历克斯·英格尔斯. 人的现代化:心理·思想·态度·行为 [M]. 殷陆君,译. 成都:四川人民出版社, 1985: 126.

二、文化融合

文化融合是永联集镇社区文化治理面临的主要挑战之一。文化融合具有两个层面的内涵。一是城乡文化的融合，即立足乡村自身的本土文化特色，树立本土文化的信心，主动而有选择性地吸收城市先进文化，形成符合集镇社区治理特点的路径。永联集镇社区文化既有传统乡村文化的因子，又受到相对强势的城市文化的冲击，要避免出现治理文化混沌状态，更要避免城市庸俗文化对乡村的侵蚀影响，以实现城乡文化的有机融合。二是本地居民和外来人员的文化融合。集中居住，使得本地居民离开原先的居住点，名义上脱离旧有村委会的管理，但尚未建立起对现有社区的认同，本地居民之间的熟悉感降低。进入集镇社区之后，本地居民遇到问题还是习惯去找原来的乡村干部。虽然已"居"在社区之中，但是没有真正"生活"在社区中，心理上还没有完全接受现有的集镇社区治理模式。在访谈过程中，一些本地居民坦诚，过去很少关心社区中发生的事情，也很少就遇到的事情去找社区，只是在社区工作人员动员通知后才会参加社区活动。在选举社区代表的时候，自己也只是举举手而已。而从居住的另外一个主体外来人口来讲，人口的大量涌入虽然打破了乡村原有的"熟人社会"的格局，但他们心理上存在严重的恋旧情节，内心偏向于自己的家乡，加上本地居民或多或少存在的一些歧视、偏见等心理，使得外来人员的社区参与积极性不高，"与己无关"的思想倾向明显，社区活动缺场的现象较为普遍。由此，作为地域生活共同体，永联集镇社区文化融合上尚有很长的一段路要走，要营造包容、接纳的文化环境，增加居民之间的熟悉程度，减少人际摩擦，促进新居民之间的情感互动和心灵沟通，构建和谐融洽的新型社区人文环境。有学者提出，外来新移民与城市社区或者城市社会的融合将依次经历"二元社区""敦睦他者""同质认同"三个阶段，其中，"敦睦他者"是新移民与城市社会融合的过渡期和关键期。一方面，它在新移民与城市居民之间营造了和睦相处的氛围，不断改进相处的方式和规则，为正式制度变革积累成功经验和社会基础；另一方面，由于二元差别仍然存在，"敦睦"能否维持会受到宏观经济社会形势的制约。[①] 我们建议，除了举办一些文体娱乐活动，引领新老居民

---

① 马西恒，等. 中加社区治理模式比较研究：上海和温哥华为例［M］. 上海：上海人民出版社，2006：185.

文明、健康的生活风尚之外，还需将外来新移民纳入社区服务的发展规划，引入专业社区工作方法解决移民面临的问题。

三、社区文化体系构建

学术界研究发现，我国乡村文化建设普遍存在如下问题：文化载体"老化"，文化主体"弱化"，文化功能"退化"，文化资源开发与保护不到位，城乡文化差距进一步扩大。[①] 对于永联而言，文化建设取得一定成绩，但小农意识与市民意识的交织、碰撞，外来人口与本地人口的文化交流、融入，使得集镇社区文化建设较为艰难，社区凝聚力有待加强，需要打造合乎自身的社区文化体系。这里所说的文化体系是指由功能上相互依赖、互为补充的文化元素结成的相对独立的文化系统。

在新加坡，社区文化体系建设颇为成功，提出"个体具有责任感，家庭温馨而稳固，社群积极并有爱心，社会富有凝聚力和复原力"的建设指导理念。从永联社区文化建设内容来看，主要着重闲暇文化、家庭邻里文化、慈善互助文化、社团文化的构建，问题在于一是上述文化子系统之间缺乏密切联系，囿于背后推进的主体不同未能形成整合的力量，社区文化建设显得凌乱，缺乏条理性、方向性、持续性；二是上述文化子系统的类型，基本属于设施文化、组织文化、公益文化，缺少观念文化、产业文化等的介入。社区文化核心价值在于为社区发展提供精神引领和规范协调，如果说过去支配永联村的精神内核是"敢破敢立、自强不息、团结奉献、实干争先"的话，那么，现在的10.5平方千米的永联集镇最为缺少新型社区观念文化的统领。这种社区观念文化应能融合城乡特性，符合本地居民和外来人口的情感性需求，立足现实又能指引社区发展未来，它需要我们在乡村治理实践中不断地去总结提炼。

---

① 李云，张顺畅. 乡村文化建设的体制性制约及对策 [J]. 邵阳学院学报，2006 (3)：12-13.

第七章　村庄政治

"富强、民主、文明、和谐、美丽",这是中国共产党几代领导人对有着几千年历史文化大国治理的殷殷期许,同时也是永联人孜孜以求的生活形态。如果说,以永钢为代表的村庄经济之崛起是永联人追梦富强的行动前驱;那么,架构一个人人可言的"农民议事厅"则成为永联人真真切切感受民主、体验民主、追梦民主的行动标杆。永联人在吴栋材、吴惠芳两任书记的带领下亲手打造了这支标杆,这既是永联村庄政治走向民主化的重要阶段性成果,也是永联人开启新时代民主化村庄政治的重要前提。要理解今天的永联如何将国家治理与村民自治融合于民主形式之下,我们既要回顾永联村庄政治的历史沿革,从中找出永联村庄政治传承与革新的机理;与此同时,对永联村庄政治发生、发展的每一阶段,其运行条件与过程我们更要进行详尽的剖面分析。

在一个目前仍以农民为主体的国家,我们可以毫不夸张地说,农村基层政治的命运关切到国家政治前途。和现代化国家政治发展目标一样,民主化进程一直是我国村庄政治发展的理想诉求。然而即使与永联一样发达的乡村,村民能够直接触摸基层民主的现实经验也是不易获得的。缘由何在?是永联村本身就具备某种特殊的政治条件和资源,还是永联人在同等的政治境遇下创造了村庄新政?这些都值得我们一探究竟。

第一节　革命话语下的永联村政

作为中国数十万村庄中的一个,永联村政的发育与中国的其他村庄一样,有着共同的政治背景,但也有永联所遇的特殊历史条件,这种共通和差异为我们分析永联村政的起步提供了重要依据。

一个苏南乡村的治理之道
——张家港永联村调查

据学者考证我国农村的政治历史沿革可知,在"皇权不下县"的治理传统下,农业时期我国乡村政治主要表现为"乡绅"或"望族"掌权下的村庄自治形态。国民政府时期实行的也是地方自治,设有县、区、乡、保甲体制。中华人民共和国成立初期尚保留有县、区、乡的行政格局。直至20世纪50年代逐步建立起人民公社制度后,国家权力才完全渗透到乡村社会中,直接进入农民的政治生活,在一片"革命话语"中,我国农村普遍形成了社会政治化的村政格局。此后一直到20世纪80年代初期,农村实行家庭联产承包责任制,"政社合一"的人民公社制度解体以后,我国乡村社会又重回到"乡政村治"的建制,开始普遍实行村民自治。

永联村始于1970年围垦滩涂建"七〇圩",形成沙州县南丰公社23大队,其村庄政治起步于人民公社制度解体前的十年。这一阶段正是我国村庄政治中"革命话语"式微而影响犹存,改革话语初显但未成气候的十年,也被学界称为"后革命时期"。此时,"人们已经厌倦了50年以来无休止的政治斗争与政治运动"[①],在"饥饿和贫困的状态下,农民对惯用的意识形态之战已产生厌恶心理"[②]。若继续以"阶级斗争"的革命思维开展农村工作,显然与村民渴求温饱这一基本的生存诉求相违背,必然引起村民的强烈不满。但是在"后革命时期"由于革命话语尚未正式退出历史舞台,对乡村社会仍有一定的影响。同全国众多农业基础薄弱的公社大队一样,永联(七〇圩)建村最初的8年内也一直面临着最为棘手的温饱问题,但大环境(改革)仍不明朗,"批林批孔"等政治运动还占据着村庄公共事务的重要位置。对于当时由国家委任维护农村社会秩序稳定的村干部来说,这些都是不能逃避的政治任务——无论他们内心是否认为其是合理的。但显然,在农民对政治运动已普遍产生逆反心理时仍强制执行,它既耗费了村干部本应投入农村经济发展的宝贵精力,也必然不能取得预期的政治运动效果。

另一方面,人民公社制度施行到后期也产生了对村民政治信任的破坏。在平均主义思维下,"大锅饭""计工分"的村集体生产与分配模式削弱了农民的生产积极性,社员(农民)们开始出现消极怠工的行为。这不仅直接影响生产效率,也引发干群冲突,还破坏社员间的互信。就永联村而言,由

---

① 吴毅. 从革命到后革命——一个村庄政治运动历史的轨迹(兼论阶级话语对于历史的建构)[J]. 学习与探索,2003(2).
② 新望. 村庄发育、村庄工业的发生与发展[M]. 北京:生活·读书·新知三联出版社,2004:61.

于是围圩建村，村民均由"七〇圩"周边地区动迁而来，村民互信的基础就更弱。想要在这样的形势下建立村民间互惠合作的政治秩序，其难度可想而知。

于是我们看到，至1978年吴栋材这位永联村治关键性人物到来之前，上级（县、乡）部门先后共7次（平均每年一次）派驻专门工作组来七〇圩发展生产，整治村庄秩序，但收效均不显著。尽管调任永联村开展村政工作的都是被上级寄予厚望的治村能人，可遭遇七〇圩内外交困的局面使他们过往的村政经验均显得捉襟见肘。而随着村政代理人的频繁更换，永联的干群关系不仅没有得到改善，反而引起了村内更为严重的治理危机。

概括起来，永联村庄政治起步阶段所面临的主要矛盾是：

1. 受残存的革命话语的影响，自上而下的政治运动在村内政治生活中占据主角，但其已与当时村庄经济发展的迫切诉求相悖；

2. 在人民公社制度下，村庄资源生产、分配和使用过程中，村庄代理人及上级政府拥有支配的权力，但其权力行使的合法性已为长期受生存问题困扰的村民所质疑；

3. 村庄代理人及治村思路的频繁更替，难以形成村庄经济、政治秩序运行的长效机制，致使村庄权威缺失，村内缺乏村民积极参与的公共生活，村民彼此合作互助的共识难以达成。

由上述主要矛盾可以得出的结论是，如果永联村政要走上稳定有序的局面，以上三方面的矛盾要同时得到化解，具体而言，必须做到：

第一，破除革命话语的政治思维，将村庄发展的重点转轨到经济层面，夯实村庄治理的物质基础；

第二，打破人民公社制度下的平均主义分配机制，尊重农民个体的生产能力和资源支配权，激发农民生产积极性，重获农民对国家村庄政策的拥护；

第三，村政代理人需在村庄"扎根"，从而赢得村民的充分信任与稳定的政治预期，获得政治权威，以推动治村纲领的有效施行。

第二节　改革浪潮下的永联村政

幸运的是，1978年后，永联迎来了命运的转折点。准确地讲，永联村由穷转富、由乱转治，有三个关键因素发挥了重要作用：第一，来自国家层面的改革开放政策；第二，临危受命进入永联的村庄领路人；第三，因地制宜的永联发展实践。

在我国经济社会发展历程中，改革开放是一个富有重大转折意义的标签话语。从以政治运动为中心转向以经济发展为中心，国家建设途径与内容的改革首先在农村社会中发起。1978年，安徽大旱，这给因农业生产率低下而饱受穷困多年的当地造成了不小的冲击。为应对迫在眉睫的国家粮食安全与农民生活危机，时任安徽省委第一书记的万里顶着中央高层批评的风险，支持了安徽凤阳小岗村"包干到户"激发农民生产积极性的做法，掀起了农村生产经营体制改革的序幕。随后3年内，这一做法突破层层反对与声讨，终于在1982年初的中共中央"一号文件"《全国农村工作会议纪要》中得到肯定，并在全国自上而下被推行。事实上，那几年中，全国各地农村都饱受"文革""大锅饭"之苦，普遍有着厌倦政治运动转而进行经济发展的冲动。因此无论是否效仿"包产到户"的家庭承包模式，改革单一低效的农村经营体制势在必行。

在邓小平倡导改革开放的大背景下，永联村也启动了经营模式变革和村庄秩序重建工程。但新问题也随之而来：其一，永联的农村经营模式是顺应全国农村改革大势"包产到户"，还是"宜分则分，宜统则统，统分结合"①走自己的路子？其二，永联村干部"七进六出"，村民对村庄未来已丧失信心，谁可以真正"留下来"带领大家致富？谁又可以重塑村庄政治的权威？其三，因为贫穷，永联村"懒汉多、小偷多、光棍多"，新的村规民约又如何确立？这些摆在永联村面前的现实问题，仅靠一句改革口号是难以完成的，真正需要的是有推动改革实践的能人，需要有实践改革的具体方案，需要有落实方案的实际行动。

---

① 参见1982年中共中央第一个"一号文件"《全国农村工作会议纪要》。

一、永联村政改革的核心人物

好在永联村遇到了这么一个推动改革实践的能人。1978年7月，吴栋材来到23大队，并在这里扎根，成为受人拥戴的村庄领路人。而在此之前，被乡镇调任永联主持村务工作的也不乏能人，只有吴栋材最终成为村政权威。我们承认，在改革呼声高涨时期进入永联，这给吴栋材施展治村才华创造了重要的政治机遇。但反过来，与吴栋材同时代、同地域的村庄干部不在少数，永联能在他的带领下异军突起，其中必然有特殊的个人因素。在我们看来，永联村之所以在改革初期取得良好的政治绩效，离不开两点：吴栋材所具备的村庄政治领导特质及其推行的村政纲领实践。

吴栋材到底具备什么样的村庄政治人格，能赢得永联人的信赖并建立其在永联村的政治权威？

在心理学看来，人格既是一套心理系统，也是一套行动原则，二者结合于个体，产生出不同的个人性格行为特点。政治人格是人们在政治活动中表现出来的性格行为特征，它包括参与政治活动者的动机、情绪、认知、信念以及行为倾向，由个人的生理因素、家庭因素以及社会环境因素共同影响所塑造。可以说，吴栋材的成长经历与其所处的政治时代造就了其独特而又具有村庄能人共性的政治人格。关于政治人格，依据社会结构特征可以分为传统型政治人格和现代型政治人格。在君臣体系下，传统政治人格表现为权威和顺民两种互为补充型人格；而在平等、自由、民主价值体系下，现代政治人格则彰显其独立自主与公共参与性。由于长期受传统专制政治社会化的影响，尽管改革开放初期民主化思维已开启，但我国农村社会中权威依附性人格特点仍有深刻烙印。在人民公社制度已解体而村民自治制度建立尚未完善的特定时期，运用能人权威治理村庄成为保证村庄治理高效运行的一种重要实践模式。永联村在吴栋材到来之前也做过这样的尝试，但是由于主持村务的工作组频繁更换，加之多年来未有明显的治理绩效，永联村村民已失去对工作组的信任。因此吴栋材接受上级委派进入永联村担任村书记，虽已具备了村庄领导者的政治身份，但他必须被村民认可才能重塑村庄政治权威。首先得具备村民认可的政治人格，其次要有被村民公认的村政才能。

吴栋材当然不缺村庄领导者的人格潜质与能人特质。这可以从他的成长履历看出来。在贫苦的年代，出生于农村河豚烹饪手艺人之家，吴栋材年幼便帮家务农，少年时代又外出做打铁学徒。可以说，年少时代既让吴栋材经历了农民生活的艰难,同理于农民渴望幸福的迫切心情;同时又能跳出农本思维,以更能适应时势环境变迁的谋生能力与学习能力从普通农民中脱颖而出。为家庭生计分忧和奔波,培养了吴栋材敢于承担和灵活适应的个性;打铁枯燥辛苦且是个技术活,锻造了吴栋材坚毅、不服输和追求完美的个性。责任意识、适应能力、坚定品格以及律己本能都奠定了吴栋材成为村庄领导者的人格基础。青年时期,在人生观和价值观形成最为关键的阶段,吴栋材响应国家抗美援朝号召参军赴前线且直接参与了战斗。这期间党的政治思想教育影响了其终生的政治信念,吴栋材确立了自己政治价值信念。吴栋材少年时代就埋在心里的朴素济贫思想,在共产主义政治教育影响下升华为一种光荣的人生使命——为人民服务、为民族担当、为国家争光。带着这种强烈的政治诉求和成就动机,吴栋材在真枪实弹的战斗中不怕牺牲,不曾犹豫和退缩,在负伤后珍惜自我,不气馁、不怨天尤人,也因此能够在伤愈复员后诚恳地接受组织安排,心甘情愿地扎根农村基层,脚踏实地为村民办实事,以积极乐观的人生态度投入现实生活中,实现自己的理想抱负。

二、永联村政改革实践的路径策略

成为村庄领路人,其人格魅力是吸引村民信任与认可的基础,而卓越的治村才能则是获得村民持久信任的必备条件。吴栋材之所以被调任至"情况最糟糕"的永联村,恰恰是因为他早已在其他村干出了"名堂",甚至是因为敢于突破框框搞活农村经济而"得罪了人",进而被"推荐"到了永联。尽管如此,吴栋材必须在永联也要展现出令人信服的治村能力。对于这一点,吴栋材自述曾有过很大的压力,首先,孩子尚小,对家庭照料不能兼顾;其次,永联的基础、现状对吴栋材也是不小的挑战。但是吴栋材不服输的个性又驱使他对接手永联村有某种说不出来的信心。这正是一个村庄领路人应当具备的强大效能感(对自身政治能力和政治行为的肯定,也是政治人格的重要构成部分)。吴栋材决定:"一定要试试!"并向上级领导承诺:"我一定努力干好!"

接下来的问题就是怎么干了。明察暗访下来,吴栋材有了自己的判断:第一,永联是围滩建田,田基不牢,夏秋水涝严重,种粮长期歉收,因此,必须夯实田基,保证粮食生产;第二,在沙地造的田上,仅靠种粮食只能勉强解决村民的口粮问题,要充分发挥圩田优势,一定要大胆开展多种经营,养鱼、种棉等都要尝试;第三,除了要解决农业生产上的困难,永联长期以来还存在干群间缺乏互信、民心涣散等问题,因此,村规重建和民心重塑迫在眉睫,这也是当时永联村政工作的重点。吴栋材的治村思路已充分显现出其顺应改革大势,又因地制宜推进村庄治理的谋略,与此同时,其多年的治村经验也告诉他:要保证村庄稳步发展,经济是基础,政治是保障。

政治是什么?政治的作用在于力图解决人们的纷争。人们为什么纷争?因为资源总是有限的。因此政治不会凭空产生,无论是国家层面还是农村基层,任何层面的政治活动都与资源的配置有关,与切身利益密切相关。政治就是人们对资源进行配置而建立起来的权力关系与分配原则。有了政治,资源就可以按照既定的规则有效配置,从而使人们在共生的社会中各取所需。当然,不公平的政治会导致不公平的分配,最终会引起更大的纷争。永联村的情况确实特殊,其建立的条件过于艰苦,在吴栋材到来施展治村才干之前,永联村几乎没有资源可言。那时的永联村,分配规则更多的来自由国家介入开展的政治运动和阶级斗争,以及村民基于自我生存诉求对革命话语的应对。改革开放前的永联村,这两股彼此逆向的政治力量难以对接,在村内就必然引起社会生活秩序的混乱。改革开放后,国家经济发展的政策契合了农民的生活诉求,政治生活随之也回归其本质。吴栋材的治村实践在永联取得成功,不仅仅诠释了"坚持就是胜利"的道理,其中还有更深的意蕴。因为坚持的事情若违背客观规律,那就是坚持错了。吴栋材在永联,是通过对时事村情的准确判断,制定并执行符合实际需要治村策略,用实事求是的态度才完成了自己的治村使命。

农村改革,不仅仅是对单一的农村经营体制的变革,更是对传统农村治理思维的解放。作为国家在农村基层社会的代理人,村庄干部若解不透国家政策的导向,村务工作开展起来就容易照章办事"一刀切"。"包产到户"策略得到中央认可后自上而下地被推行,一些村庄不顾本村农业生产资源本已匮乏的事实,仍然"分"到每家每户拥有极为细碎的"田",这样的农户再怎么有种田积极性都与农业规模经营的优势无法比拟,导致"越分越穷"。反过来,一些村庄干部尽管对国家政策善于解读,能够结合地方特点灵活选择保留集体经营,但对农业生产的理解还囿于单一经营的思路。那么到底"分"还是"不分"?这可不只是一项经济决策,它涉及村庄资源的重新分配,必然也涉及村庄权力关系的重新调整,它是一项在新的国家变革时期村庄政治与经济互动形成新的农村基层社会结构的复杂进程。永联村经营模式的改革决策既是经济问题,更是政治问题。

邓小平讲"改革要解放思想",那具体要如何"解放"?这需要深深扎根在农村基层的每一位村政代理人现实地去回答。因地制宜、实事求是就是吴栋材认为最现实的思想解放。江苏和安徽邻近,但江苏尤其是苏南地区有选择地对集体经济进行保留就是因地制宜,因此也就有了后来的苏南乡镇企业的崛起。吴栋材在永联的改革走的就是因地制宜的路子,他更灵活,因地制宜,既有"统"也有"分",而且"分"的不是田,而是直接"分产到户"。在永联,为了尽快解决粮食歉收、村庄负债的窘境,吴栋材集中全村力量平整农田,挖池养鱼,可谓"统";而当温饱问题初步解决之时,吴栋材又想着"人尽其才、物尽其用",将能干的工匠组团派至村外挣副业收入,将能干的工商人才请进村来办各种加工厂,把村经济运营权不断下放,探索各种"分产"的路子,种种搞活村庄经济的举措真是费尽了吴栋材的心思。

三、永联村政施行中的农民动员

但更费心思的是,如何将农民有效地动员和组织起来,从而保证村政纲领的顺利执行。

吴栋材提出永联村要集中全村力量平地、养鱼,解决温饱问题,想法是好,但要能够得以执行,还必须实现以下三步:第一,村民要认可、理解;第二,村民要愿意参与,有动力有信心;第三,村民要真的能够积极参与,这是一个全村上下密切配合的过程。"上下动员",是我国农村干部最擅长运用的政治手段,当然要充分运用好它。尽管,以阶级斗争为纲的农民动员模式已不适用于改革时期的农村社会,但是动员的手段并不过时。动员目标、动员口号、动员纲领、动员宣传、动员象征(好坏典型)、动员组织及其活动、动员政策与法令,都可以运用其中。在永联村,"社员大会"是吴栋材采用最多、也是最直接的动员形式。当阅读一份份至今保存完好的永联村社员大会讲话稿,我们发现,吴栋材对"社员大会"动员手段的运用近乎到了极致。

运用社员大会的宣传手段,阐明动员的目的、纲领,讲明政策和树立典型,从而使村民清楚动员的方向,了解动员事件的意义价值,产生参与动员事件的内在动力,清楚参与动员事件的行动规则。就推动村民参与村庄建设来说,社员大会解决了动员"面"的问题,而"点"的触动则更需要动员者有针对性的动员策略乃至亲身示范。吴栋材不顾自己受伤残疾的身体状况,和社员们一道挑土方、挖鱼池,这份真诚可以胜过一切漂亮的口号。在吴栋材带头下,村民也都积极地行动起来,农田建设和渔业发展蒸蒸日上,2年内鱼塘开始盈利,3年内永联村没有了低洼田,如期完成动员目标。在共同参与村庄建设的活动中,社员与吴栋材及其村组干部之间的相互信任也因此而建立。

我们看到,作为治村手段,农民动员的力量是强大的,若能运用得当,它能够在最广泛的范围内调动资源、集中精力高效达成目标。时限短、任务重,因此农民动员十分适用于改革初期永联村迫切要求改变农村经济社会面貌的特定阶段。当然,动员成功还受到以下几个核心因素的影响:一是动员的目标要与村民的利益诉求相符合,这是动员成功最根本的决定因素。吴栋材来永联村之前,历届工作组在永联都开展过生产动员活动,但是效果为何不显著?其中一个重要原因就是受意识形态影响,村庄动员的目标大多围绕"抓革命,促生产"的内容,这多少会影响动员行动纲领的制定与策略选择,从而偏离本应围绕村庄经济复苏为重心的初衷。二是动员造势应当采用村民熟悉和乐于接纳的方式。例如运用简洁、直白的动员口号;树立好典型和批评坏典型;开门见山摆明政策依据等,都能够迅速抵达村民的认知层面,影响村民的心理。三是动员目标的达成依赖于必要的资源。在历次村庄动员启动后,吴栋材都十分注重对人、财、物等资源的链接与整合。上级领导的直接支持,业务来往中朋友的相助,村民中特色能人树立榜样,这些各类有形与无形资源和村民的积极而全面的参与,合力推动动员目标的达成。

第三节　工业涌动下的永联村政

严格地讲,1983年之前,"永联"一词还未出现在永联村史中。23大队(七〇圩)被称为"永联村"的由来是:1983年10月,中共中央下发了《关于政社分开、建立乡政府的通知》,开始了一场国家主导下的农村基层社会治理体制改革,正式宣告人民公社制度的结束。受此推动,在"公社"改"乡"和"大队"改"村"的村庄自治运动中,23大队才由村庄领导吴栋材精心命名为"永联村",寓意"永远联合":村内团结,村外共联,形成合力推动永联村长久发展。此时的永联村,已通过产业转型完成了村庄集体经济资源的积累,解决了村民的温饱问题,也就意味着解决了永联村庄政治转型最基础的问题。正如之前所说,政治始于对资源的配置,若没有资源,那谈何配置！更没有谈权力架构的必要。在这场村庄转型中，吴栋材的人格魅力与治村权威得到村民的高度认同，这成为永联村庄发展中最强有力的政治动员条件。而恰恰是村庄权威的存在，为接下来永联村庄经济的腾飞奠定了资源整合的基础条件。之后，随着永联村庄工业的快速发展，又为永联村政由权威能人治村模式转向企业制度治村模式产生了重大的内驱力。

1984年年初，中共中央"一号文件"给"敲敲打打"的村办企业确定了其应有的行业地位，将它们统一命名为"乡镇企业"，这为像永联这样正在农村工业化道路上摸索前行的村庄打开了广阔的政策前景。在改革发展大潮的涌动下，永联开始了由村办小工业到村办大工业的跨越，永联村的村庄政治也因此跨越而嬗变。一方面，吴栋材的权威地位愈加稳固；另一方面，村办集体企业的制度架构又将永联村民重新组织进入一个经济利益共同体。这一阶段，不同于其他村庄在国家意志主导下围绕村庄民主选举展开政治互动，在永联村，政治互动与永联钢厂的企业生产和管理活动密切地关联起来。在村企合一的治理形态下，永联村政具有了以下两大显著特点：

一是受企业组织运行的影响，村庄的权力结构可以简化为两个层级：生产与经营管理能人，工人。二者之间是管理与服从的权力关系。村庄领导者吴栋材对村务决策拥有绝对的发言权，企业干部（能人）同时也是村庄精英。由于永钢企业毕竟是嵌入在永联村内，因此村庄当中的地缘和血缘关系不可避免地对"管理层—工人层"的二元结构形成一定程度上的混合。当然，吴栋材秉持公私分明的个人特性，在很多关键时刻阻止了血缘、地缘关系对企业经营法理原则的破坏；与此同时，他又灵活运用个人权威与血缘、地缘的整合作用，为企业经营稳固了村内外的社会资本。

二是永联村政中的公共活动，除了完成由乡镇下派来的常规性的村务治理任务之外，更大一部分是围绕村企运营进行的。由于永钢企业是村庄经济资源积累的主要来源，也是永联村庄公共福利和村庄公共管理开支的主要承担者，为了节约村企磨合形成的交易成本，永联村形成了村庄治理与企业管理高度重合的村政模式。这一阶段村民对村庄事务的公共参与和监督很大程度上是通过对永钢企业事务的公共参与和监督来体现的。这也意味着，进入永钢企业工作的永联村村民，均同时享有对企业利润和村福利分配的成员资格。

理论上，村企合一的村治格局似乎并不利于村庄民主化的国家构想的实现，但就永联村在1984至1995年期间发展的现实境遇来看，吴栋材及其领导下的永联村民的这一选择可以说是某种"务实的政治"。在我国所有走过"以乡镇企业支撑村集体经济发展"道路的村庄那里,这样的村政历程几乎都曾有发生。原因何在?从政治的角度,对于当时像永联这类村庄所做出村企合一治理模式的选择,我们至少可以从以下两个方面来理解:

时间维度上,村庄民主自治政治制度的供给超前,而村庄资源积累滞后。

政治互动发生的基础是对资源的分配。无论是依靠国家供给还是村庄自供,村庄运行所需的公共产品都要有相应的公共积累支撑。在家庭联产承包责任制普遍施行的情形下,多数村庄都出现了村集体经济的退出,村庄公共资源积累减少,村民自治制度民主效能的发挥容易面临公共产品供给匮乏的瓶颈。而反过来,依赖村集体经济制度存续而获得个体家庭和村庄资源积累双赢的村庄,对村民自治制度效用的发挥同样存疑。说得更通俗些,人们不需要国家和政府的介入,而采取自治的形式和谐、有序地共同生活,这必须基于如下两个假设:其一,人们各自都掌握不同的资源,需要通过交换来满足彼此生存的需要;其二,人们也意识到只有通过合作或制定大家共同认可的规则来维护合理交换的达成。而在永联,当乡村工业发展初具规模后,尽管村集体经济已有部分积累,但村民个体的资源积累仍然很单薄,因此,村民通过交换互惠的自我服务能力不足,因而就会对村集体资源供给有依赖。其次,在以村庄领路人吴栋材个人权威为核心的村政体系下,大部分村民政治民主参与意识尚未被唤起,吴栋材等少数村庄精英的决策能力又已得到村民们高度的认可,因此村民也会倾向于对集体分配制度的认同。在村民自治能力以及村庄自治资源供给均不足的情形下,因地制宜地采取其他形式分配村庄资源和稳定村庄秩序就成为村庄政治发展的必然。

空间纬度上,城乡二元体制下农村基层社会施政范围具有相对封闭性。

改革之初,尽管通过农村劳动力向城市的流动以及乡镇企业向城市输送工业产品,城乡阻隔有所破冰,但城乡二元壁垒形成的社会区隔依旧存在。在计划经济体制下,城市社会普遍具有单位制的基层治理色彩,而农村基层治理则呈现出较强的地方性。不同经济发展水平地区"乡政村治"的体制实践各有差异,出现了"草根民主""能人主政""精英参政",甚至同一经济发展水平地区,经济结构不同的村庄,其村内政治互动模式也不同。这表明,城乡二元壁垒尚未完全破解之前,村庄政治的发育主要取决于村庄内部的政治要素及其互动机制。在永联村,村庄权威与村企能人合一,村民多数就是企业职工,在没有外力干扰的情形下,出于节约运行成本的考虑,村庄政务与企业内务往往混同处理。尽管在很多地区,代表国家意志的乡镇政府往往直接影响村庄政治的走向,但像永联这样的经济强村,在其内在秩序稳定并积极配合上级完成社会管理任务的情形下,乡镇政府反而选择不过多干涉村庄政务。当然,这种保护只能是阶段性的,随着城乡二元体制的逐步消解,乡镇政府职能转变与机构改革势在必行,城乡互动的加强最终会对农村基层民主化转型产生深远的影响。

事实上,20世纪90年代以后,随着城乡壁垒的打破,大多数和永联村类似的村企合一治理模式的村庄,最后都向村企分离的治理模式转型。

第四节 民主实践中的永联村政

时光跳转至2013年。新年伊始,多家媒体争相报道了永联村引人注目的一件新鲜事:中国第一个农民议事厅在永联村开始启用!若不细问其中原委,人们恐怕又将这则新闻如同众多明星村庄的常规宣传一样阅过无痕或束之高阁了。然而,事实上,这则新闻值得任何关注我国乡村民主化进程者深刻解读。因为,这个追随民主象征"欧洲圆桌会议"形式打造的"豪华"议事大厅,并非一个空置的政治秀台,而是真正专为永联村村民们参与村庄事务所设。整个议事大厅建造成一个圆形会场,285个固定席位,25个村干部和机动席位,分布于主席台和五个区块,满足260个村民代表,10 400个村民的议事要求。大厅内设有相当先进的声像传达系统,方便村民议事沟通,而大厅外围则以玻璃透墙筑之,村民的议事进程均可现场监督和观摩。如此豪华的议事厅在每次举行村民会议时热闹非凡,永联村的民主实践并非虚言。

我们不禁要问,一个曾基于村庄权威政治及村企精英就已保持有序发展的村庄,如何在当今尝试还权于民,回归农村基层民主?

这还要从自1995年以后永联村庄政治发展的内外环境变化说起。

到20世纪90年代中期,永联村创办的钢铁企业已在我国冶金行业中占据了不小的市场份额,发展势头强劲,因此其对土地及人力资源要素的需求也随之提速。1995年9月,与永联比邻的永南、永新二村并进永联(后续共并入五个村),为永联钢铁集团发展注入了资源优势,但与此同时也扩大了永联村的行政版图。永联村政的发展开始面临同以往相当不同的经济社会境遇。

在经济方面，随着市场经济规则逐步建立，"政企分离""产权明晰"的呼声愈来愈高，为谋求企业长足发展，永联钢厂同全国诸多乡镇企业一样进入改制的快车道，这对永联村集体经济发展产生重大影响，村企分离不可避免。此外，1997年亚洲金融危机，国内钢材市场销售大幅下滑，永联钢厂受到前所未有的冲击，库存压力、原材料价格压力迅速逼近，吴栋材甚至用"我们已经到了生死存亡的时刻！"来形容当时的艰难。永联需要对产业结构及时做出调整，缩减工业，调升农业。这样一来，企业回归生产经营理性，与永联村庄政务相脱离，村、企开始分离。此后，永联钢厂虽依然是永联村公共资源的主要提供者，但其不再过问村庄政务的处理，而是减负上阵，解决好自身市场化发展的问题。而永联村政则不再以企业管理为重心，开始将大量的精力投入村民自治和为企业发展创设良好的村庄环境等公共事务中。与此同时，为应对金融危机，永联村内的工农产业关系被重新调整，吴栋材制定奖励政策鼓励村民选择多样化的致富路径，村民的个体能动性被充分调动出来。随着村民参与村庄经济建设的程度渐深，村民对村庄公共事务的参与度也逐步提升，日益显露出其民主问政的诉求。应该说，"村企分离"是推动永联村政民主化转向的启动节点，而其背景则缘于国家主导的市场经济体制转型。永联村顺应时代潮流，及时再次调整村庄政治与经济的关系，从而为村政民主化奠定了体制性基础。

另一方面，随着永联村企的发展以及并村运动的行进，村内社会结构日趋复杂，村庄社会服务与管理的难度加大，这对过去权威治村、精英治村的模式提出了挑战。例如仅永钢集团目前14 000个员工中，永联本村人口只有2 500人，另有3 500人是南丰镇的非永联村人口，此外的8 000人为非南丰镇籍人口。不仅如此，一些在永联村企业工作的职工家属也随迁过来，人数最多的时候超过3万人。显然，以永联村原有的行政能力很难带动如此庞大的生活人群。可以看到村企分离、村庄合并后，永联村政要应对人口增加所引起的行政压力，要形成新的村庄资源配置机制，调整村庄权力结构。在这个过程中永联村面临着三重关系的调整：第一，永联村庄内部新老村民之间的融合与认同；第二，永联村村民与村企职工利益关系的协调；第三，永联村与其外部关联的重构。而后两重关系的调整还与近十年来永联历经城乡一体化、农村城镇化发展背景密切相关。

一个苏南乡村的治理之道
——张家港永联村调查

此时吴栋材已经意识到,进入 21 世纪的永联村已不能与改革开放初期突出经济发展的永联村同日而语了。第一,永联已并非几百户农家相守的小村庄,而是如今可容纳近 3 万人口居住生活的大村庄;第二,永联已不是以农业为主,工业为辅的苏南弱村,而是拥有村集体资产几十亿,村办企业资产上百亿的工农强村;第三,永联已不是过去城乡分隔情形下自给自足的传统农村,而是在当前城乡一体化背景下向现代化迈进的新型农村。永联村的经济基础夯实了,新的治理诉求必然突出,其村庄政治已不是 1978 年以前主要围绕阶级斗争而展开,而是在国家治理现代化引导下,永联居民(永联村民、村企职工、永联外来人口)在全面小康的基础上率先开启积极探索基本实现现代化新征程的主动追求。谁可以来接手如今这个包含有村民之间、村企之间、村镇之间三重复杂关系的大村庄?吴栋材当然也可以继续干下去,但他坚持认为在新的时代背景下需要有新的观念和思路,从而更适应当前以及未来永联村政发展的路径设计与谋略。

出于绝对的信任,也出于相当的"不放心",吴栋材只能是"强行"将自己"快要当将军"的二儿子吴惠芳从部队拉回来"接班"。吴栋材并不害怕被人指说"任人唯亲"——因为,吴栋材自主政永联 30 多年以来用行动证明的大公之心人人皆明!更何况,治理如此庞大人群,拥有如此庞大资产,与外部联系已跨省、跨国的超级村庄,谁又能有这个勇气和魄力担当得起呢?作为受吴栋材书记重托之人,吴惠芳或许是不二人选。这项安排从形式上可能并不符合所谓西方意义上的谈判式民主,但是对于讲求实用、注重问题解决结果效用的中国人来说,在特殊背景与条件下的某些选择是务实的。与其不信任彼此而无休止地谈判下去,还不如授权给自己信任的代表去应时完成公共利益的争取。虽然这样做确实存在政治风险(被信任的代表偏离了民众的期许),幸运的是吴栋材非常清楚自己作为村庄领路人地位获得的根据:"我们现在是掌权的,但这个权是人民给的,所以我们的责任就是为人民掌好权、用好权。"[①] 关于这一点,他对自己的儿子重申无数遍,要求他牢记在心。

吴惠芳于 2005 年 9 月正式回到永联,担任村政领导者的角色。他的到来,开启了永联村在城乡一体化背景下乡村治理实践的探索之旅。这对于过去在城乡二元体系下开展的乡村基层治理而言,甚至具有某种划时代的

---

① 参见 2001 年 12 月 31 日永联村党支部全体党员会议纪要。

意义。

改革开放以来，农村社会普遍实施以村民自治为核心的基层治理体系。制度设计的初衷是试图发挥农民的自主意识，调动农民民主参政的积极性，实现农村社会的自我管理与自我服务。然而受特殊国情影响，城乡二元格局下村庄贫弱、农民参与能力不足的现实状况限制了村民自治制度实际效用的发挥。进入21世纪，随着城乡壁垒逐步被打破，城乡互动日益频繁，过去城市单向吸取农村资源的状况出现转机，城市开始不断地向农村释放经济与社会资源，从而逐步催生农村社会基层治理结构的嬗变。在农村城镇化步伐加紧的新时期，农民民主参与的意识与能力日益增强，这已与"贫村弱民"阶段的农民参政状况大为不同。在农村贫弱的困局下，村民个人的力量难以改变村庄现状，只能寄望于村干部的廉洁与英明。村民热衷于"直选"或"草根民主"来获得对村庄权力结构的"大洗牌"和对村庄资源的重新配置，从而导致不少地区的村民自治实践最终演变为"村庄选举"。正是由于许多理想化的政治期许往往因为现实大打折扣之后，反复"折腾"的村民选举给村庄只留下了被破坏的村庄秩序和被伤害的村民信任。

永联村当然是幸运的，在吴栋材人格魅力的感召下，他用了30多年时间兑现了对村民们许下的政治承诺，使永联成为强村，村民不再贫弱，树立了空前的村庄权威。也恰恰如此，吴惠芳接手永联村要开创乡村治理工作，若简单效仿父亲去建立自己的个人权威，其短期内还缺乏群众基础。如果试图仅凭父亲树立起来的村庄权威施政，面对村庄参与积极性和能力日渐增强的永联村村民，稳定的局面也并不能持久。因此吴惠芳要如同他父亲当年一样，在时代转折的十字路口审时度势，科学判断他所处的时代际遇，理性审视村内外环境与村民特性；吴惠芳又要同他父亲不一样，创出自己主政永联的新思路、新策略。

也许是时机巧合，吴惠芳回到永联的这一年，也就是2005年，国家主导开启了一场不同于以往的新农村建设运动——"建设社会主义新农村"。虽然这一提法早在20世纪50年代就曾出现，但此次（2005年10月中共中央第十六届五中全会）提出已是基于全新的背景与内涵，它对永联村政发展的政策指引是划时代的，这就决定了吴惠芳在永联的村政工作要具有较大的开创性。在吴惠芳看来，新的时期永联村政应当从以下几个方面开展工作：

第一，要顺应城乡统筹发展的时代背景。

中国长期以来优先保障工业发展，重视城市建设所造成的工农差距与城乡阻隔已严重限制了农村发展。国家对此已有清楚认识，只待施行更为具体化与有针对性的"工业反哺农业，城市支持农村"的经济社会政策。相应的，农村基层的治理工作则必须步入这场政策大局，确保政策的正向施行和有效动员。2005年时的永联村已经具备良好的工业基础，她自身就可以发挥工农互补、城乡统筹的纽带作用。进入国家制定的这场新时期的政策大局，对永联村政的施政班子来说犹如"顺水推舟"，并无多少阻力。加之村委领导班子的新领头人吴惠芳是军队政工出身，善于把握国家政策导向，因此他坚持了由其父亲吴栋材提出的村办企业留有村庄集体资产股份的做法，用这股相当坚固的利益纽带明确了村民福利与村办企业的密切关联，真正落实了工业反哺农业的政策愿景。据了解，在苏南地区，与永联村有类似发展经历和水平的村庄，采用留有村企业股份这种最为干脆与直接的做法以确保村集体资产保值增值，保护村民利益的，并不多见。

第二，要适应城乡一体化的村庄建设环境。

城乡统筹落实到村庄建设上，很显然，就是要缩小城乡建设差距，使农村居民享受与城市居民同等的公共管理和社会待遇，其中很关键的一点就是要实现公共服务体系与社会福利体系的城乡对接。这在理论上似乎并不难，但到实际操作层面就相当复杂，根源就在于过去二元社会体制下形成的城乡利益分隔。理论上，实现农村与城市公共服务和社会福利体系的对接有两条基本途径：要么降低城市福利水准，对农村开放公共服务；要么直接提高农村福利待遇，对农村公共服务和福利体系加大投入。但实际操作会怎样呢？降低城市福利水准，俗话说"人奢容易入俭难"，城市居民长期享受的福利待遇突然缩减，势必会引起较大范围的社会误解，甚至造成严重的社会冲突；对农村开放公共服务和福利体系，那还要看城市的公共服务和福利体系的承载能力，超限服务就会造成交通拥挤、医疗不足、教育不公等各种城市病，不仅不能解决农村人口城市生活需求，而且会进一步恶化城乡关系。倘若直接加大农村公共服务投入、提高农村福利待遇，大手笔的财政经费如何解决？试问有多少乡镇农村财政可以做到"财大气粗"？可以看出，仅凭在文本上更改规章制度将无法实现城乡公共服务体系与福利体系的合理对接，它需要经过反复论证与试水实践，针对不同的城市公共服务能力水平与农村福利积累现状做出具体决策。就我国的行政架构而言，地方政府是实施推进城乡一体化政策的主体，而政策的具体落实则依靠农村基层党政组织。作为村庄党政班子新领头人的吴惠芳，对城乡一体化阶段永联村建设方向的设定有着自己的独特思考。就目前永联村发展现状来说，虽然是村的建制，但其人口规模及公共服务范围已趋镇级。以永联村的工农业实力，她不需要放弃自我投奔城市完成成果分享，给城市造成负担；也不需要依赖乡镇政府投入完成自身积累，从而失去发展的自主性。而是要坚持就地城镇化，也就是说，永联村要扮演的是实现城乡一体化的主角而非配角，为其所属南丰镇分解城镇化的经济发展和社会治理任务，而非"等、靠、要"式的被动城镇化。吴惠芳说："和别人不同，我们这里的城乡一体化是拥有田园风光的城乡一体化。"——此话的内涵是什么？吴惠芳大胆地说出了一个村庄发展的政治谋略：城乡一体化不一定是要求农村、农业、农民全部皈依城市，农村就应当像农村，农业也还要继续发展，只是农民应当和城市人一样享有同等的生活境遇（公共服务与社会福利）。

第三，推动村庄治理模式向多元主体共治模式转型。

随着城乡一体化进程的有序推进，永联村企业和经济合作社的发展也步入快车道，涌入永联居住的外来人口大幅增加。对庞大的外来人口进行管理和服务早已超越村委会治理的权力界限。村委会常常要调解村民与外来人口之间的利益矛盾，但因外来人口无本地户籍，其行政上可不受永联村所管辖，以致矛盾不易协调。以物业管理为例，在农民集中居住以后，在永联村民的动迁居住区内也入住了大量的外来务工人员。为了方便管理，村委会在动迁居住区引入了物业，永联村村民尽管享有物业补贴，同时上缴物业管理费，而外来住户不上缴物业管理费也可享有小区内的物业服务，因此，永联村民感到这不公平。各种类似矛盾的频频出现，集中反映了农村城镇化以后的公共治理与村委会自治模式之间脱节。吴惠芳及其领导班子认为，解决的途径只有一条，那就是顺应城乡一体化发展的内在要求，对事实上已经进入城镇化形态的永联村进行治理模式的变革：从村庄治理模式转向社区治理模式，在空间上对永联施行农民集中居住后的社区化管理。2011年4月永联村成立永合社区，占地面积1 200多亩，下辖永联小镇、永联小区两个农民集中居住区，共5 000多户居民，约20 000人，其中常住人口10 000多人，永合社区行政关系隶属于南丰镇政府。永合社区成立后，永联村村委会将原来承担的计划生育、民事调解、征兵服役等社会管理职能全部移交给了永合社区，永联村委会的职能变得单一，主要是经济管理，成立了村民以集体土地、集体资产和集体资本为纽带的经济联合体——永联村经济合作社。为进一步厘清关系，明确权责，永联村出台了《永联村集体经济分配实施办法》，根据土地承包经营情况，对所有村民进行社员资格确认，最终确定 10 676 人为社员。

2013 年，永联村实行两委选举，考虑到永合社区成立后，永联村民可在社区行使选举权和被选举权，于是申请村委会不再进行换届选举。随后，有村民向上举报，认为永联村村民委员会不进行换届选举是违法行为。经向民政部基层政权与社区建设司确认，永联村不举行村委会选举是合法的。因为满足三个条件，一是永联村的集体资产产权清晰；二是永联村农民的集体资产由经济合作社来承接管理职能；三是永联村村民可在永合社区实现一人一票选举。为此，从 2013 年 10 月起，永联村民委员会在永联村不复存在，永久成为历史。

永合社区的成立，还使永联村民的身份发生了变化，其行政隶属身份主要有两个，一是永合社区的居民，二是永联村经济合作社的社员。为了更好地维护和发展社员的经济利益，2012 年 3 月，永联村在借鉴发达国家乡村治理模式、尊重现代企业制度、保持社会主义本质要求"共建共享"原则的基础上，修订了《永联村经济合作社章程》，对社员资格确认、社员代表选举、经济合作社组织架构等做出了明确规定。之后依据《永联村经济合作社章程》，通过选举产生了 239 名社员代表。3 月 31 日，永联村组织召开了第一届社员代表大会，选举产生了第一届经济合作社理事会、监事会，理事会聘请经济合作社社长、副社长，以及五个管理部的管理人员。至此，永联村完成了由村庄治理模式向经济合作社治理模式的转变。

第四，创新党建思路，稳定基层政权，实现民主化管理。

村民自治要转型为多元共治，吴惠芳所在的管理团队又面临一项新的村政任务。过去吴栋材在思考用什么样的途径实现永联的村民长久团结，而现在吴惠芳则在思考建立什么样的体系可以链接永联社区居民，他们共同考虑的都是村民（居民）的组织化问题。在现有的村民民主参与能力水平下，只有将村民（居民）有效地组织起来，才能确保民主的有序性。一盘散沙的民主是无效的民主，无法达成共识的民主。从部队出来的吴惠芳相当熟稔组织建设的重要意义与具体运作，他更清楚在新的发展时期，制度化、法制化才是保证永联村民民主权利有序、有效实现的良方。很快，在吴惠芳的带领下，永联开创建立了依托社区党建实践村庄民主化管理的新格局。

首先，强本固基，夯实社区党建。

一是建立组织根据地，强化组织依托力。以地缘关系为载体分别成立了

2个党支部、8个党员中心；以共同的志趣为纽带建立了1个特色党支部——老年公寓党支部；以流动党员流入地为阵地，设置了流动党小组，推行信息化管理机制。既方便了党员和群众的及时联络沟通，也通过建立组织根据地强化了组织依托力。

二是转变党组织为民服务的方式。动迁社区在管理方面一直存在人户分离以及与原村关系不清晰等问题，有可能使得动迁社区与原村党组织存在推诿扯皮的现象，从而损害百姓的权益。针对在社区管理中发现的服务项目与居民需求脱节、服务能力与实际工作脱节、服务方法与群众认可脱节等现象，社区通过与永联村共同商定，在争创服务型党组织过程中统一领导、统一部署、统一行动，做到资源共享、信息互动、问题联办。拉近了党与群众的距离。

三是完善党员考核考评机制。服务业绩好不好、党员作用发挥行不行，这都需要进行群众评议。为此，永联成立党员监督小组，对党员作用发挥、群众认可程度等进行考核考评，考核方式主要是以通过走访群众、听取群众意见为主，同时开展党员互评、组织测评等活动，并将考核结果与老党员补助费挂钩，强化党员服务意识。此外积极开展"党群议事会制度"，对重要事件以及涉及群众利益的事项采取群众议、群众评的方式，深化民主建设。

其次，服务居民，实现民主化管理

一是为居民住户创新网格服务。社区积极开展"网格化服务"工作，将社区划分成12个一级网格、81个二级网格，通过集中整合各层面服务资源，主动吸收包括社区党员、在职党员、志愿者等各类社会力量的加入，科学配置、优化组合，不断增强网格服务团队的战斗力，实现了"小事不出网格，大事不出社区"的服务管理全覆盖。同时积极依托"民情日记"开展党员干部联万家工程，与永联村党委共建合作，通过支部联系片区、小组承包园区、党员服务楼道的方式，社区全体党员联系住户家庭，建立了问题统一受理、信息及时回复、矛盾集中办理、困难联合帮扶等工作机制。真正做到服务管理全覆盖。

二是延伸"五老"服务。为进一步调动老党员的积极性，打造其作用发挥平台，社区成立了一支由老党员、老干部、老战士、老教师、老文体爱好者组成的"五老"志愿者协会。协会积极发挥主观能动性，努力拓展服务途径，分别成立了义务帮教队、文体服务队、党员监督队、义务环保队、义务调解队共5支队伍，形成了理事会例会制度、退休教师活动日、党员义工交流日、党员接待日以及文体"一三五"排练法等有效载体和管理方法，先后开展了助学帮教、文艺宣传、纠纷调解等一系列活动，成为完善社区服务管理的重要力量。

三是优化群众代表制。为创新社区管理，社区通过多方联动，成立了"两代表一委员工作室"，设置了老党员接待日、代表委员接待日、领导接待日，搭建了以"两代表一委员"联系社区、倾听民意、化解矛盾为机制，初步探索出了一套系统、有效、新颖的矛盾调解工作模式，使"两代表一委员工作室"成为加强基层组织、密切党群关系、强化协同共治、转变干部作风的重要载体。有困难，就找"两代表一委员工作室"。如今，在社区，该工作室已得到了群众的认可，成为主动服务群众的品牌。

在永联，吴惠芳及其管理团队创立的制度化的基层社会治理方式还有很多，当这些制度建设取得成效并获得群众认可时，个人权威对一个村庄的发展已没有那么强烈的决定作用了——这正是其父亲吴栋材所真正希望看到的。就村庄政治而言，如何保证资源的公平分配才是核心，而是否公平不是村庄权威说了算、不是村庄能人说了算，而是所有的村民说了算。只有真正实现村庄民主，村民才有说了算的权利。吴惠芳很了解父亲的愿望，除了支持父亲在永联村建起了让村民表达民主夙愿、行使民主权利的"农民议事厅"之外，他深知实现村庄民主的另一条重要路径：民主不是虚幻的，除了物质载体，更需要精神载体，唯有如此，民主的制度化、法制化才能得到最终保证。

第八章　美丽村镇

永联自建村以来，走过了工业化引领，带动城镇化，进而实现农业现代化的道路。在这一过程中，永联面临的根本问题之一，就是如何给村庄打造一个优良的生态，为村民提供一个宜居的家园。这对几乎所有经历这一过程的村庄而言都是一道难题。对此，可以说永联交出了一份出色的答卷。

本章拟以村镇发育过程中的人地关系为主题和线索，以"清洁工业（区）、生态农业（区）、绿色居住（区）"的产业结构和空间布局为框架和内容，展现永联"生态环境优美宜人"的村镇风貌。

第一节　人地关系演进与区域功能规划

一、人地关系演进

在农村工业化、城镇化的背景下讨论生态问题，人们往往假定此前的农村生态是良好的，甚至是令人向往的所谓"原生态"或"田园牧歌"。无疑，很多村庄是可以作如是观的，但永联却不在此列。由于永联的成村历史较短，我们很容易发现，它一开始就处于恶劣的环境之中，从那时经历过来的永联人真有恍如隔世之感。

永联村的土地均是在1940年至1970年的30年间，由长江泥沙淤积，经人工围垦而成的。其中，原新建村的庚辰圩，成陆于1940年，为全村成陆最早的圩塘，原新建村的其他圩塘和原永南村、原安乐村基本在20世纪40年代成陆，原永新村、原乐余镇东华村及其他几个村组的圩塘为20世纪60年代成陆，原永联村七〇圩成陆于1970年，属于成陆最晚的圩塘。这里再简单重述一下七〇圩的成陆经过。

一个苏南乡村的治理之道
——张家港永联村调查

1970年2月下旬,沙洲县水利局按照规划在南丰公社22大队江堤外滩围垦造田,并由当时的南丰、兆丰、鹿苑、大新等五个公社,分别出动民工,承担围垦任务,在长江的福山浃漕两侧,挑土筑堤建起一条拦江大坝——海坝。堤坝全长989米,并于同年5月初长江夏季大潮汛到来前合拢,至6月底全部完成,参加围垦的民工总数近2000人,共围垦土方24.2万立方米,围垦总面积约0.54平方公里。

七〇圩地势自西北向东南呈由高向低走势,地面平均高程(吴淞零点)为0.80米。地形平面图类似介于梯形与凸四边形之间的不规则四边形,西北窄而东南渐宽。村中心到南丰镇政府所在地相距约8千米,距张家港市区约26千米。境内地势平坦,属长江下游冲积平原。七干河自西南向东北横贯而过。1995年7月永新、永南两村并入永联后,全村地形平面呈北窄南宽的扇形图,境内多低洼地,是张家港市和南丰镇地势最低的行政村之一,极易受雨涝和渍害。

其实,七〇圩的成陆条件并不成熟。从张家港的成陆过程来看,现在的南横套河—永南河一线,实际上是老夹江的河床,是一个低谷。到永联村这里已是原来的福山口江湾,正是老夹江的入江口,应是老夹江最深、最迟淤涨成陆的一段河道。据估计,七〇圩当时只围500亩就差不多,其余的面积再淤涨成熟10多年才可以围垦。结果围垦总面积翻了一倍多。整个圩子西高东低,坡耕地、半高田、龟背田、冷浸田、锅底田占了一半以上。低洼处比吴淞口低5米左右,水终年不干。最东面的一块地干脆是白水滩,长期种"走脚田"。后来修建的永钢厂区及南端的养殖场正好坐落在这一段最低的洼地里,永钢厂区地面比钢厂门口地面低2米左右,养殖基地地面又比厂区地面低2米左右。1970年秋在圩内开了一条中心河,以便于排水。同年,沙洲县兴修大型水利工程七干河,该河在七〇圩拐了个弯,使这里的灌溉、排涝、运输大为方便。但紧挨永钢的七干河水位高于厂区地面,汛期高出1米上下,水患之重,可想而知。

该村土壤结构主要以沙夹黄土为主,也有相当一部分土壤为黄土夹沙土或沙黄泥土,其中20世纪60年代以后围垦成陆的几个自然村庄土壤表层的黄泥土比例逐渐趋大、沙土成分相应较低。境内土壤均较适宜于稻、麦、棉等常规农作物生长,由于全村总体地势偏低,这就更为大面积种植水稻提供了有利的水文地理条件。但低洼田经过改造才好利用。原永联村大搞农田基本建设,将改造三角圩与开挖鱼塘养鱼结合起来,在种植方面粮棉并举,多种经营全面发展，大力发展队办工副业。

1984年以后永联重点发展工业，工业独大，土地、人力和其他资源逐渐向工业转移和集中。虽然以集体工业企业之力奖农补副，但农副业还是走向边缘化。随着工业规模变大，永钢集团的发展空间受限，同时也带来了环境污染和生态失衡的问题，与周边村落和居民发生了矛盾。1973年永联建村初期，共有192户，766口人，耕地面积696亩。1994年永联村户籍为268户，924口人，耕地面积减为50亩。于是，永联1995—2008年先后数次并村扩地。1995年第一次大规模并村，永联村户籍上升到1 758户，总人口为5 333人，耕地面积增加到4 955亩。2005年第二次大规模并村，永联村户籍上升到3 183户，人口增加到8 078人，耕地面积降为2 511亩。截至2012年年底，永联村户籍为4 146户，人口增加到10 593人，耕地面积进一步降为1 539亩（参见表2-2）。这是因为新增的土地主要流转到集体种植苗木，或征用为工业、道路、小区建设用地了。可见，永联的人地规模和人地结构都已进入到了一个全新阶段。

在新的形势下，永联加大工业反哺农业、经济回馈环境的力度，对土地重新进行区域规划和产业布局，为永钢集团转型升级和可持续发展、村民集中居住和乡村城镇化、土地规模经营和农业产业化创造了条件，现代农林业和旅游业应运而生，生态平衡得以重新塑造。并村扩地可谓一步棋全盘皆活，一举多得。

总之，永联村人一开始的人地关系环境极其恶劣，但是，他们靠着自己的聪明才智、吃苦耐劳、团结拼搏，战天斗地，兴利避害，扬长补短，因地制宜，农、副、工并举，多种经营全面发展，并进一步经历了工业化牵引，带动城镇化，进而实现农业、农村现代化的过程，逐渐形成了"天时、地利、人和"的良性人地关系。

◆ 二、区域功能规划

1985年以前，永联村没有系统的村镇建设规划，村民居住在纵横交错不很规则的12个居住区，也有少数村民零星独居。居住区总体上呈带状相对集中。1985年起，永联村对村民住宅首次进行统一规划，实施定点、定线建房管理办法，要求各村民小组建成"一"字型，俗称"埭"，埭前有路，房后有河，河堤植树绿化。

但永联村步入工业化道路以来，就像一个生机勃勃的少年，处于不断发育和成长之中,并经历了明显的快速增长期。因而,它的年岁虽然不大,其村域规划建设却难能一蹴而就,而是几经变更调整。

1993年,永联村专门请清华大学规划设计方面的专家,对全村进行第二轮总体规划。将总面积0.55平方千米的永联村规划建成"五区一场",即工业生产区、生活娱乐区、文卫教育区、村民住宅区、商业贸易区和特种养殖场,计划用三年时间分期建设、分步实施,全面拆除旧住宅,重建一个起点高、格局新、设施好、环境美的新永联。为此,永钢集团于1994年组建成立了永钢建筑工程公司,从那时起,该公司一直承建全村基建工程的施工业务,成为永联村全方位现代化建设的主力军。

1995年9月,永南、永新二村并入永联后,永联村体量显著增加。按照张家港市提出的"农村城市化,城乡一体化"的总目标,永联村党委对1993年规划重新进行修改调整,将永联村建设成为基础设施配套、功能齐全、规模较大、商贸繁荣、村容厂貌园林化的现代化农村中心集镇。明确以六干河桥至永钢商场的"两点一线"为中轴线,规划建设各具特色的"五区二场"(即在"五区一场"基础上增加蔬菜花卉园艺场),中轴线两头各建一个商场、一个居民住宅小区,中间配套各功能小区,形成个体与集体并存互补发展的带状集镇。

2003年6月,永联村委托常州市规划设计院进行第三轮总体规划编制,并对"永联千户现代化农民社区"进行规划设计。根据规划,永联村将建成以冶金工业为依托,生态农业高度产业化,居住设施配套齐全的农村现代化综合社区。规划布局,形成"一个中心区、两个居住区、两片工业区"的空间结构。

2005—2006年,永联村第二次大规模并村,成为"巨型村庄",同时正值中国开始全面开展社会主义新农村建设运动。永联村以此为契机,于2006年3月委托上海鸿图建筑师事务所对永联村第三轮总体规划和"永联千户现代化农民社区"规划进行科学论证。永联目前的工业区、农业区、居住生活区三大功能区域格局,就是经此次论证并加以调整确定下来的。[①]

目前,永联区域总面积共15 000亩。其中,河道和道路占地1 000多亩。纵贯西部的六干河和横跨南缘的七干河均与长江相通,为永联区域的主河道,区域内部的中心河流和支流以此为基干,形成相互沟通的水系。一南

---

① 编委会. 永联村志 [M]. 南京:江苏凤凰出版社,2015:92-93.

一北东西向的永钢大道和长安路,一东一西南北向的红旗路和妙丰公路,搭起永联区域的交通骨架,与其余诸多大大小小的道路一起,织成四通八达的交通网。镶嵌于水系和路网之中的,首先是居于永联区域中部的、以永钢厂区为主体的工业区;工业区东西两侧分布着以农林基地为主体的生态林区和高效农业区,使工业区与周边村落相隔离;西部的农林基地向南与农耕文化园连成一体,将工业区与位于西南部的、以永联小镇为主体的居住生活区隔开。三大功能区占地面积分别为:工业区7 500亩,农业区4 150亩,居住生活区1 000多亩,形成城乡融合、生态优化、结构完整、功能合理的现代化村镇格局(参见图1-1)。由于永联村已决定不再扩队并村,其快速成长发育期基本结束,所以这一格局也应该可以基本定型了。

第二节 清洁工业:永钢

一、永钢环境治理的发展阶段及特点

永钢自1984年成立以来,高层领导率先垂范,带领全体员工、艰苦奋斗,历经了"轧钢起家""炼钢强企""转型跨越""多元发展"四个阶段。环境治理也随着公司的发展经历了四个不同阶段。

第一阶段,1984—2002年。永钢单纯依靠外购钢坯轧制钢材,厂区面积小,工艺流程短,设备相对简单,整个生产过程对周边环境影响不大,基本不存在环境治理的问题。

第二阶段,2002—2008年。"永钢无钢"限制了企业发展,2002年,公司上马炼钢项目,先后配套建成了原料厂、烧结厂、球团厂、炼铁高炉、炼钢转炉,形成了从炼铁到轧钢的长流程。永钢集团高层领导在项目决策、规划、设计施工过程中的时候,充分兼顾了村庄、村民的环境,所有的项目都考虑到节能减排、资源综合利用,项目配套建设了除尘设施,大气污染物经除尘器处理后通过排气筒排放。

第三阶段,2009—2011年。永钢集团高层提出了"三年再造一个新永钢"的宏伟目标,上马了1台300平方米烧结机,3座1 080立方米高炉,2座120吨转炉等项目,实现了跨越发展。烧结项目配套建设了烟气脱硫设施,高炉出铁场、矿槽均配套建设了除尘效果较高的布袋除尘,转炉项目均

配套建设了布袋除尘,并使用了处理效果较高的覆膜布袋。

第四阶段,2012年至今。2012年国家环境保护部发布并实施了钢铁企业污染物排放新标准,对污染物的排放要求更加严格。新标准明确了分步实施的管理要求,为现有企业设置了过渡期。到2015年1月1日,所有钢铁企业都将执行更高标准要求,部分企业还将执行特别排放限值。对照新标准的要求,永钢集团提出和部署了"环境大整治"工作,对全公司的环境污染物排放情况进行了全面梳理,对可能达不到新标准要求的工序,制定了整改方案,确定了整改计划和整改责任人,跟踪项目进展,监督项目施工进度和质量。通过两年多的治理改造,近200项较大的环境治理项目陆续落实,公司各工序环保设备、设施装备水平明显提高,环保管理水平及干部员工环保意识不断进步,厂区及周边环境得到了较大改善。

在新的阶段,永钢集团根据新《环保法》及《钢铁行业污染物排放标准》等相关环保法律、法规要求,确定了环境工作的指导思想和目标,即规范公司环保管理流程,提升环保设备、设施装备水平,不断优化生产工艺,落实节能减排任务,将永钢集团建设成为一个环境友好型的花园式钢铁企业。

◆ 二、环境污染的分类治理

(一)废水处理和循环利用

公司轧钢生产时期生产废水循环利用,不对外排放,仅有生活污水外排。废水经厂污水处理设施处理达标后排入厂区西面的七干河。年排放废水量$12 \times 10^4 t/a$,附近村民的零星排水不便统计,其主要排放去向为居民区周围水体。到了2003年钢铁联合生产时期,公司加强废水处理和循环利用,每个新建项目在建设时期就配套建设了污水处理系统,目前共建有50余套污水处理系统,将烧结、炼铁、炼钢、轧钢、制氧等工序产生的工业废水全部回收,妥善处理,生成净循环水、浊循环水等不同水种,再供各生产工序重复利用。

近年来,永钢集团积极响应国家节能减排要求,加大减排治理资金的投入力度,积极推进减排工作。于2008年11月分期启动10 000吨/日工业污水处理及回用工程建设项目,该项目由上海同济水处理技术开发有限公司设计施工建设,总投资2 000多万元。一期于2008年12月开工建设,2009年9月建成并投入试运行,2009年10月通过张家港市环保局竣工环境保护验收。二期从 2012 年 3 月开始建设，2013 年 1 月投入试运行，2013 年 6 月通过张家港市环保局竣工环境保护验收。

该项目采用超滤、反渗透工艺，主要处理炼铁、炼钢、轧钢、制氧等分厂车间生产过程中产生的废水，其主要污染物为化学需氧量、悬浮物等。经处理后的清水全部作为生产新水进行回用，剩余部分用作高炉冲渣、绿化浇水和道路冲洗等用水，全部进行回用。污泥经脱水后，一部分作为原料，送往烧结，一部分作为建筑填埋土，进行填埋。据初步测算，项目正常运转后，每年可减少废水排放 330 多万吨，减少 COD 排放 160 吨左右。废水排放口于 2009 年 6 月安装了流量计和 TOC/CODcr 在线监测仪，并按张家港市环保局要求接入污染源远程监控网络系统。

永钢集团在整个公司搞雨污分流，就是把雨水和污水管道分开。整个公司的生活污水和工业污水也要分开处理，污水分到 300 个点，分区域收集起来，然后用泵把它送到新建的污水处理厂。将来公司的污水排口就只有一个了，这个投入是非常大的。从全国来讲，特别是在钢铁企业这一块，做到这一点是不多见的。

永钢集团的污水处理和利用做得比较好，一方面得力于污水处理厂的超强处理能力，另一方面由于永钢没有焦化，最多就是一些矿粉，不是有毒有害的，水的污染不是太严重。永钢也准备上焦化，但有一点可以保证，就是它的所有配置都是按顶级的标准来建设的，包括水的处理、二氧化硫、氮氧化物、二噁英的处理，只要国内有的技术，它都会有。总之，永钢集团污水处理的设施都是按照高标准建设的，公司现在正在考虑把污水处理和利用作为一个亮点，开放为一个供参观的景点。

（二）大气污染治理

永钢集团从 2006 年开始，通过对环保设施实施升级改造，采用环保新工艺、新技术等方法，积极推进大气污染治理改造项目。2006 年至 2014 年 8 月共投资约 8.4 亿元，实施大气污染治理，从改造效果来看，能达到预期的环境治理目标。

2006 年，公司共投入环保专项治理资金 3070 万元，完成了炼钢厂 1-3#转炉除尘设备扩能改造、烧结一厂除尘改造、石灰厂窑尾冷却器除尘改造、1#高炉矿槽（出铁口）粉尘治理等 6 个项目的治理改造工作。

2007 年，共投入资金 6 765 万元，对炼钢厂一次（二次）除尘，炼钢精炼炉除尘，球团厂成品系统除尘，原料场 XGZ6、XGZ7、XGZ9、TZ2 等转运站除尘、高炉出铁口除尘、高炉高架料仓槽上除尘、烧结电除尘改造以及轧钢加热炉燃烧系统改造等13个项目进行了治理改造。

2008年，共投入资金7 000万元，完成以下6个项目的治理改造：炼铁1#高炉炉顶改造、石灰厂燃烧系统由原先采用油气混烧改为使用煤气、永泰码头扬尘治理、炼钢一厂3#转炉二次除尘及吹氩站除尘改造、烧结厂烧结矿缓冲贮仓除尘改造、炼铁厂高架料仓矿槽除尘改造。

2009年，共投入10 050万元，对炼铁2#高炉进行大修改造，宏泰码头建设配套的挡风墙、自动喷淋设施以及对路面进行硬化，石灰厂新增一台1 800布袋除尘器，烧结6#车间新增一套脱硫设施，炼铁新增3套TRT发电装置。

2010年，共投入3 950万元，主要实施了三个大气污染治理项目，一是对永泰码头进行扩展防尘治理，建设码头挡风墙及自动喷淋系统；二是对石灰厂进行除尘系统改造；三是炼铁新增1套TRT发电装置。

2011年，共投入8 905万元，将石灰厂1#2#窑的电除尘改成脉冲布袋除尘，300平方米烧结机项目建设配套烟气脱硫设施，在球团成品仓新建1台2500立方米布袋除尘器对成品仓放料进行除尘，原料场新增微动力除尘设备、焦炭上料除尘等。

2012年，共投入7 646万元，在原料场堆场北侧修建了长约208米的挡风墙；石灰厂各转运站新增了6台除尘器，并对皮带两侧进行封闭；对原料场2-4#汽车受料槽进行除尘改造；新建高炉煤气发电项目，减少高炉煤气的放散。

2013年，共投入34 042万元，实施了高炉煤气发电扩建项目，在原料场北侧东侧修建了长约600米的挡风墙，原料场相关转运站新增除尘器，采用旋转喷雾半干法给450烧结机配套建设了烟气脱硫设施。

2014年至今，累计投入3 130万元，在原料场、石灰厂及钢渣场堆场周边新建防风抑尘墙，相关道路建设洗轮机并对部分除尘器放灰系统进行改造，炼铁7#高炉出铁场及矿槽除尘器进行升级改造，原料场转运站新增除尘器，炼钢厂新增铁水包除尘等。

过去的九年，永钢集团通过大气污染治理改造，使炼钢厂屋顶和煤气大放散的烟尘排放、原料场转运站无组织扬尘、高架料仓粉尘无组织排放、高炉出铁场烟尘排放、石灰厂烟（粉）尘排放等问题得到了有效控制，周边环境空气质量得到了明显改善。

说到大气污染治理，永钢集团能环处陈处长给我们讲了永钢集团与邻村村民的一场官司。

  永钢集团有个钢渣闷渣磁选，就是对钢渣进行处理和再次利用。处理的过程就是把钢渣放到坑里面，放上水，然后闷渣，然后再进行磁选，以便再次利用。在这个过程当中，会产生大量的蒸汽，蒸汽排放是用烟囱的。这个厂离路边比较近，离邻村还是比较远的，但是该村村民很不满意。村民们不是看你采取的措施是否合法、是否符合标准，其目的就是想要得到拆迁安置（并村），实在不能得到拆迁安置的就要求获得污染补偿。所以，村民们就写举报信到环保部和江苏省环保厅。江苏省环保厅专门派人到永钢集团现场调查检测，确认永钢集团的钢渣闷渣磁选技术是没有问题的。可农民不知道这是完完全全的蒸汽，硬说有粉尘有毒气，反正看到是你工厂里排出来的气，肯定是有危害的。环保厅的人来了只要看周边的树，就知道到底有没有粉尘。但省环保厅的人还是对永钢集团老板说："像这种情况，你们还是想办法处理一下，因为我们不能光以国家标准来要求你们，还要以老百姓的标准来要求你们。"永钢集团老板就向村民承诺在 2014 年 7 月底之前把它处理完。

  就为了这项工程，永钢集团已经花了 900 多万了。这也不算治理，就是为了满足农民的要求。所以现在永钢集团窗外这个地方一个烟囱都没有了——原来有 6 个烟囱。我们的办法是用冷凝器，冷凝之后就没有蒸汽了，排放问题就解决了。说实话我个人也不太理解这个事情，毕竟是近千万的投入，而且还涉及以后的运行费用，这些设备要 24 小时运行，这种的电耗、水耗，每年的费用也是比较高的。现在这样做了以后，农民是一点话也没得说了。所以呢，永钢集团一直还是尽量满足老百姓的要求的。（20140905C2）

（三）噪声污染治理

永钢集团的项目在施工期间、运行期间都会产生不同程度的噪声污染，施工期间，各种施工机械会产生噪声污染，对周围环境造成一定的影响，主要噪声源为搅拌机、卷扬机等，有的噪声峰值高达110dB（A）。因此，公司按照《建筑施工场界噪声限值》（GB12523-90）的要求，尽量避免夜间施工，防止对周围声环境产生影响。

轧钢生产时期主要噪声源为加热炉、轧机等生产设备运行时产生的噪声，噪声源强约70dB（A）-85dB（A）。经车间墙壁隔声降噪后，厂界噪声基本能达到《工业企业厂界噪声标准》（GB12348-90）中Ⅲ类标准限值要求，不会对周围声环境产生明显的影响。

进入钢铁联合生产时期后，项目运行过程中的噪声源种类明显增多，主要为各类设备运转过程中产生的机械噪声、锅炉排汽噪声、发电机组噪声、蒸汽放散噪声、运输车辆噪声、管道吹扫噪声等等。在综合考虑安全、不影响正常生产、不影响设备散热等因素的前提下，公司尽量选用低噪音设备，采用加消音器、建隔音墙等措施治理各分厂的设备噪音。主要做法如下：

运输车辆噪声控制。在不影响车辆、人员通行安全的情况下，将车间内原有减速带拆除，在减速带处增设限宽装置，通过限宽来降低车辆速度；另外，由于部分路面上安装有钢板，由于钢板与地面有间隙，车辆通过时噪声较大，永钢集团在钢板与地面间隙处加装了胶带垫，以达到控制噪声的目的。

设备噪声控制。原先轧钢车间加热炉上换向阀工作时噪声较大，对此，通过在换向阀上加装消声器（或金属软管泄压）来进行控制噪声；通过在棒材一厂的鼓风机安装变频器进行调速，在定尺辊道上加装隔音罩进行降噪；将车间内的气喇叭拆除；将轧钢车间靠近居民一侧的厂房用彩钢瓦进行封闭，降低车间内的噪音对周边居民的影响；针对煤气发电项目投运前管道吹扫时噪音较大问题，通过在管道末端安装合适型号的消音器解决了该问题；新铸铁车间铸铁机尾部和棒材二厂蒸汽发电机组区域的噪音较大，通过封闭、隔离的方式降低噪音扩散；能源装备项目北侧新建隔音墙，废钢车间墙体内壁增加吸音棉，风机房进行噪声封堵；炼钢除尘风机区域噪声通过管道包裹、墙体内壁增加吸音棉等措施进行降噪处理。

在采取上述措施后，公司厂界噪声基本能达到《工业企业厂界环境噪声排放标准》（GB12348-2008）中Ⅲ类标准限值要求，未对周围声环境产生明显的影响。

关于噪声问题，陈处长也给我们介绍了永钢与周边村民发生的另一场纠纷。

因为噪声主要是测厂界的噪声，虽然永钢集团基本达到了Ⅲ类标准限值要求，但是，农民不管你的，只要听到声音就不行。这半年已经发生过两次聚众围堵，农民把我们的厂房、道路都堵掉了，直接影响到我们的生产。他们有自己的利益诉求：第一就是要拆迁安置，第二就是要经济补偿。他们要求我们采取治理措施并承诺完成期限。第二次是5月

1号来堵的,我们承诺是2014年6月23号完成。在交涉过程中,镇政府也出面了,不然的话很难达成一个双方都能接受的条件。后来做好了,大家看看治理效果也不错,也就基本上平息了这场风波。现在这个标准也不是太明确,到底我们是二类还是三类,二类就是晚上50分贝,三类就是55分贝,很难界定。说实话,没有完全达到国家二类标准,但三类标准是肯定达到了。

后来呢,我们也采取了一些行动,和周围的村民联络联络感情嘛。他们那里有个桥,电瓶车上去的时候不很方便,有时候会出现危险。我去看了几次。有的农民就说了,能不能帮我们把这个桥修好。我回来请示领导,领导说:"修!"我们投入了十多万,就把那个桥给挖平了。还有,周边离我们比较近的地方,村民们生病了什么的,我们也会去看看,送点慰问品联络联络感情。所以2014年6月23号到现在,已经两个多月过去了,基本上再也没有什么事情发生了。(20140905C2)

(四)固体废弃物处理

一般固体废弃物处理。钢铁联合生产时期,固体废弃物的种类有钢渣、水渣、氧化铁、除尘灰、污泥等。公司采取不同措施,综合利用各种不同物理化学特性的固体废物。高炉水渣,原本全部外卖,后来公司分别于2007和2010年分两期建设了矿渣微粉厂,将水渣加工成微粉后外销,提高水渣附加值。转炉钢渣,送往公司钢渣综合加工车间,通过热闷处理后回用。对氧化铁、除尘灰、污泥等其他含铁固体废弃物,全部送往烧结生产烧结矿,实现资源回收利用。

危险废物处理。永钢集团的危险废物主要为设备冷却、润滑等过程产生的废矿物油。从2008年开始,各单位产生的废油均交公司物资库收集,部分废油给车间领用,部分废油外卖。2007年,随着环境管理体系的逐步建立,公司的各类废弃物处置也逐渐规范化。根据《危险废物贮存污染控制标准》《危险废物转移联单管理办法》等法规标准要求,从2009年开始,公司产生的废矿物油都交由有资质的单位进行安全处置,危险废物回收率基本达到了100%。

(五)与环境污染治理相关的几个问题

对于以上环境污染治理的几个方面,永钢集团都是严格按照标准执行的,一直走在全国钢铁企业的前列。永钢集团之所以能取得这样的骄人业绩,陈处长总结了如下几个方面的原因:

一是领导高度重视。只要是公司的会议,哪怕没有什么事情,领导也要谈一谈安全和环保这两项内容。由于领导的重视,公司每年都多次组织环保方面的宣传和教育活动,从环保法律、法规,环保基本知识,污染治理,日常防护,节能减排技术与工艺,生态文明建设等诸多角度,涵盖管理、技术、治理等多个方面,对广大干部员工进行宣传和培训。通过多年努力,广大干部员工的环保意识和生态文明素养取得了明显的进步。

二是管理高度强化。钢厂以前是一个什么状况?以前有人来参观了,调度就要通知了:马上有人参观了,你们先停一停或者减一点负荷。现在你24小时随便来检查,不管是谁来检查都是一个样。现在的管理考核非常严格,我们在工厂区设了11个监测点,高清摄像头随时进行记录,并由专人每天负责看。

三是装备更新和技术改造不计投入。我们新的装备都是顶级的,包括450烧结机的脱硫,这个配置比宝钢还要先进,全国只有太钢一家从日本引进的,我们从全国来讲也是走在前面的。对现有的装置也是不断地进行改造,比如只要有粉尘的地方,我们全部把它封闭起来。在原料的堆场,我们设置了18米至22米高的挡风墙,这样粉尘不易扬起来。在料场出口的地方也要设置洗轮机,对运输车辆的车轮进行洗涤,用种种能想到的办法把粉尘控制在最低的一个限度。(20140905C2)

尽管如此,周边村民与永钢集团却因环境污染问题发生了多起纠纷。对此,应该如何解释呢?

客观公正地说,在环境污染方面,行业有行业的标准,老百姓有老百姓的尺度,前者着眼于生产,后者着眼于生活,二者并不完全一致,不能互相衡量或通约。如果从更高的要求来讲,生产应该服从于生活,行业的标准应该迁就老百姓的尺度。正是出于这样的考虑,永钢的环境治理,不仅符合行业生产标准,而且也在尽量满足当地老百姓的生活需求。但在老百姓的必要生活需求中,还夹杂着潜在的或额外的利益诉求,比如希望与永联并村或提高补偿标准,而这又是难以与环境问题剥离开来另外处理的。因此,永联从1995年开始,十余年间先后并了五个半村,尤其是2005年之后并进来的两个半村,这既是永钢集团为了解决自身发展所需的土地问题,也是为了解决与周边村民复杂而微妙的环境纠纷问题而采取的一系列举措。

现在,永钢集团还即将面临一个新的挑战。2015年1月1号以后,新法新规都要同时实施，即史上最严厉的环保法要实施了，史上最严厉的钢铁企业污染物排放标准也要实施了。到那时永钢集团的环境治理可能也是有问题的。考虑到这一点，永钢集团现在也想再往前走一点。但这项投入确实很大，同时也考虑目前同行业的情况。同行业认为这个最新的标准，某些方面的确不那么合理，企业按照目前的技术水平是不具备达标的能力的，大部分企业都是做不到的，所以对于有些问题也只能还是遮着盖着。不过，不管怎样，如前所述，永钢集团还是采取积极应对的态度，不落人后，有些工作已经做在行业的前面了。国家政策一旦收紧，企业需要采取哪些措施，设备进行怎样的调整，永钢集团都有了一些考虑，每一项都有准备。

◆ 三、资源节约和循环利用

在资源节约和循环利用方面，永钢也有一整套的做法，现在对生产过程中产生的二次能源，或者过去不用的废物，都能加以充分利用。首先是水，前文已经做了专门介绍，不再赘述。这里要补充的是，在管理上，永钢集团对此每年都有非常严格的考核指标，也采用了很多方法，来尽可能地降低吨钢水的使用量。

接着看渣。炼铁过程中是有渣的，现在永钢集团专门建有微粉厂，把送过来的渣进行研磨，达到一定程度以后，就卖给其他企业作为水泥的添加剂。对于钢渣，有闷渣磁选的方法，把含铁量比较高的选出来回到炼铁系统里，剩下的就送去铺路。这样，渣就全部利用起来了。

再说气。在炼铁的过程中还要产生高炉煤气，过去大多将之直接排掉了，现在把高炉煤气收集起来用来燃烧发电。永钢集团用两年的时间一共建了5套高炉煤气的发电装置。蒸汽也得到多方面的利用。永钢架设了数万米的管道，把蒸汽送到永联现代农业基地，用于粮食烘干、冬季养鱼和种菜大棚增温。多余的蒸汽用来拖动一些设备，或者送去发电和取暖。

还有一些生产过程中产生的有压力的、有温度的能源，永钢集团也把它们利用起来发电，就是将所有的余热、余能、余压都要充分利用起来。永钢集团的自发电比例已超过40%，将来这一比例还要进一步提高。

刚才说到的发电、蒸汽拖动，同样也属于节能的内容。另外，在生产过程中永钢也有一些措施把电耗降下来，比如2013年一吨钢除尘的电耗是33度/吨，2014年是25度/吨，下降了8度。以往有一种现象，就是各个单位怕考核，到晚上了把除尘设施关小一点，现在谁也不敢这么做了。即使是这样严格要求白天晚上一个样，电耗也能大幅度下降，而现场的粉尘外溢情况，却远远好于以往。这只有在管理和设施上做了非常大的努力才能实现。

节能减排进而与循环利用结合起来，就不再是一种成本或负担，而是转化为一种效益或回报。永钢集团节能减排项目的投资回报期都是非常短的，一般企业的某个装置，没有六七年是收不回成本的，但在永钢集团，上述余热发电这些项目，都是用一年左右的时间就把投资收回了，周期很短。一套发电装置所需费用是7 500万元，而一小时产生的电量少算点是20 000度，一年大概产值1亿多。所以，现在永钢集团也很愿意上这些项目。

◆ 四、厂区规划与绿化

永钢集团的厂区规划，由专门的部门总工办负责，但说实话，他们没有规划的充足空间。到厂里面一看就知道了，整个厂区是非常拥挤的。永钢与宝钢、太钢没法比，人家每个小单位之间的距离非常大，当中都是绿地，而永钢只能见缝插针地搞一点绿化，没有办法做总体规划。比如现在要扩建一个高炉，永钢把设计院的专家请来，给他们看：就这么大地方，你们看怎么弄。然后就想办法这里切一块，那里挤一点，硬把建高炉的地方塞进去，顾不上考虑什么美化啊、生态啊之类的。

尽管如此，永钢集团还是以建设"花园式工厂"为目标，重视厂区及周边的绿化工作，每年都投入了大量人力、物力，不断改善厂区的环境。尤其是近两年，先后完成较大的绿化新建及改造工程30余项，较小的绿化改造近100项，种植大、中乔木1 000余棵，灌木10万余株，增加绿地面积约2万平方米，绿地增长率为8%。

永钢集团这样一个位列全国民营企业五百强的大型企业，虽然储备了大量土地，但用地集约，空间局促，不像一般人所想象的那样宽敞漂亮。这也许不是永钢集团的初衷，但客观上节约了土地，减轻了永联区域的生态压力，为农业、林业、旅游业的发展腾出了空间，使整个区域分化重组为更加合理的工业区、农业区、居民区的结构—功能体系。永钢集团如果不是在永联这块土地上土生土长起来的，不是真正为了自身的可持续发展，不是诚心为了永联村民的根本福祉和长远利益，就很难理解它为什么在更有条件、更方便独自享用更多资源的时候，却没有去独自享用。

第三节　生态农业：永联现代农林基地

在永联，农业区占地 4 150 亩，由 1 500 亩的粮食基地，1 800 亩的苗木基地，150 亩的水产养殖基地，300 亩的花卉蔬菜基地组成，另含江南农耕文化园 700 亩。永联的现代农业不仅集约、高效，而且兼具生态、观光、旅游功能，农耕文化园则是生态、观光、旅游农业的延伸，是永联乡村旅游的集中体现。

◆ 一、苗木基地

苗木基地的基本情况在前文案例 3.1 "苗木公司"中已经说过了，这里再侧重从生态功能的角度介绍一下。苗木基地始建于 1998 年。最初是因为钢厂周围散布着许多村庄，考虑到钢厂对村民居住环境的影响，种植了大量的生态隔离林。2001 年 9 月开始，苗木公司响应国家农村产业结构调整的号召，种植了 500 亩苗木。进入 2000 年以后，永钢集团飞速发展，先后几期并村增加的土地除了用于钢城建设外，其余主要用于种植苗木。苗木基地规模逐渐扩大，到 2009 年面积最多时达到 5 800 亩。与此同时，随着永联村拆迁安置的全面推进，村民搬离散布在田间地头的房子，到永联小镇集中居住，生态隔离林的功能弱化。为了向土地要效益，经营经济林的功能逐渐显现，因而苗木种植也由最初的侧重生态林向侧重经济林转变，逐渐产生了经济效益。当时由于全国大搞城乡建设，绿化行业飞速发展，经营苗木的经济效益远远高于种植水稻等农作物，而且永钢集团、永联村本身的建设也需要大量的绿化苗木，于是苗木基地的经营方向改为对内进行绿化种植、绿化养护，对外进行苗木生产销售。但苗木基地主要是为永钢集团、永联村发展储备土地的这一功能始终没有改变。随后，永联村进行了轰轰烈烈的新农村建设，土地被用来建设鲜花基地、粮食基地、农耕园、永联小镇等。至此，苗木基地的面积缩减到现在的 2 000 亩左右。客观上讲，苗木基地在永联村及周边村落的环境保护与改善、永联村与永钢集团的绿化建设降本增效、建设用地储备，以及永联村实体经济发展壮大等多方面起到了重要作用。

二、粮食基地

永联现代粮食生产基地（有限公司）成立于2009年2月，注册资金2 000万元，规划面积3 000亩，是永联村与江苏农科院、扬州大学合作建立的"育、繁、推、加、销一体化，产品特色化，开发经营良性循环化，收益高效化"的高效农业示范基地。基地实施高标准农田建设、自动化控制、智能化灌溉、稻麦全程机械化作业，建有集数据采集与处理、运行监视与事故报警、控制与调节、网络与数据通信、视频监视系统、电气系统监测为一体的数据应用和监控管理中心、工厂化育苗中心、谷物烘干中心、谷物加工中心、农机及维修中心。基地还是"农业部长江流域稻作技术创新中心实验基地"和"扬州大学农学院教学科研实验基地"，致力于水稻新品种、新技术的研发和推广，并与南京农业大学合作开发"三精"农业管理系统，实现基地农作物生产管理的精确化、精准化和精细化。

粮食种植的目的首先在于保障村民的粮食供给和粮食安全，而这取决于粮食种植方式与环境的良性关系，也就是说，它应该是真正的生态农业。这里涉及很多具体问题，对此，在合作社综合部钱科长的安排下，笔者与合作社的宋副社长和陈主任进行了一次长谈。宋和陈分别是原永南村和原永新村村干部，陈本来是分管工业的，并村后现在管农业。并村已经过去了20年，两人都已经50多岁。

（一）秸秆和粪便如何有效利用

粮食种植首先取决于土壤，反过来种植方式又对土壤产生影响。其中首要的影响因素是施肥。传统种植多用有机粪肥，如由秸秆和人畜粪便沤制的肥料有培土增产的作用；现在多用无机肥料，即化学肥料，有明显的增产效果，但无益于土壤改良。现在推广的秸秆还田，是传统种植方式的一种变通，也是一种改良土壤、培肥增力的办法。但据陈主任讲，秸秆还田在现实中往往是不适当的，因而也带来了一些负面影响。

> 一个是表层土壤变松，倒伏现象比较多。不同的作物对表层土壤的松紧要求也不同。秸秆还田后，水稻秧栽下去，根扎不到泥土里生根，长起来会头重脚轻，容易倒伏；油菜干脆不能种，因为油菜必须要种在泥土里面才能生根，一下雨发芽它就能生长的，否则种在稻草里面，一干它就死了；小麦还可以，容易生长，一般没事。
>
> 另一个是秸秆中的害虫没有完全腐烂变为化学成分，这样，秸秆还

田就会带来杂草和虫害。现在的水稻,包括籼稻,杂草、虫害每年都在增加,这与秸秆还田有很大关系。秸秆中有一棵草,就有好多草籽下去了。草的生命力很强,虽然用除草剂,还是弄不干净。现在除草的成本也变大了,草多了,除草剂用的就多,这对农业没好处,对环境也没有好处。

所以必须时隔两三年就把土壤深翻一下,让地下土壤疏松。但现在村民还没有把这太当回事,做不到,每年机械只翻那么深。像我们周边的地方,一般都搞了大户承包,更不会额外增加成本,购置或租用深耕机械。秸秆还田当然可以,但不能超量还田或年年还田。不能还田的,要么集中收上去再利用,要么还不如一把火烧了。

原来这里也焚烧秸秆,那时虫子、杂草就很少,杂稻也没有了。后来就禁止焚烧了,我记得2010年去种地,就不允许了。我们永联很认真,发现了要去制止。现在管得更严了,只是有些零星散户还会继续焚烧秸秆。

当然,秸秆不还田,现在也还是有其他用途的。在我们的农业科技园,收割机收好以后,打捆机打捆。打好捆以后,造纸厂、牛奶厂、饲料厂等都可以将秸秆收去用的。但是他们有一个要求,割下来必须放三到四天,晒一晒。但一赶上下雨便不容易干,厂方又不收,那就麻烦了。种地又要赶时间,秸秆那么长怎么种?种都种不下去。如果不急着种,只能把它翻过来再晒。我曾经遇到过一次,割下来的秸秆过了两三天晒好了,买家就拉走了。如果时间长就麻烦了,种地有季节性,尤其是水稻的季节性更强。如果赶种,只能想办法把秸秆弄出去,有时候也不指望卖钱,不论弄到哪儿,弄走就好了。

在施肥方面,我们粮食基地已经在恢复试用有机肥。我们自己有个养鸡场,那里的鸡粪都用到水稻田和蔬菜基地里了,但量不大。打算以后主要用牛粪发酵的肥料。我们附近有家牛奶厂,离这儿不远,那里有个发酵基地。但牛粪发酵还是存在问题,2010年100多亩地试用了发酵的牛粪,用过了不行。他说现在牛粪发酵可以了,今年我们就又试验,可还是不行。我说你这把人坑死了。主要是发酵程度没有达到。当然要看什么粪,牛粪发酵不充分是不行的,鸡粪发酵程度低一点儿还可以。

永联小镇这么多人口,我们也考虑过利用人的粪便,但是它的酸性太大,容易烧苗。如果按照规范经过处理,也是可以达到要求的,但受到劳动力成本的限制。

不仅是人的粪便,所有的畜禽粪便和柴草秸秆,转化为有机肥料,再运送和播撒到田里,都受到劳动力的制约。一是没有那么多劳动力,二是即使有这么多劳动力,因为成本太高,也终究耗不起。什么都需要劳动力,最起码装装袋子,也得有人来干的。那些非体力工作,如信息化、机械化类的工作,也是要人去操作的。而且液体类的肥料要像喷药一样去喷,不能像传统的做法那样泼洒。所以,目前我们只是有限地试用有机肥,主要用的还是化肥。(20140706C3)

有机肥的来源十分丰富,传统农业在自身系统内以循环运行的机制,将不同来源的有机肥料充分利用,可以做到无废物,无污染。比如秸秆,在传统种植模式下,它除了积肥,还能烧柴火、喂牲口、盖房子,不但能得到充分利用,而且还经常不够用呢,怎么可能成为废物和污染源呢!然而,这种过去行之有效的种植模式,在物质和能源更多地来自外部的现代农业中,却失去了效用,人畜粪便和秸秆都转而成了难以处理的"问题"。永联在积极探索新型生态农业的过程中,也还是没有找到完全有效的解决办法。

沼气是这方面的又一个典型例子。宋副社长给我们介绍了永联曾经利用秸秆生产沼气的情况。

1995年永联并村后的当年就建了沼气地。当时人们做饭还是普遍用稻草、麦秆等柴火烧的,吴栋材老书记说这个太落后了,就主张搞了三个沼气。集体投资了300多万元,在老永联建了两个,第三个准备建在永南,以后准备在村西边再建一个。当时300多万元是什么概念?沼气的储罐很大,高20米。人们住得都很分散,但村集体要免费把沼气通到每家每户,所以管子要拉得很长。除了锅是老百姓自己买的,其他都由村集体出钱,包括灶具、使用的沼气都是免费给老百姓的。原来做饭的时候,要自己抱柴火、烧火,一个人在伙房里面很忙碌,现在有了沼气,花的人工就少了。这是并村后村民得到的第一个实惠。

但沼气用了两三年就不用了。为什么呢?罐装煤气出来了。秸秆产生的沼气,做饭的时候有一点烟尘,还有一点臭味,不如煤气清洁。当然,跟烧秸秆相比,用沼气的那点烟尘就不算是烟尘了。还有呢,就是输送沼气的管道使用时间一长,里面会结垢,容易堵死。

生产沼气主要用秸秆、杂草,不用粪便,那是因为全村都在用沼气,规模较大,粪便来不及发酵。后来用了一种化学原料来加温。沼气

停用以后，那个时候秸秆还可以派上其他用场，可以还田，可以用于副业——比如养梅花鹿。(140706S)

沼气本来是农业和农村生态系统自身可以循环利用的一种燃料，但由于技术不完全成熟，使用起来存在一定的缺陷，还是被有着更多优点的煤气和天然气取代了。但新的燃料是从外部输入的，不但不能进入农业生态系统内部和能源循环利用圈，而且还阻塞或截断了这个循环利用圈，使一些资源变成了废物。

（二）什么决定粮食的品质和口感

接着再回到前面谈到的有机肥问题，进而引出关于粮食的品质和口感的讨论。陈主任说：

> 搞农业不能花太高的成本。你就是使用再好的有机肥也赶不上人家，由于现在人家打的牌子是富硒大米，是有机大米。实际上在我们这一带那些所谓的富硒大米、有机大米等，十有八九是假的。真正的水稻，一点农药也不打，目前在我们这里是不可能的。除非种在大棚里面，弄好防虫网，也许还可以。外面露天种是不可能的，至少到现在为止是这样。(20140706C3)

宋接着说：

> 是这样。即使可以不施化肥，不打农药，但是那样种稻的成本肯定高。你的大米可以卖5块，不能卖10块，20块，那么贵肯定没人要，要的人只能是买上一二斤尝尝，或者送人；整天吃对一般人来说承受不了的。或者说，种稻全部用有机肥，不用化肥，不打农药，也是可以的，但那样产量肯定低，本来每亩地能收1 200斤，那样能收到三四百斤就不错了。所以最终肯定要黄的，因为增加了成本，增加了劳动力。关键是价格还不能上去，价格上去了，可谁信你的大米？靠少数有钱人是不够的。
>
> 其实大米的品质主要不在于有机无机，而是在于品种和水质，在于气候条件。像东北大米，生长时间长，白天热晚上凉，污染少。东北的"盘锦大米"是全国出名的，真正的盘锦大米也就一点儿，现在盘锦周围的都打上了"盘锦大米"这个牌子。我也在东北待过两年多，什么大米都挂"盘锦"的牌子。所以也不行。实际上真正的盘锦大米吃起来从口感上还不如我们这里一些好的品种。

真正绿色的、有机的好品质的大米，不是我们的口感完全能区别得出来的。好吃不好吃主要取决于品种，如果选对了品种，你就是施了化肥打了农药，也好吃。其实大多数人都是有误解的，以为现在的粮食不香，是老用化肥和农药的缘故，很少会想到品种不好。原来有的品种的稻米很好吃，但产量低，亩产五六百斤，当然那个时候科学也达不到现在的水平。现在都要奔1 200斤、1 500斤，你的产量越高，品质越差，对不对？因为现在都讲经济效益。你得考虑土地租金，我们这里每亩租金是1 300块，每年要保证拿给老百姓。如果你这个土地每亩才产五六百斤大米，就肯定亏死了。所以说追求粮食高产量和高收益，难免要牺牲它的品质和口味——优质与高产、高效是很难统一的。

那我们粮食基地有什么不同呢？我们不指望粮食基地赚钱，主要目的是保障村民有吃的，吃得安全。所以，我们的粮食基地保证大米出来，无论是品质还是口感，肯定都是好的。现在我不是吹，我们永联大米，品牌就是"永联大米"，游客越来越认可，品牌已经打出去了。实话讲，化肥和农药肯定用的，但比别人用得少。我们搞稻鸭共作，就是稻田里面养鸭子，鸭子可以提供一些肥料，吃一些害虫，所以化肥和农药两方面都能少用点儿。这样会影响一点产量，但是影响不大。另外，我们的稻米品种本身就产量低，人家选择的都是高产品种，我们选择的标准是口感好、质量好。

除了品种有区别之外，造成大米口感与质量等差别的还有水和土壤。我们的水和土壤都化验过，基本可以保证安全使用。实事求是地说，这里是工业化程度比较高的地方，水和土壤总体上已经遭到污染。但好在我们靠长江边，水是经常换的。钢厂对土壤污染很少，虽然原来有些粉尘，现在环境污染防治还好。我们隔壁东沙那儿化工厂的污染才大呢，看不见摸不着，但好在它的水不往我们这里流。

我们的农业生产本身也基本不产生污水。我们的水系统是独立的，都是长江水通过七干河引进来的。我们施肥是要看准季节和天气的，比如天下大雨就不能施肥的，否则就流失到河里去了。肥料给农作物吸收掉了以后，那是另外一码事。倒是农药因下了大雨可能会被冲刷到河里去，对水质有点儿影响。（20140706S）

（三）粮食自给还是上市

永联粮食基地的粮食主要是供给本村村民和永钢职工的，投放市场的量比较少。其中的原因除了保障永联当地人的粮食安全之外，宋副社长还给我们介绍了其他一些具体情况和考虑。

  永联办粮食基地，主要是由于工业发展了。吴栋材老书记一直考虑，企业办得再好，永联村毕竟还是农村，农村要有农业，永联村一万多村民，土地全部用掉以后还是要有吃的吧？虽然现在是市场经济，可是一旦发生自然灾害怎么办？不能只靠市场，还得自己有保障。

  原来打算，这附近有国有农场，我们的粮食可以储存到国家粮库去，就是过去讲的"备战备荒"嘛。那么现在呢，考虑到储存粮食费用太大，粮食生产出来，运到农场去储存，一方面要租金，还要运费，到需要粮食去取的时候，又要把粮食运回来，成本很高。而且水稻储存三年以后也不好吃了，没人要了。再说呢，现在社会也比较稳定。所以我们就自己买碾米机，自己碾米自己烘干，然后发放给老百姓。

  我们当然要考虑防备自然灾害，但那指的是全国范围内的自然灾害。我们住在长江边上，地势低洼，过去容易遭受洪涝灾害。经过多年的治理，已经有多年不发洪水了，洪涝灾害基本可以抗拒了。除此而外，我们这里几乎没有什么别的自然灾害。所以，粮食基地就是我们的粮库。

  我们粮食基地的粮食大约50%供应村民，20%供应永钢职工食堂，剩下的投放市场。大米主要给村民，小麦主要给食堂。这里的人是吃大米的，难得吃一顿面条或者馄饨。很少一部分是给游客吃。说实话，有些时候我们这个大米也当礼品的，作为我们公司的一种交际需要。大米是发给村民，不是送给村民，价格是每斤两块。因为我们已经有那么多福利了嘛。其实这也是福利，在市场上要卖到每斤4块呢。

  现在村民的粮食我们自己能解决大约一半，每人一年80斤。我们的村民基本上一个人一年要150斤左右的粮，平均一天半斤粮就够了。现在还不能全部解决村民的粮食自给。不够，村民们就在市场上补充嘛。我们又在长江边上租种了800亩围垦起来的地，已经种了两年了。接下来还要考虑到周边地区去租田种粮。

  本来自己的粮食供给还不够，为什么还要拿出一部分投放市场呢？因为要在市场上扩大我们粮食基地优质产品的知名度，而且也要讲一点经济效益的。现在村民们的粮食市场供应比较充足，到粮食市场紧张的时候，我们就不会卖了，哪怕10块钱一斤也不卖了。

所以,我们的粮食基地是不指望赚钱的。当然,经济合作社的经济不只是这一方面。苗木、花卉、水产会突出经济效益,房产和资金股本是有利可图的,房产和资金股本的收入要给老百姓分红。这些加起来是整个经济合作社的收入。农业这一块目前在经济上能持平就已经不错了,它的主要目的,一是解决劳动力就业问题,二是解决粮食供给和环境安全问题,主要是追求社会效益和生态效益。(20140706S)

上面讨论的主题,就是永联农业的生产方式和技术,还有永联农业的经营和管理模式,与自然环境和民生是相互影响的。农业生产、经营和管理对自然环境影响好了,自然环境好了,对农业也有好处,粮食也更加安全,最终,人从中受益。这就是笔者为什么把农林业(和旅游业)主要放在"生态"部分,而不是放在"经济"部分去讲的缘由。因为在集体经济中,土地主要用于农业和林业,突出其生态功能和社会功能;房产经纪和股本经营则主要突出经济功能。不仅农业是手段,经济也是手段,它们都是为了人生这个目的服务的。永联的粮食基地是这一理念的具体体现;下面要介绍的蔬菜基地,是这一理念的又一个生动注脚。

◈ 三、蔬菜基地

永联蔬菜基地以前是花卉基地,后来由于城镇、道路、住宅建设所需绿化空间小了,种花卉的效益差了,一部分土地就改种了蔬菜。永联蔬菜基地占地面积300亩,总投资3 000万元。建设温室大棚52个,总面积12.5万平方米,并建有高标准的冷库、加工车间、实验室、供热系统、补光系统等配套设施。蔬菜基地可通过人工补光、加温、降温、遮阴等方式调节自然小气候,实现各类茄果、瓜类、特色蔬菜的全年种植。供热系统采用的热源均来自永钢集团的生产余热,充分利用工业副产品,发展循环经济。永联蔬菜基地采用传统有机肥种植,使用防虫网、杀虫灯等物理方式防治害虫,坚决抵制任何生长激素和转基因,坚持自然的生产方式,全部采用熊蜂授粉、风媒授粉、人工对花、振荡器授粉等健康的方式作业,所有蔬菜均按自然的生长期成熟,确保了蔬菜的最佳品质;同时建立农残检测室、农产品溯源系统,确保蔬菜供应源头的清洁、安全。

永联蔬菜基地的蔬菜首先保证供给永联村的村民,这占到总量的近70%。村民每人每月可获得20元的菜金补助,价格比市场上的一般蔬菜每斤高五毛钱。统一给村民发放,其余的再向市场推广。村里和市区有几个门店，价格是供应给村民的两倍。不过这几个门店的用菜量很少。

与粮食基地的露天种植不同，蔬菜大棚是一种人工环境，有着独特的种植模式。下面是笔者就一些现实问题和细节问题，特别是蔬菜大棚的现代技术特点及其与蔬菜品质和环境的关系，向蔬菜基地的刘老师进行了请教。刘老师是永联村经济合作社从中国蔬菜基地山东寿光高薪聘请来的高级农艺师，这段时间正在主持对蔬菜大棚进行改造。

这种蔬菜大棚种植模式是现代化的，但很多设施，包括微灌，都没有用上，浇水、施肥等还是通过传统的方法实现。现在我们准备全部要改换掉，对这个大棚来个整体的改造。我们所说的传统施肥方法，主要用化肥（笔者注：用化肥曾经是现代施肥方法，现在也已经不"现代"了，已经转化为新传统），所以这个底肥达不到要求；还有水和肥脱节了，不是一体化的。我们现在正在进行土壤处理，用有机肥改良土壤。在底肥的改造上，永联村经济合作社领导要求蔬菜产品是绿色 AA 级的，近似有机蔬菜了，所以施肥要严格。前两天我们用 EM 菌对这些家畜家禽产的肥料进行处理。这些肥料买的是新鲜的，没有发酵处理，刚好可以借土壤改造，把 EM 菌撒到地里，增加地温，进行发酵。通过发酵，还能把土壤里的虫卵清除掉。

改良土壤是第一步。第二步就是更换大棚设施。以前这个设备在温度上达不到要求，夏天种菜的时候，温度太高，有的蔬菜不适应这个温度。现在就在搞降温设备，既有利于蔬菜生长，也抑制了病菌的发生。另一方面要改造大棚的加温设施。有些蔬菜喜欢温度偏高一些，原来冬季温度达不到，所以其设施也要改造。总之就是创造一个适合蔬菜生长的环境。

下一步准备往水肥一体化发展。而现在水是水，肥是肥，就是把化肥洒在沟里面，然后人工浇水。这样不行，一是浪费了化肥，二是操作起来不方便。我们接下来要搞微灌，在不同的时期把不同的营养液加到里面，利用微灌浇水施肥。这有什么好处呢？就是省工省力，节约水肥，不需要人工去撒化肥、浇水，只要把阀门开关一开就行了。这么好的设备要利用起来的。

还有呢，你看地上没有地膜覆盖。这样做，导致了两个不良的结果：一是夏天容易长草，二是土壤里面的水分蒸发，是往上来的，大棚里就潮湿了，形成水珠附在蔬菜上，这样就是高温高湿了。所以我们接下来还要搞地膜覆盖，膜下灌水，这样水汽就上不来了，减少了空间湿度，就营造了好的环境，减少病菌的发生，有利于蔬菜生长。

我们现在就主要搞土壤改良，大棚改造，种植模式改造，水肥一体。

关于这种大棚的寿命，钢架一般十七八年没问题，薄膜需三年换一次——目前，薄膜已经换一次了。这是设施农业，开始的投入比较大，但是接下来就少了。它的效益比较高，是高投入、高产出、高效益。其中的关键是技术管理。

设施农业有两种培育方法，一种是无土栽培，另一种是有土栽培。无土栽培总体来说比有土栽培的产量要低一些，它的水分和肥料比较稳定。无土栽培浇水的过程中要施肥，但是它的蒸发比较快，必须要由有经验的人来灌溉，保障作物根须的水分不断供应。但土壤里面就不会有这个问题，即使你三天不浇，土壤里的水分是保持得非常稳定的。还有肥料，我们有大量的有机肥在土地下面，这种肥料生产七八个月，照样不断供应养料。无土栽培是高科技的东西，所以灌溉要非常精细。

有土栽培已经有好多年的经验了，产量肯定比无土栽培要高。无土栽培是因为土壤盐质、沙质比较高，没有办法，我们国家搞了这种蔬菜种植模式。但它的一个好处是一次性投入大，后面不需要大量投入了。有土栽培需要不断翻地，无土栽培当然用不着了。

从蔬菜品质上说，无土栽培与有土栽培两种栽培方法差别不大。品种决定口感，当然口感的决定因素还有水和肥，如果太不好吃，那主要是品种问题。一般的消费者可能不太了解蔬菜大棚这个新事物，他们说得最多的就是大棚蔬菜用药量比较大，因为虫害比较多。觉得大棚种的蔬菜总也比不上露天种的蔬菜好吃，因为露天种的蔬菜用药少，更接近天然。其实这不是主要原因。

不过话说回来，大棚种菜的虫害的确比较多，因为这里一年四季都是暖和的，虫卵一年四季都在繁殖。露天的，冬天不繁殖，夜晚气温低，也降低了虫害。所以，一般的大棚蔬菜就一年四季打农药，有的就是不断地打药。药是一把双刃剑，它既能给蔬菜治虫，也能给蔬菜治病，但是也伤害蔬菜。打药多了还会增加害虫的抗药性，虫害一次比一次厉害，所以用药次数和用药量越来越多，这样就会形成恶性循环。

而永联蔬菜基地的做法与此明显不同。合作社领导要求，第一位的是要保证放心蔬菜。我们全部是按照绿色蔬菜标准生产和加工，杀虫剂完全是按照绿色 AA 级的，比如说使用辣椒水、醋，那是人可以直接喝的，其实这些东西本身成本并不高，比农药还便宜。我们采用物理的方法，用光板黏虫，用驱虫膜把虫驱逐出去，用这些东西和方法把虫除净。总之，我们尽量少用农药，尽量按照 AA 级标准来做。

现在的问题是，现代农业发展起来了，但是管理技术跟不上，缺乏技术人员。按理说设施农业是高效益的，应该有越来越多的人喜欢学，喜欢干。但由于其成本太高了，学校学这个东西的人很少。不过，随着中国人生活水平的不断提高，人们对农产品的品质和安全的要求也越来越高，干这一行应该是有前途的。我们山东寿光市每年向全国各地输送这类人才就有一两千人。（20140707L）

与刘老师一同接受我们访问的小高，是位年轻的技术员，毕业于农学院，是应聘来这里工作的。像她这样来基地工作的本来有好几个，后来大多走掉了。原因一是收入上不去，二是外地来的，各项生活成本低不了。蔬菜基地还有几个女孩，本来最初来这儿都是养花的，后来改种菜了。

笔者临走的时候，想现场摘点柿子、黄瓜，按市场价买回去，给一同参加调查的老师和同学们尝尝。可是基地不直接卖蔬菜。于是笔者决定回去之后到小镇"天天鲜"门店去买。可是临分别前，小高还是摘了一些塞给我们带走。笔者带回去大伙儿尝了以后，都觉得口感确实比普通蔬菜好。

四、特种水产养殖基地

永联特种水产养殖基地占地 100 亩，总投资 1 400 万元，以设施渔业为主，露天、网箱养殖为辅，有工厂化养殖温室 2.2 万平方米，标准化鱼池 3.3 万平方米，活水网箱 1 000 平方米。采用生态养殖、循环水养殖、微孔增氧等先进的渔业生产技术，可年产鲫鱼 2 万尾、鲟鱼 2 万尾、鲵鱼 2 万尾、巴鱼 10 万尾、河豚 4 万尾及河豚种苗 500 万尾。2013 年，实现销售收入 450 万元。

特种水产基地是江鲜美食街的食材基地。与粮食基地和蔬菜基地主要面向永联人（特别是永联村民），侧重于社会效益和生态效益不同，特种水产基地主要面向游客，在保证安全生产的前提下，更突出经济效益。

在永联特种水产养殖基地，我们一边观察，一边向年轻的技术员请教，其中生态养殖是我们比较感兴趣的。

永联特种水产养殖基地养殖大棚的温度正常情况在25℃左右。温度控制的办法基本是自然的。夏天，利用浅表地下水，水温高了就换地下水降温；冬天，利用钢厂输送的蒸汽余热加温。光这个蒸汽管道从钢厂铺到这里就花费200万元。用钢厂的余热，就相当于水产养殖基地不用自己发热了。夏季不用，只是冬季用。厂里的蒸汽余热还有其他用途，比如用蒸汽发电。我们只用了其中很少的一部分，钢厂自己用得多。

水产养殖与生态环境（比如水环境）有什么关系呢？养殖棚里面的水和外面的水是循环的。具体来说就是，我们在棚子外边专门建了两个大池塘，里面种上水草，先把河水引到池塘，然后消毒，沉淀一个礼拜之后（如果是冬天，用蒸汽调好温度），再送到棚里。这个河水来自长江，比内河的水质好。夏天降温用的地下水，也要用水草来进行水质处理。利用完了换掉的水，再排到河里去。往外排的水也要经过净化处理程序，其处理环节包括清理河道，前一段时间就刚刚清塘，至今水草还没来得及种呢。

水产养殖是使用饲料的，要定期消毒，甚至还要用药，这对水产品和水环境可能会有一些影响。但是永联特种水产养殖基地能做到每天换水，保证水质干净，而且我们用的饲料也是符合国家标准所要求的。
（20140707W）

◆ 五、农耕文化园

农耕文化园全称为苏州江南农耕文化园，注册资金2 000万，占地500多亩，总投资5 000万元，于2009年9月动工建设，2010年7月竣工开园。建设农耕文化园的背景是这样的：2006年永联开始进行新农村建设。新农村建设以后，整个村容村貌发生了很大的改变，村民的生活水平上去了，但是他们的精神生活还是相对贫乏。所以2009年集团公司和村党委领导决定建设永联人的后花园。当时仅仅是为了农民集中居住以后建立一个农民公园，后来发现这个公园主题突出、特色明显，能吸引很多外来游客，于是在基础设施逐渐完善的情况下开始发展旅游业。

江南农耕文化园按照"缩小比例的江南水乡，功能丰富的休闲农庄，农耕主题的文化走廊"的总体设想进行建设。主体种植果树、花卉、苗木，果树按柑果、核果、仁果、浆果四个区域，花卉苗木按草本、木本、水生植物三个区进行分类种植，在果树花卉的绿荫丛中，设置了9个农耕文化功能区域：一是农耕历史区，以雕塑形式展示农耕方式的发展、土地制度的沿革、税赋制度的演变、历代农业著作。二是土地整理区，以缩微实际地形，展示桑基鱼塘、梯田、圩田、沙田、涂田等的由来与形成过程。三是江南养殖区，九亩地的天网内饲养了50多种鸟类，另设跑马场、鸽子广场、动物表演场等。四是农家休闲区，内设棋牌室、手划船、儿童游乐场、农家石器和容器展示等。五是乡村能源区，展示传统和现代方式的风能、水能、沼气能、太阳能在农村的运用。六是江南作坊区，由豆腐坊、酿酒坊、打油坊、织布坊、铁匠铺、篾匠铺等组成。七是农耕谚语区，共收录天时、地利、人和、气象四个方面171条农耕谚语，由苏州150名中国书法家协会会员书写后刻在三至四米高的石柱上，形成一片石林。八是农户设施区，以一户农家小院的形式展示江南农户的各种摆设及农耕工具。九是生肖区，与中国美院合作以雕塑形式展现十二生肖的形态和性格特征。

2011年初，江南农耕文化园二期工程投资建设了占地150亩的垂钓中心，建有4个国家级标准比赛专用钓池和9个休闲垂钓池。江南农耕文化园经江苏省旅游局考核验收，被评为江苏省四星级乡村旅游区。江苏省乡村旅游区（点）四星级为最高星级，农耕文化园为张家港唯一的一家四星级乡村旅游区。

江南农耕文化园是现代农业基地功能的延伸，集现代农业、生态、文化、旅游、休闲等多种功能为一体，努力让游客在观赏江南田园风光、品味江南农耕文化中增长知识，修养身心，充分体现了对农耕生态文化的传承与创新。

六、循环经济补论

关于产业之间、各产业生产与环境之间的循环利用问题，前文各部分内容已经分别有所涉及，这里再根据笔者的参观和访问，做一些补充。

我们在永钢和农业基地了解到不同产业之间的物质和能量循环利用，首先是工业和农业之间，是利用钢厂生产过程产生的余热，来为水产养殖基地和蔬菜基地的大棚增温，为粮食基地的粮食烘干供热。这方面农业基地是沾了工业的光的。

第二是在农业内部，有养殖，有种植，它们之间也有循环。比如稻鸭共作，牛场和鸡场的粪便用作粮食基地和蔬菜基地的肥料，稻麦秸秆用于沼气、还田，种玉米当饲料用于梅花鹿养殖。这里面有的是曾经用过的办法，现在已经不用了。最主要的就是现在各类养殖都有各自专用的饲料，基本上不用秸秆了，因为牲畜用这个赶不上用其他一些东西的生长速度快。不像原来养羊、养猪，都吃打成碎末的秸秆。那时候的猪，长一年多才一二百斤，而现在不到一年就能在此数量上翻倍。

第三是各产业与环境之间的循环利用关系。比如养猪，现在的猪之所以这么肥，除了饲料的原因之外，还有一个原因，就是以前它可以到街上、草地、河塘活动，瘦肉多，肉质好，而现在则始终圈在圈里，一吃完就睡，长得确实快，但由于不运动，猪肉的质量就差了。

鱼也是这个道理。长江鱼为什么鲜？它的活动量强，长江每天两次涨潮水，上上下下，水很急的，鱼必然要不断游动。活动量大了，河豚肉就坚硬，就好吃，而在内河养的就不行。现在搞水产养殖，在鱼池里养，在内河里养，也远不如在长江里养。按规定是不能在长江里放网箱的，但有的还是想办法在长江里养一段时间。这样的鱼，比如河豚，其价值就不一样了。未在长江里养的河豚，市场价格只有35～45块一斤；如果放到长江里养一段时间，5—11月拿上来，价格就是120块一斤。

再说苗木基地。苗木对人的生活环境和居住环境影响很大，它不单是经济作物，更重要的是它的生态价值。这一点永联人认识得很早，在2001年他们就开始进行农业产业结构调整。当时他们已经把农民的土地流转到集体了，但农民的房子还没有拆迁，别的地区也还没有种苗木的行动，永联人就种上苗木了。

还有永联的粮食基地。参观永联粮食基地的指挥中心，你会发现，这个指挥中心不能被单纯看作是粮食基地的一个资产，它还在给人们全程展示基地的水肥一体化控制和自动化种植，具有旅游功能。永联的旅游，如果没有农业基地这个整体环境和指挥中心这个景点，就会失色不少。所有的考察团来考察永联的现代农业，都要来这里看一看，拍一些照片。这是一种生态、观光、旅游农业，也是永联人的一种理念，即通过这种方式灌输给人们一种新的思想。

永联人为什么格外重视循环经济呢？因为永联的治理，永联的发展，就现代农业来看，建设得已经非常成规模，非常够标准了，更主要的是它跟整个永联的生态环境建设，以及人的身体健康和安全结合起来了。这只有通过循环经济和生态农业才能实现，而这又是最难做到的。永联在这个方面发展好了，与其他地方相比，才是真正值得骄傲、值得向人展示的。

果不其然，2015年5月1日至10月31日，第42届世界博览会在意大利米兰市举行，永联不负众望，成为唯一参展的中国村庄。"永联小镇"牌大米被作为国礼赠送给意大利政府，并被确定为中国馆指定用米。永联农业基地的"稻鸭共作"模式，作为中国传统农业的精华，也得到特别展示。永联在中国几十万个村庄中之所以能鹤立鸡群，正缘于它精心打造的现代生态农业和美丽村庄，与米兰世博会"给养地球：生命的能源"的主题完全契合。

第四节　绿色居住：永联小镇

本节主要参照上海鸿图建筑设计股份有限公司事后于2014年8月编定的《张家港市南丰镇永联小镇规划与建筑设计》文本，结合笔者实地观察和访问收集的资料，就永联小镇的规划背景和设计理念、结构和功能、绿色建筑、环境卫生等几个方面的内容加以介绍，旨在体现永联小镇其生态化、人性化的人天关系和人文关系理念。

❖ 一、规划背景和设计理念

（一）规划背景和小区概况

永联小镇是2006年3月动工建设的现代化农民集中居住区，项目正式启动后，在2006年6月被张家港市政府确定为新农村建设示范工程。"农村集中居住区"是农村建设进入新的发展阶段而产生的一种新的居住形态。按照统筹城乡发展的要求，坚持以城带乡、以乡促城，推进农业农村现代化，引导农民向城镇聚集，加速资本和产业转移，加快建设城镇型新农村，促进农民职业和空间转移，形成新型的城乡产业结构和城镇体系。正是在这一背景下，永联小镇通过对传统农村居住聚落进行整合重组，实现村民集中居住，推动农村向城镇化方向发展，使农民变居民，村庄变社区，让原有1 144亩宅基地的农民在800亩的社区里更好地生活，同时新增建设用地314亩，既节约了土地，又推动了经济发展。

永联小镇规划用地800亩，可居住4 600农户、15 000多名村民，目前已有4 500户村民搬迁入住。小镇分8个居住园区，配套设施有幼儿园、小学、医院、农贸市场、商业休闲街、居民生活街、污水处理厂、农耕文化园、永联戏院、水幕电影、游船码头、喜事厅及敬孝堂等，是集居住饮食、娱乐休闲、文教卫生等功能于一体，综合性、现代化、高标准的人文居住区。

（二）设计理念和建筑风格

小镇聘请上海鸿图建筑设计股份有限公司为主导进行规划及建筑设计工作，多家专业设计机构参与。设计突出展现永联小镇的现代气息、江南特色和文化氛围，导入江南水乡的建筑文化，在粉墙黛瓦、小桥流水的传统风格中融入21世纪的时代特征，塑造新江南水乡小镇；导入江南特色的民俗文化和乡村文化，用公共艺术形式展现个性鲜明的永联故事和永钢精神；导入天人合一的生态理念，以贯穿小镇的河流作为生态景观塑造的纽带，结合道路、绿地系统和开放空间的组织，促进生态型城镇的形成；导入以人为本的生活理念，力求创造一个集生活、娱乐、休闲、购物、餐饮为一体的公共生活空间，使其成为永联小镇的窗口和居民活动的舞台。

◆ 二、总体布局

（一）结构—功能布局

永联小镇按照"一轴、二片、三街、八园"的结构—功能框架进行设计。另外，设置两个地标主入口和多个景观节点。

一轴：贯穿永联小镇中心的是一条60米宽的河流，整个小镇沿着这条河流依次展开。

二片：河流将永联小镇分为南北两个片区，小镇按照这两个片区自内而外、由东向西依次展开。

三街：永联小镇有三条街。沿南北两侧各设一条商业街，北街是服务于老百姓的生活街，南街是面向游客的江鲜美食街。沿永钢大道、妙丰公路设东街，配套设置旅馆、KTV等住宿、娱乐场所，与南街一同构成现代化旅游风情街。在这三条街上走一圈，就可以了解到江南、水乡和永联的风貌、历史、文化。

八园：居住组团包括永谐园、永馨园、永颐园、永锦园、永瑞园、永润园、永琪园和永秀园八个园区。

两个地标主入口：作为对外展示及接引的门户，南北两片区分别在永钢大道、妙丰公路设置两个小镇主入口，成为进入永联小镇的标志性空间。

多个景观节点：包括位于各个园区内的景观节点、街道的交叉口的景观

图 8-1　永联小镇鸟瞰效果图

节点、沿河水岸线的景观节点。

（二）空间形态

主入口及商业街建立多层次的点、线、面结合的开放空间体系，通过开放空间系统与步行系统的结合，串联区内绿化和街道空间。开放空间建设与周边建筑空间协调，创造更多的沿街商业界面，提高周边地块开发的经济效益和环境效益。

住宅组团充分体现江南水乡亲水建筑的特征，建筑高度上成台阶状自然有序过渡到水面。永联小镇北区靠近水面住宅以 5 层 6 层建筑为主，自南向北依次抬高为 12 层、16 层、21 层。丰富的退台天际线营造出亲水的空间态势。

（三）绿地系统

永联小镇的绿化率达 40%。绿地系统点、线、面结合，绿地与步行系统紧密结合，创造出宜人的步行环境和步移景异的绿地景观。绿地系统有机融入小镇结构中，构成空间功能组织的核心要素。水轴空间成为小镇最具魅力的开敞空间，由东向西，将各个功能区联系起来。通过对环境整治培育、形态控制，达到聚神养形的效果，提升周边土地的环境价值。

生态水轴是全区绿地系统的"脊椎"，结合建筑功能形态和绿地功能特征，形成亲近自然、环境优美、绿树成荫的绿地步行空间。绿地种植多样化，形成或开阔、或郁闭、或规则、或自然，形态和色彩各异的绿地景观。绿带沿线结合功能配置与空间转折，设计系列放大的绿地空间节点，形成一种"链状"的绿地形态。

为丰富城镇活动，体现永联小镇的文化内涵，利用绿地中设置的游憩、休闲、运动等小型设施和场地，布置文化广场、滨水景观区，形成展示永联小镇地方历史文化的东街和丰富居民活动的露天广场，设置反映永联小镇文化主题的雕塑、小品、环境。这不仅是对空间资源的高效利用，更能体现永联小镇的公共空间价值。

（四）水系

尽可能保留、利用自然水系，一条60米宽的河流贯穿永联小镇中心，形成生态水轴，整个永联小镇沿河流依次展开；调整局部驳岸线型，沟通和拓宽局部水面，连接各片区，充分体现江南水乡的空间景象；确定水道蓝线和建筑后退线，使滨水两岸均能留出10米宽的绿地带；结合滨水用地与建筑布局，设计两岸绿地，布置多种功能的场地和小品设施。另外，小镇水系与其他水系相贯通，也顺延了江南水乡的水循环历史和机理。

三、绿色建筑

永联小镇依据《夏热冬冷地区居住建筑节能设计标准》（JGJ134-2001）、《江苏省绿色建筑行动实施方案的通知》（苏政办发［2013］103号）等国家、省、市现行的相关法律、法规，实施绿色建筑。

（一）绿色建筑的结构、材料和能源应用

永联小镇建筑因地制宜、就地取材，采用安全耐久、节能环保、施工便利的结构和建材。

合理设计各种建筑结构。永联小镇气候分区属于夏热冬冷区，在建筑结构形式上，多层建筑为砖混结构、框架结构，高层建筑为剪力墙结构。单体建筑根据不同的建筑物朝向、体形系数、节能计算面积，进行节能计算设计。

普遍使用绿色建材。建筑造型简约，无大量装饰性构建，建筑结构材料选用高性能混凝土、高强度钢，现浇混凝土全部使用预拌混凝土。建筑屋面保温采用泡沫玻璃保温板，外墙墙体材料选用长江淤泥粉煤灰烧结多孔砖、加气混凝土砌块，外墙涂料选用优质防霉涂料，外窗选用（6+9A+6）塑料型材单框中空玻璃窗，具备良好的导热、传热、阻热、遮阳、防噪效果。建筑材料中有害物质和放射性核素也确保符合现行国家标准相关要求。

延长建筑寿命。小镇各建筑的结构设计,都在混凝土强度等级、最大水胶比、最大氯离子含量、最大碱含量和混凝土保护层厚度方面做了规定,这都是绿色建筑理念在结构工程中的表现。而各种建筑材料的不同的可靠度及耐久性的选择,也可以使相应建筑的寿命得到加长。尤其是结构使用年限为50年,而产权为70年的住宅建筑,就可以允许今后在鉴定加固后继续使用,延长建筑寿命,减少资源浪费,保护了环境和减少了污染。

应用可再生能源。大面积采用太阳能系统,高度在12层以下住宅建筑均每户安装太阳能热水器,园区内景观照明灯安装的都是太阳能灯,白天收集太阳能,夜晚提供照明。

(二)节水防污措施

选用节水型卫生洁具及配水件。卫生间坐便器采用容积为5L的冲洗水箱;公共卫生间采用感应式水嘴和小便器冲水阀;水池、水箱溢流水位均设报警装置。

给排水管泵采取力行节水防污。给水支管的水流速度不超过1m/s,并在直线管段设置涨缩震动传递;二次生活给水泵设置防噪、防污、隔振机制和配件;地下层潜水泵坑均采用防臭密闭入孔盖,其中生活粪便污水潜水泵坑设独立通气管并伸至屋顶之外,使室内环境不受影响;空调机凝结水排水和机房地漏排水设独立排水系统,排至屋面或排水明沟,以防污染气体串入室内;地下车库的废水排入污水集水井,然后用泵提升至室外污水检查井,经隔油池后排入室外污水管网;营业餐厅厨房废水经隔油池处理后排至市政污水管网。

设置污水处理厂。永联小镇西北角设有一个污水处理厂,大部分生活污水可以得到有效处理,然后再排往市政管道。

(三)节电防污措施

优化供电方案。合理选择变压器容量,使变压器最长时间运行在最佳负荷率中;变电所位于地上且靠近小区用电负荷中心,供电距离小于150米;设置集中和就地两种电容补偿。这样能有效减少供电线路的电能损耗,大量节约有色金属及工程造价。

节能灯及其控制。优质节能灯的寿命是白炽灯的8倍,发光效率高达90lm/W。灯具多采用T5或T8系列节能荧光灯。住宅灯具多采用就地控制方式,楼梯间采用声光控制方式,小区景观及室外照明采用智能照明系统,分区间、分时间段控制。

设备节能。水泵、风机等动力设备均选用节能型配电设备（S10 或以上系列配电变压器），并采取节电措施，对于电梯、生活泵等常使用的动力设备，采用变频控制。

减少电磁污染。合理设计电气、电子设备，执行有关设备敷设标准，减少设备的电磁漏场。

◈ 四、环境卫生

永合社区建立后，社区道路、公共场所保洁一开始主要由村委会劳动服务管理部保洁服务科承包，2011 年共有卫生保洁人员 37 名、垃圾清运人员 19 名，建有固定式垃圾房 1 只，垃圾桶 249 只，垃圾做到日产日清，基本做到了生活垃圾定点存放清运率 100%，无害化处理率 100%。此外，村民垃圾袋由村委会统一发放，每个季度每户 100 只，现已基本做到垃圾装袋入箱。后来引进大桥物业公司，移交大桥物业管理。

另外，社区内共有公共楼道 346 个，为了使社区卫生不留死角，每个楼道均落实具体卫生承包人，共 66 人。

永联的美丽不仅在"面子"，更在"里子"。如果只是"面子"美丽，那其实只是亮丽，而"里子"美丽才是真美丽，也才有魅力。它的形貌既不只是乡村，也不只是城镇，而是介于二者之间的亦城亦乡的村镇，它能克服乡村和城镇各自的缺点，而兼具二者的优点。之所以如此，关键在于永联做到了工农结合、城乡结合、天人结合，发展与人口、资源、环境协调，经济效益与社会效益、文化效益、生态效益兼顾，生产与生活、生命、生态统一。而其中的根本则在于，永联始终不渝地坚持走中国特色社会主义现代化道路，真正做到了把集体和人民的根本利益放在第一位，而不是只顾眼前利益和单纯的经济利益。

当然，永联也受到时代和人性的局限，这包括当代人类社会主流对富裕和舒适美好生活的追求、劳动价值观念和劳动方式、生产和生态治理的技术水平、生态和粮食安全的意识程度和可接受程度等。不过，永联凭一己之力，已经或正在最大限度地超越了（着）时代和人性的局限，为自己，也为人类的生态文明做着有意义的探索和贡献。

第九章　结论与讨论

古人讲究"治国平天下",我们推崇"治村求民乐"。安居乐业是老百姓最朴素的生活愿望,也是人们对美好生活最本质的追求。永联由弱到强,从乱转治,走的始终是一条满足村民安居乐业期盼的治村之路。永联建村已近50年,无论是20世纪70年代仅有245户人家的江滩小村,还是如今已逾3万人口的"村中城",永联人安居乐业的治理初衷始终未改,因此,我们才能看到无论何时、何种历史条件下,永联村都能够顺时势抓机遇攒实力,处逆境善变通聚人气。"求民乐"的治村之理并不复杂,而坚守与践行是困难的,否则就不会有类似于大邱庄这样曾经辉煌的超级村庄最终走向治理失效的败例。对于成就安居乐业,永联村的治理者是如何做到的?这是本课题组进入永联首先希望找到解答的。我们从永联村的政治、经济、文化、社会事务、生态治理、公共管理与服务六个方面展开调研,借以相对全面地的还原永联村庄治理的过程、模样与细节。而前述各章的探讨与说明就是围绕永联村庄治理内容的这六个层面来进行的。

在本章,我们将透过永联案例对村庄治理中的内在机理予以概括与提炼,并关联到永联村庄发展的历史条件与宏观背景。巧合的是,永联村的成长与我国改革开放进程同步。我国的改革开放是从农村土地制度改革起步的,改革开放后的诸多政策直指城乡关系的调整,因而永联村的变迁是我国农村社会转型过程的一个现实缩影。我们透过对永联村个案的剖析,去获取关于农村工业化、城镇化的实践真知,为政策制定者、施行者提供实践样本,为正在这一进程中的其他村庄提供有效治理的具体参照。

第一节 乡村治理中的国家

  国家,始终是乡村治理中不可绕过的因素,国家与村庄的关系既是乡村治理的前提,也是乡村治理的结果。国家对乡村社会的影响集中表现为权力渗透,一方面通过各类制度规限乡村社会自治的纬度,另一方面又通过资源的分配与投放直接影响乡村社会的发展,从而使乡村社会的运行秩序不会逾越国家可控能力范围。作为国家公权施行部门的基层政府和农村政治组织相对接,在实际层面共同为农村提供公共产品和维持农村公共秩序。因而重视基层政府与村庄互动关系的界定和协调,或者进一步说,重视基层政府公共职能角色的准确定位,是村庄治理获得稳定的资源供给与制度供给的基本保障。

  在我国乡村治理中,国家与村庄的权力关系在不同历史阶段呈现出不同的特点。"皇权不下县"是我国社会的一种治理传统,在农业社会,县以下由乡绅、望族等村庄精英实际掌控,同时与国家层面保持沟通(详见费孝通先生《乡土重建》中关于"双轨政治"的论述)。而国民政府时期实行的也是地方自治,设有县、区、乡、保甲体制。中华人民共和国成立初期尚保留有县、区、乡的行政格局。直至20世纪50年代逐步建立起人民公社制度后,国家权力则完全渗透到乡村社会中,渗透到农民的日常生活中,村庄失去自治活力,基层政府对村庄的态度几乎可以直接决定村庄的前途。在农村经济积累普遍贫弱的情形下,这种权力架构下的村庄治理效果不尽如人意。一重矛盾是"无休止的政治斗争和政治运动"阻碍了村庄发展,违背了"富民强村"的强烈诉求;二重矛盾则是平均主义分配模式削弱了村民的生产积极性,消解了村庄的整合力。永联建村于1970年,1978年之前人民公社体制下的永联村庄治理印证了上述这一点:建村8年中,"七〇圩"(永联村)曾7次(平均每年一次)更换工作组以整治村庄秩序,可村民不信任、不配合甚至是抵制,结果工作组都是无功而返。1978年后,永联村的发展遇到了国家与村庄权力关系的一次重要转折——改革开放,国家向基层社会放权,农村土地经营制度改革是起点,人民公社体制最终解体。在"统分结合"国家政策的支持下,永联村放开手脚开始了以经济建设为中心的村庄治理。在此阶段,国家主要扮演了制度供给的角色,而村庄则充分利用自主发展的机遇，因地制宜发展"农副结合"的村庄经济，永联村也凭此重新整合，村庄治理也从此步入良性轨道。

进入20世纪80年代，国家自上而下推行"乡政村治"制度，并以法律的形式为乡村自治确权。随着村庄自治活动的大量开展，村庄精英重现（相对于人民公社时期），村庄治理的活动开始在乡镇干部、村庄精英、村民这三类主体的互动间展开，村庄治理的权力结构渐显复杂。对参与村庄治理，尽管法律规定乡镇政府的主要职责是"体现国家公信力"以及"指导和协助村庄事务"，但在自上而下的"压力型"行政体系下，村庄治理实际上被运作为由村委会执行乡镇政府的行政命令，完成农业税收等各项管理任务。显然，"汲取"式的国家—乡村互动关系并不利于农村社会发展。我国农业生产能力尚不发达，在农产品市场化水平发育不足的条件下，贫困农村劳动力又为城市务工收入所吸引而废田抛荒，这对于主要倚靠农田种植为主的村庄必然形成沉重的农业税负，从而极易导致代理完成收税任务的村干部与抗拒交税的村民之间矛盾激化，直至村庄治理的失效。好在永联村所在的苏南地区与欠发达地区不同，受地理自然环境和经济历史条件的影响，当地农村尚有从事副业的传统，渔业、工业、商业丰富了村庄经济，因税负上缴引起的矛盾并没有欠发达地区那样突出。苏南地区村庄治理所要解决的主要矛盾反而集中于农村工业化引起的农地流转纠纷、工业污染、外来务工人口管理等方面。受工业规模效应的影响，农村工业积累的速度大大超过农业积累的速度，又由于居于其中的村庄能人（精英）们的灵活衔接，至20世纪90年代末，苏南地区更多的是形成了一种"汲取"和"给予"并存的乡镇政府与村庄互动关系，即乡镇财政依赖于村庄工业发展，村庄工业发展对土地、劳动力及产业技术的支持又来源于乡镇。在由永联记载下来的该村工业发展史中我们就发现，获自乡镇政府和县（市）政府层面的财政、人才、技术以及土地划批等大量直接性支持不胜枚举。

随着村庄工业进入跨村发展的快车道，至农村城镇化进程加速，进入21世纪后的永联村及其同类村庄的村庄治理问题的日趋复杂，并逐渐超出村庄自治的范畴。实现城镇化后的村庄发展与村庄外部的联系更为紧密，包括地方行业、产品市场、生态环境、人居空间等，这些越来越影响村庄发展的外围因素和村庄内部结构变迁引起的治理诉求叠加，"迫使"当地一些乡镇基层政府甚至先于"公共服务型政府建设"国策的出台而提前改革基层行政体制——撤村并居、精简机构、体制外成立综治平台等，其目的就是为了转变政府职能，服务于乡村，向农村延伸政府公共管理与服务，让村庄重获"国家在场"的实惠，拉近乡镇政府与村庄合作共治的距离。不过，经历过乡镇政府直接干预村庄发展阶段的双方，此时都变得更加理性甚至"小心翼翼"，对于基层政府如何"指导"和"协调"村庄工作，双方开始注重"分寸"的把握，也就是在村庄治理活动中把握彼此活动的边界及对应的职责范围，以确保政府管理与村庄治理这种"政社互动"的双赢。

我们在多份地方相关政策文本中看到，近年来，南丰镇政府十分重视在永联村庄治理中政府公共管理与服务职能作用的发挥。除了通过政策、资金等多个渠道服务永联，包括经过数年酝酿于2009年3月在永联村成立了社会事务管理服务协调工作小组。这个协调工作小组（简称"协调办"）由南丰镇政府牵头，派相关职能部门，如公安、交通、城管、卫生、工商等执法机构和人员进驻永联，联合办公，将政府的公共管理、公共服务延伸到了永联村。与此同时，在政府与村对接过程中合理进行事权划分、人员定编、经费定额，基于双方共赢的利益基础进行"有分寸的合作"；彼此清晰行政边界，有效避免了村庄治理中基层政府缺位、错位与越位的问题。截至目前，在政府公共管理这一块，协调办在永联村已形成了常态化的工作模式，主要通过：一是制定例会制度，定期协商永联区域内的公共事务议题及解决办法（工作例会分为月度办公会议和专题协调会议两类）；二是对各个参与部门职责分工清晰，并有相应的规章制度"永联区域常态化管理分工责任表"对各职能工作予以监督约束。而在政府公共服务这一块，则通过农村集中居住后社区化管理方式来推进。考虑到永联村所在区域的公共服务需要，在张家港市、南丰镇政府和永联村的共同努力下，2011年4月永联区域内成立了"永合社区"。几年来，面向所有居住在永联的本村及外村人，南丰镇政府指导、支持和参与了社区内的各项公共服务工作，在社区党建、社区教育、社区文化、社区调解、社区志愿者服务、社区养老等方面还创出了永联自己的特色。永合社区先后荣获了"全国综合减灾示范社区""江苏省综合减灾示范社区""江苏省绿色社区""江苏省环境教育基地""江苏省居家养老示范点""苏州市优秀市民学校""张家港市文明社区标兵"等近20项荣誉称号。

从目前永联村的治理绩效来看，政府服务型公共职能角色的扮演，有力地促进了国家与村庄之间合作关系的达成。显然，政府责无旁贷地担当起公共管理与服务的责任，对村庄治理的影响是深刻的。可以说，这不仅是目前

"乡政村治"格局下村治良性运行的一个基本前提，也是未来城乡公共服务均等化目标实现不可或缺的条件。

第二节 乡村治理中的"乡能"

改革开放以来，随着农民自主经营能量的释放与城乡流动的加速，过往"均质化"的村民社会结构逐渐被打破，农村社会开始出现社会分层，一些村民凭借自身能力，抓住各种机遇，逐步上升为掌握较多经济、政治、文化与社会资源的乡村"能人"。他们中一些人可能在村庄组织中任职，直接参与村庄治理；另一些人虽未进入村庄管理岗位，但由于其在村中的现实地位，其个人仍对村庄治理产生影响。尤其是在"乡政村治"的格局下，"乡能"在乡镇政府（国家）与村民的博弈或合作关系中扮演了重要的"权力砝码"的角色。

不同身份以及对村庄有不同个人诉求的"乡能"（与"乡贤"相对应），其参与村庄治理的动机是不同的，他们所掌握的资源类型与资源量大小也决定其对村庄治理的影响力。在诸多因素影响下，对"乡能"参与村庄治理中所显现出的公共行为进行分析就十分复杂。总体而言，如果是体制内的"乡能"，他拥有国家层面赋予的正式权威，其本人又在村中拥有良好的口碑与号召力，村中不存在与之对抗的强恶势力，"乡能"个人对村庄发展有着明确的公共诉求与责任担当，同时还能够以卓越的治村能力与魄力引领村庄抓住时代机遇正确发展——那么显然，这样的"乡能"运用个人权威施展治村方略很容易取得预期效果。另一种情形，体制外的"乡能"进入村庄，如果拥有强大的治村潜能与公共抱负，同时具备责任担当的勇气和能力，那么，他能否影响村庄治理就取决于他能否获得参与村庄治理的机会和通过治村活动展现自己的治村才能。一般而言，体制外"乡能"可通过两条途径获得参与村庄治理的机会：其一是争取体制内受认可的权力身份，借此实现个人的治村理想；其二是自身具备强大的村庄资源整合能力，使体制内"乡能"不容忽视体制外"乡能"的存在。以上体制内外的"乡能"进入治村场域的两种情形，看似具有某种逻辑推演的性质，在现实的村庄治理实践中其实并不难找寻。我们在永联村的治理实践中就能够找到完全对应的例证。

在永联村的治村历程中，就有两位"乡能"对永联的影响举足轻重，这两位"乡能"便是吴栋材以及他的二儿子吴惠芳。

1978年,吴栋材带着体制内"乡能"(村党支部书记)的身份"临危受命"进入永联,此时的永联还是一个经济贫困,村民之间以及村民与村干部之间缺乏互信基础的弱村。面对困难,吴栋材并未退缩,反而在这场村庄治理的攻坚战中充分发挥了村庄领路人的作用和才能。它带领村庄扭转治村思路,从夯实村庄经济作为起步,逐步凝聚人心,整合村内资源,打通村庄外部联络,推动永联村走向了工业兴村的道路。在吴栋材主持永联村政30多年的成功经验中,其公正、担当、敏锐、坚韧、善谋的"乡能"特质是不可或缺的。否则,面对亲情与村规,吴栋材就不会选择坚守村规;面对村庄前途与个人仕途,吴栋材则毫不犹豫地选择了前者。为了村庄发展,吴栋材不惜以个人身家担保来招揽能人和拉动支援;为了村庄稳定,他亦可以抛开丰厚的个人收益而在村企改制中果断地明晰产权,保护村庄集体经济。在永联治村经历中,吴栋材真正"自私"的一次或许就是将在军队"可能要升将军"的二儿子拉回永联村"接他的班"。这样的举动遭到质疑是不可避免的,但在吴栋材看来,与其为避"任人唯亲"之嫌而耽误永联发展的前程,还不如打破常规启用自己最信任的人来服务永联。也许在不了解永联村及吴栋材的人看来,他的做法无异于印证"肥水不流外人田"之私心,但了解的人都清楚,吴栋材的这个决定是有底气的。

第一,吴栋材个人财产与永联村集体资产之间没有任何不可昭告于众的秘密关联,他没有条件产生"假公济私"的动机和行动,不像某些同为"乡能"主政的村庄,"乡能"自身就是村集体资产的最大持有者,即使"乡能"本人无欲于借公谋私,但由于公私权界定不清最终仍然会导致村庄公共利益遭受私利的侵吞。

其二,吴栋材一贯以来受人认可的治村言行和举止以及治村有方的绩效,备受村民信赖与推崇,在理性人行为逻辑下,他的行为抉择既要符合目的合理性,也要符合价值合理性,即既能够服务到他人并取得预期成效,同时也符合自我对真善美价值的追求。因此他完全没有必要以己私利在晚年耗费巨大的信任成本去"任人唯亲",否则,这将导致他面临对自己数十年以来所坚持的政治信仰与生活信念的严重背叛,造成其遭受自我矛盾的内心痛苦和煎熬。如果要"任人唯亲"则一定是出于他对"服务永联"目的合理性与"奉献自我"价值合理性双赢的考虑。

其三,吴栋材所引荐的"接班人"吴惠芳,既是一个对永联村情相对熟

第九章 结论与讨论

悉的对象,又是一个与永联没有任何财产关联的对象,他或许并非是对吴栋材个人的"克隆",但有一点是其他接班人选难以替代的,那就是基于稳固的血缘和亲情信任关系,他能够和父亲之间达成几乎"零成本"的沟通。这一点并非中国或华人社会的独有特色,在西方社会中,家族事业模式依然长盛不衰这正是其中最主要的一个因素。当然,作为一个"外村人"进入永联,重归本村人身份并且是村庄领路人的角色,阻碍是一定有的。这就要看吴惠芳是否能够真正传承其父亲的治村"衣钵",同时面对新的问题与挑战展现甚至能超越其父亲的治村才华。

吴惠芳正式进入永联领导班子的时间是2005年9月。此时,永联村已经历了一场长达近30年的权威治村史,同时经历了从"村企合一"到"村企分离"的结构性大调整,而正在经历从工业兴村到农村城镇化的转型。这样的村庄背景已和吴栋材时期的村庄背景有了显著不同,吴惠芳接受父亲的"安排"扮演"乡能"的角色,但治村的"舞台"已翻新。一方面,治理的对象已不再只有永联村民,还包括数倍于本村人口的外村人;另一方面,村庄内部的组织结构不再单一,村企分离后,村内组织出现分化,行政机构、经济组织、文化团体、社会组织共存,村庄组织结构逐渐趋于多元。更不同的是,村庄与外部的联系日渐紧密,村庄的发展与政府、市场,与工业化、城镇化,与国家现代化进程都具有某种直接的关联。此刻,吴惠芳要立身成为新一代村庄领路人,除了具备与吴栋材式的"乡能"人格之外,强大的治村潜能是必不可少的。通过我们与吴惠芳书记的直接接触,以及从与他打过诸多交道的镇政府、村企、经济合作社等机构工作人员和村民处了解,很多事例都说明吴惠芳果然与其父亲有着十分相近的政治品格。[①]"一切从永联村民的利益出发"这是吴惠芳从父亲那里承接下来并且从未逾越的一条治村底线,这兴许源自父亲的殷殷期许或者言传身教,但一定也源自吴惠芳对自身的高层次要求。

而关于吴惠芳的治村潜能,可以用近十年来永联村所发生的一系列重大变化来予以印证:①成立南丰镇社会管理服务中心永联分中心,负责永联村区域内的公共事务管理和服务;②设立永合社区,以永联小镇的居民为主体,建立社区自治组织,承担计划生育、民事调解等社会管理与公共服务的职能;③成立永联村经济合作社,永联村村民以集体土地、集体资产、集体

---

① 参见本书各章所引用访谈录中关于吴惠芳书记的部分。

资本为纽带的经济联合体，主要职能是确保集体土地、集体资产、集体资本的保值增值，实现所属成员利益的最大化；④永钢集团是股份制企业，采用现代企业管理制度，独立经营，自负盈亏；⑤社会组织主要有爱心互助志愿者联合会、为民基金会等，成为政府公共服务供给体系和基层民主治理体系的有益补充。在永联村10.5平方千米的村域范围内，南丰镇社会管理服务中心永联分中心、永合社区、永联村经济合作社、永钢集团、社会组织对永联村庄事务"五位一体，共融分治"。吴惠芳既是永联新时期乡村治理格局的设计者，也是这一设计的带头践行人。

第三节 乡村治理中的组织

"把分散的农民组织起来"，这是革命年代到中华人民共和国成立初期中国共产党凝聚农民力量的一条重要的动员纲领，也是改革开放至今仍摆在我国农村社会发展面前要解决的问题。农民之所以要被组织，是因为面对天灾人祸，分散的农民力量最为弱小。现代化国家中，政府、企业可以将市场化的个体组织进入对应的科层化组织机构，形成庞大的利益共同体来应对社会风险，农民该进入什么样的组织来应对风险呢？我国"人民公社"时期农民被高度地组织起来，但牺牲了农业生产与农村发展的活力。改革开放时期，家庭联产承包责任制施行，农民从"公社""大队"组织体系中解放出来，但在散户经营模式下，农业生产、农村发展在家庭承包红利释放后又再次受阻。以上经验都告诉我们，分散的农民仍然要被组织起来，否则无论是面对自然、市场还是面对社会风险，弱小的个体农民都难以应对。

农民应当被组织起来，那么又应当组织到什么程度呢？我们说，在工业化、城镇化快速发展的阶段，农民组织如果不能够与市场、资本抗衡，不能够获得来自国家（政府）层面的支持，农民组织抵御风险的能力仍是有限的。因此，我们注意到，凡是经济实力强、社会秩序稳的村庄，大多拥有规模适度、组织有效、运行良好的农民组织。农民组织问题的解决实际上是回应了村民整合的问题。不同于革命战争等特殊历史时期的是，面对改革开放以来日趋复杂的农村社会发展环境，农民整合度过高与过低都不适宜于村庄发展。

这里还有一个农民组织的纽带问题。该纽带理应是血缘关系、经济利益,还是政治手段、文化规范,抑或是其他?纽带是农民能否组织起来以及组织起来后能否长期互惠合作的关键。在"人民公社"之前,农村社会靠地缘与血缘关系维系,尽管没有官办的正式组织介入,村庄也可以维持基本的稳定。"人民公社"化之后,实行"三级所有,队为基础"体制,"生产队""大队"成为管理农村社会的正式组织。从生产的角度看,农村进入一个僵化时期,但农村基层尚属稳定,社会没有失序。"人民公社"体制解体后,市场力量进入农村社会,尽管地缘和血缘关系依然存在,但已不足以支撑社会秩序。经过20世纪80年代中期的探索试验,到1998年《中华人民共和国村民委员会组织法》颁布,农村社会逐步进入"乡政村治"的再组织化过程,全国几乎所有的村庄都进行了村委会的选举。尽管地域差异很大,一些地方也出现了贿选现象,但是,村庄选举对于农村治理仍然发挥了积极的作用,不仅为村民提供了一条参政议政的制度化途径,而且对村干部起到了监督作用,增加了公共事务的透明度,促使村干部为村民办更多的实事。然而,在过去的十来年里,村庄选举的作用大为下降,在集体经济较弱的地方更是流于形式。在不发达地区,由于市场经济的消解,农村社会不可避免地走向"原子化"。村庄失序,黑恶势力就趁机抬头,进一步加速其瓦解进程。在发达地区,由于集体经济的存在且日益壮大,村庄的正式组织仍可以继续发挥作用。但要在一个已出现分化而又渐趋固化的农民群体中重建组织化的利益纽带并不容易,并且用一根纽带去串联村民的做法也不再现实。因此,当前阶段,理性的农民组织化原则就是:因地制宜地结合农民的现实能力和利益需求重组新型农民组织,它可以是各种类型的组织,但必须能够持久稳定地为农民抵御各类风险,保护农民的利益。在一个村庄中,各类农民组织有着各自清晰的界限和彼此的合作,形成有效的村庄整合,共谋村庄的发展。

  永联村发展由弱至强,农民的组织化功不可没。"七〇圩"围垦建成之初,其居民都由外村移入。和其他基于自然村建成的行政村相比,村民之间连最基本的血缘、地缘基础都没有,加上田薄灾多,可以想象,如果不能够将农民有效的组织起来形成村庄整合,这个村就没有任何抵御风险的能力,"七〇圩"也就一定走不到今天的永联。1978年之前永联村内纠纷不断,村庄无序,可见,"斗私批修"解决不了村庄整合中最为关键的"纽带"问题。吴栋材的到来很快找到了扭转局面的关键:借政策东风,办渔业、开工厂,先把村民们"吃饱穿暖"的迫切愿望满足起来。有了经济诉求为基础,农民组织中的政治动员才派上了用场。吴栋材亲自带头,村干部们紧随,挖鱼池、开工地,村民们从最初的观望到最终纷纷自觉加入热火朝天的村庄建设队伍之中。在带头人个人威望、基层党组织威信以及经济利益的合力作用下,这股全体村民组织协作的力量一直支撑永联走到永钢集团的诞生。永钢企业办成后,永联村民们又走入了一个企业化组织的新阶段。永联村与永钢集团"村企合一",永联村民同时被整合进村庄与集团之中,从而具有了村民和企业职工的双重身份。这其中组织的纽带开始多元起来:除了以带头人个人威望与基层党组织的威信作为信用的纽带继续发挥引领和统一村民思想的作用之外,村集体经济利益,企业员工制度(人事和福利),企业内部组织制度(工会、具体的车间、各职能部门)等也同时发挥着组织村民行动、整合村庄人力资源的纽带作用。尽管存在着多重纽带,但由于企业利益与村民利益高度重叠,各种纽带之间的协调就成为永联村和永钢集团的"内部问题",因此永联村庄整合并不需要耗费过多的组织成本,反而因为有了永钢集团的存在,借用企业制度节约了组织成本。

随着市场化改革深入,永联村企合一的治理模式最终被打破,永钢企业通过股份制改造与永联村完成了"村企分离",永联村集体在永钢集团保留25%的股份。与此同时,经历过两次金融危机之后,永联村调整村庄发展思路,开始走工农商结合的农村城镇化发展的路子。此时的永联村人口结构已发生了巨大变化,一是永联村工业发展过程中有过数次并村,村民人数从建村时的不足千人扩充到上万人;二是永钢企业独立核算与经营后,规模不断扩大,吸引了大量的外村员工加入,职工人数过万;三是随永钢企业职工迁入永联居住生活和在永联从事运输、土建以及服务业的外村人口近万。永联村发展成了一个"村中城",别说经济产值,单看人口规模,永联就可被视作一个"超级村庄"。如果要使这个本村和外村人口混居的"超级村庄"运转有序,村庄整合的基础在哪里?本村村民如何组织?外村人口如何组织?企业职工如何组织?或者说,有着交叉身份的"村民"该如何组织?与"村企合一"阶段不同的是,混居模式下的"村民",其联结的纽带关系不仅多元,而且难以高度重合,尤其不适宜用一条经济利益的纽带将永联本村村民、村企职工(非永联村籍)、外村人口(非企业职工)组织在一起,因为他们已各自分属于不同的利益群体。基于此,永联村通过成立"经济合作社",将一万多村民联结起来,通过永钢集团将企业职工联结起来。但问题是,对于居住在永联,但既不属于永联本村,又不属于永钢集团的"村

第九章　结论与讨论

民"该如何整合呢？而且他们也是永联村中最分散的"村民"，不管他们在永联是定居还是流动。

事实上，在城镇化阶段，永联村所面临的村庄整合问题已日益接近转型期我国城市社会中普遍面临的社区整合问题。对于城市社区而言，整合的难点就在于社区居民之间缺乏共同的利益纽带。过去传统自然村落中的血缘纽带、生产互助（经济）纽带、习俗纽带是十分紧密且高度重合的，有利于形成村落共同体。而在由陌生人群共居形成的城市社区内，就不存在血缘与经济互助的居民关联。因此，如果希望借助社区空间形成居民生活共同体而构成和谐社会的基层单元，其联结的纽带就要转为政治、文化、社会性质的纽带，比如在社区内形成趣缘群体、志愿者服务团体、物业企业等，逐步发展联结再构成社区整合的基础。永联村目前处于"城乡共融"的状态，村庄的整合就应当同时兼顾城乡居民各自的利益需求特点。但永联的特殊之处在于，其较早进行了农民集中居住，即便是外村人口也居住在这片集中居住区内。本村、外村人口共居于同一个地域空间内，这就为永联村借鉴城市社区整合模式提供了条件。不论是永联村民、永钢集团职工，还是外村人口，只要在同一个空间内共同居住生活，其公共利益关系就必然发生。没有了经济的纽带，共同的社会服务需求、文化生活需求乃至政治参与诉求都可能成为分散的永联居民重新组织与整合起来的纽带。2011年9月，永联村成立"永合社区"，一方面是为了解决本村、外村人口混居后的社会管理问题，实质上更深层次的是，解决了新形态下永联"村民"的组织化与村庄整合的问题。

在我国农民组织化问题上，实际上还有一股相当重要的纽带力量自上而下发挥着社会整合的作用，这就是基层党建。在我国政治体制下，党组织成员被赋予了在群众中发挥政治先锋引领作用的角色。而在基层党建工作中，党组织成员并不只是完成政治思想教育和指导的任务，尤其是在村庄场域中，基层党组织成员还肩负着组织村民完成经济生产、有序开展文化社会生活的重任。永联在老书记吴栋材的带领下建设发展，克服重重困难走到今天，村党组织对村民的正确引领、动员与凝聚作用可以说最为关键。进入城镇化阶段后，永联村域内尽管已不再只有原村民，但永联村依旧是一个基层组织单位，党组织依旧可以扎根于这个生活空间中发挥思想引领与行动组织的作用。在当前我国民众自下而上的自组织力量尚待培育成长的特定阶段，借助党员带领和推动作用将群众组织起来，是有利于基层整合的，尤其是从组织的效率角度看，更是如此。对于基层发生的紧迫与棘手的社会问题与矛盾，未成熟的居民自组织是难以应对的，党组织错过介入的最佳时机，事态还可能恶化到无从修复。当然，处于转型期的农村社会，包括永联村在内的村民自组织力量也在逐步生长与增强。与计划经济时代不同，基层党组织建设并非要事无巨细地介入，而是要适应社会结构多元化趋势，对基层社会组织充分发挥引领者与支持者作用。永联村成立永合社区之后，面对3万"村民"（社区居民），基层党建的组织效力不仅没有削弱，反而渐强，这就与永联适应城镇化阶段新型农村社区特点、创新基层党建思路和机制有关。在新一任村党委书记吴惠芳的带领下，永联村在永合社区内扩充、重构党组织，依托基层党员已有的组织基础（地缘、趣缘、业缘等）组建党支部；借用制度与信息化手段高效管理党员队伍；转换联系群众的方式，以服务群众所需与接受群众监督作为组织建设的切入口，最终使永联区域内的各党支部、党小组成员的组织工作得到"村民"认可，确立了新形势下的永联基层党组织威信。

在永联基层党组织的引领与推动下，永联区域内的自组织力量也在不断成长，为民基金会、爱心互助志愿者联合会、"五老"志愿者协会、邻里互助服务队、"康乃馨"巾帼服务队、空巢老人服务中心等社会组织先后成立。至此，永联区域内形成了自上而下基层党组织力量与自下而上基层社会组织力量的交汇互融，共同促进了永联村庄的有序整合。

第四节 乡村治理中的制度与规范

孟子曰："离娄之明、公输子之巧，不以规矩，不能成方圆。"意在强调做事要遵循一定的法则，方能达到既定的目标。而今人则常以"不以规矩，不成方圆"作为格言，警醒人们遵从规范行事，避免破坏行为的发生，确保社会有序运转。因此，"立规矩"即建立制度，确立法律规范，就成为维持社会秩序的前提。俗话说"国有国法，家有家规"，在乡村治理活动中也无处不在地建立着各项村庄制度与村庄规范，以确保村庄秩序的良好运行。就村庄制度而言，它规定了村庄治理行为的纬度，使治理者依据清晰的行动界限处理公共事务与分配村庄资源，村民们则在制度划定的行动空间中有序生活；而村庄规范则与村庄制度相得益彰，为村庄事务涉及的具体对象提供行

第九章 结论与讨论

动准则,发挥约束与激励的作用。

正如我们所了解的,40年前的永联村不仅是个穷村,还是个因贫所致的"乱村"。因此,1978年吴栋材来到永联,就是要立誓"啃掉穷、乱这两块硬骨头"。致富靠思路,治乱靠制度,重建村规民约对村庄秩序的恢复是当务之急。而到了40年后的今天,永联村情比起建村初期已复杂数倍,但制度与规范依然是村庄治理的"利器"。我们在永联村调研所获得的大量资料中,至少有三分之一是涉及永联村制村规的,其中包括清晰的规章文本、施行通告、执行决议、奖罚事例,等等。一个处在国家治理层级末梢的村庄,亦有如此正式和完整的村制村规,足见永联村对制度与规范建设的重视程度。

在制度与规范建设中,常有这两种管理无效的情形:一种是"一管就死,不管就乱",即制度与规范过严导致被管理者行动受控,社会失去活力;另一种则是制度与规范过松导致被管理者行动任意度过大,社会失去秩序。我们在永联村中看到如此"事无巨细"的村制村规,是否会导致出现"一管就死"情形的发生?或者,因为规制过多,实际施行中可能相互产生矛盾与冲突以致规制失效,这会不会又导致事实上的"管理真空"?然而我们在永联村的调查中发现,以上两种现象并未出现在永联村的现实生活中。在村庄发展的不同阶段,面对不同的村庄事务与治理需求,村庄治理主体都是有选择、有针对性地制定了相应的制度与规范,并随着管理事态与管理对象的发展和变化而不断修改与完善,做到了与时俱进。

我们梳理了永联自建村以来的各项村制村规,考察它们制定的背景及施行效用后,发现以下四个规律:

第一,村庄治理最根本的制度是在经济层面。"产权明晰"与"公平分配"是村庄经济制度设置的关键,它们最直接的作用就体现在避免了村内经济纠纷,规避了权力寻租与"搭便车",从而建立了村民互信的物质基础。

如果说"产权明晰"的村庄经济制度在永联建村初期因村庄积累尚薄而未能凸显其效用,那么"公平分配"则对尚处于"生产激励"阶段的永联村民注入了信任村庄、寄望村庄的强心剂。"公平分配"不是"平均分配",强调的是"公平"而不是"平均","多劳多得"实践的就是"公平"原则。在吴栋材担任永联村书记后的第一份讲话稿中,就出现了这样的一段话:"落实多劳多得按劳分配、不劳者不得食的政策,各生产队一定要贯彻多劳多得的原则……"随后数十年,永联的村庄资产日趋庞大,而在新书记吴惠芳的一份演讲稿中提道:"我们永联村 14 000 个村民,集体持有永钢集团 25%的股权,我们虽然有近 5 000 亩土地被征用,农民的土地性质改变了,农民身份改变了,农民的劳动方式也改变了,但是我们永联人在这片土地上享受工业发展的权利永远没有改变……"毋庸多言,无论资源多寡,分配方案都始终坚守公开、公平的原则,还有哪个村庄成员会动摇对村庄的信任或怀疑村庄的归属!

相对于"公平分配"解决的是村庄成员之间的经济纷争,那么"产权明晰"则解决了村庄经济主体之间的权利边界。曾经,为了村庄工业的快速发展,永联建立了"村企合一"的经济制度,但随着永钢集团现代企业制度的建立,股民意识的增强,永联村又积极调整,逐步把村和企业分开,实行了村企合作的经济制度。村企合作是永钢集团和永联村互相支持、互相合作。例如,永钢集团把技术含量低的岗位剥离出来,让永联村经济合作社成立劳务公司,为永钢集团输送劳动力,让永钢集团的劳动支出变为永联村村民的劳动收入。又比如,满足村民民主生活需要的永联议事厅,它是永联村经济合作社投资建设的,但由永钢集团旗下的旅游公司租赁经营,每年向经济合作社缴纳租金。因此,在永联村,"村里的资产和企业的资产,产权十分清晰,各有一本账",真正做到了"村归村、厂归厂","资产归资产、管理归管理"。

第二,村庄治理最理想的制度是在政治层面。只有保障了权利地位的平等,每一位村庄成员才能够在村庄治理中通过平等参与表达各自的诉求,使治理的结果符合全部成员人人满意的初衷。永联村发展的前中期阶段,村庄事务仍在"村民自治"的政治制度运行框架之内。而随着永联工业发展与城镇化推进,永联村企业、经济合作社发展迅速,涌入永联居住的外来人口大幅增加。对庞大的外来居住人口进行管理和服务早已越过村委会自治的范畴。顺应城乡一体化发展的内在要求,永联村成立了永合社区。这就对事实上已经进入城镇化形态的永联村进行治理模式的变革,从村庄治理模式转向社区治理模式,实际上也就是从"村民自治"制度转向建立"社区自治"制度。永合社区的成立不仅为永联村民,更为对永联发展做出贡献的外来人口创设了公共参与的平台,提供了表达公共诉求的渠道,保障了永联村民与外来人口平等共享永联公共资源的权利。

第三,村庄治理中最柔性的制度是文化。文化最大的特点就在于它作用于人时的"无形",它使人们发自内心地、在不知不觉中遵循了习俗与规范,从而达到了社会整合的目的。在权威治村的时代，或许村民们对吴栋材至上的信任本身就构成了永联村庄文化的一个部分，与此同时，永钢集团树立的"敬岗爱业""大公无私""赏罚分明"等企业文化也深深影响着永联村民。当永联人走入多元共治时代后，其文化需求亦趋多元，因此就需要治理者基于一定的空间促进多元文化的融合与新文化重塑，形成作用在永联居民精神层面的"软制度"，达到引领居民认同永联、自觉爱护永联的治理目标。实现城镇化后的永联区域内，永联村民在文化上面临的问题主要有两个，一是永联村民如何接纳城市文化？二是永联村民的本地文化与外来人口带来的异质文化怎样融合？这两个潜扎在永联居民精神需求层面的问题得不到解决，同样会带来永联村的"不和谐之音"，长期积累甚至会因很小的特殊事件而引发严重的社会冲突。永联村的治理者早已意识到文化建设的重要性，从建设永联村的文化活动场所入手，戏楼、茶馆、图书馆、咖啡厅、生态园、文化活动中心等充分满足了永联居民的休闲文化需求；开展诸如农耕文化节、法律早市等丰富多彩的文化活动，充分给予永联村民参与体验、增长知识、开阔眼界、陶冶情操的机会。总之，永联村通过"搭台唱戏"，积极地推进了永联居民们在文化上的和谐共融。

第四，村庄治理中最本土化的制度是村规民约。从传统农业社会中走来，农民并非出自一个科层制和标准化的社会，因而，各种治理规约的制定都要充分考虑到他们的风俗特点与地方性，唯有如此，规制才能符合他们的心理习惯而易于被接受，由被约束到自觉遵守。在吴栋材治村时期，每逢历次村规出台，他都会在传达文本中撰写通俗易懂的"顺口溜"，并在会上宣读、解释并发出号召，起到了十分有力的动员作用。在永联村办工业的阶段，面对复杂的企业管理，吴栋材曾这样描述他们是如何出台"土办法"的："我们的制度没有什么现成的条条框框，但很实用、很精练，有针对性。"① 到今天，永联村民集中居住后，为了帮助村民适应城市居住方式，解决因生活变迁而引发的家庭纠纷，永联村还基于村民以家为单位的生活思维，创设了富有特色的村规民约——"家庭文明奖"。永联"家庭文明奖"分别从遵纪守法类、环境卫生类、计划生育类、家庭生活类、综合治理类、农副业生产类、公共事务类等方面对村民进行日常行为考核与评估，在"家庭文明奖"考核中，家庭所有成员均获得满分的，该家庭可获得当年考核的

---

① 新望. 村庄发育、村庄工业的发生与发展 [M]. 北京：生活·读书·新知三联出版社，2004：114.

全部奖金，只要有成员违反相关规定的，该家庭就会被相应扣分。永联"家庭文明奖"赏罚严明，创立数年来已收到了明显的治理效果，家庭纠纷逐年下降，住户间甚至形成了争当文明家庭的积极氛围。与此同时，为了增进邻里关系，促进村民与外来人口融合，引导居民崇尚自助、互助，永联村还依托成立的慈善机构、民间协会、志愿者组织制定的各类规约，将永联居民的社会活动合理、合法地开展起来，充分地发挥了村庄自组织内在的约束力。

在永联村的档案库中，我们能找到的制度规约实际上还不止于治理村内的。永联村的发展还与外部有着密切联系，因此不可避免，一些永联村外的部门或机构与永联村之间也要建立相应的规约，以便于建立长期稳定的合作。例如，在永联社会事务协调中心，我们就可找到相当清晰的针对协调中心各部门在永联开展工作的职责规约文本，以及为了方便联合办公出台的例会制度、协商制度文本，并且从 2009 年至今，协调中心的规章也随着永联社会事务的变化而不断修改更新，及时保障了协调中心在永联治理活动中的正常运行。

对永联乡村治理的解读，笔者最后想提及的是，无论乡村治理中的国家、能人、组织和制度如何，我们仍然不能忽略乡村治理的时代环境这个外部的"偶然"因素。永联有着今天"经济强村"的美誉，这是与我国改革开放的国家政策分不开的；永联有着今天"五位一体"的创新治理模式，则与我国城乡一体化进程、新农村建设、乡村振兴、乡镇政府职能转型以及国家治理现代化的理念倡导直接相关。就时代环境的影响而言，永联到目前为止获得的发展与治理成效，也可以归结为其因识时务而屡屡抓住了时代机遇。

在我们广袤而富饶的国土上，永联仅是我国千千万万个村庄中的个案，但它又是经济发达地区"类型"中的那一个案。依照费孝通先生的"类型比较法"，对经济发达地区"类型"中的永联村进行个案研究有着重要的学术价值和现实意义。

在我国当下，乡村治理正面临三个新的变化：一是治理主体的变化。就人口结构变化而言，目前主要有两种类型的村庄，其一是人口净流出的不发达地区的"人口空心村"；其二是人口净流入的发达地区的"人口爆炸村"。这两种类型的村庄都面临着人口结构的变化，这是乡村治理主体发生的重大变化。二是治理内容的变化。以前乡村治理主要围绕"要钱、要粮、要命"（分别指当时农村征收农业税、征购粮食和计划生育三项工作）而进行；而现在乡村治理主要是土地流转、农业补贴、村庄环境整治、集体经济管理、精准扶贫、乡村振兴等，乡村治理事务的内涵与外延都发生了重大变化。三是治理体制机制的变化。在改革开放以来的很长一个时期内，农村主要靠村"两委"，现在还要创设新的组织载体，特别是要培育新型农村合作组织，这表明乡村治理的体制机制也在发生重大变化。

上述三方面变化使得乡村治理面临新的困境。面对困境，国内有些地方陷入"老办法不管用，新办法不会用，软办法不顶用，硬办法不敢用"的尴尬境地。而永联村在同样的现实困境面前，知难而上，与时俱进，不断创新。总体来看，永联乡村治理之道就是充分发挥自治、德治与法治这三大机制的作用，并随着内外环境的变化，对三大机制运行的方式和载体不断做出动态调整。

对永联村做"类型"前提下的个案研究，并非试图以她作为样板去再造类似的超级村庄，因为永联发展过程中的一些偶然性因素已无从际遇。但关于永联与工业化、城镇化乃至国家现代化之间的密切关联和事实是值得一一呈现的。从这个角度讲，我们试图在国家社会转型的宏观背景下去探微永联乡村治理之道，从其发生与成长机理中找寻同时代村庄治理可与之共享和共通的部分，其他村庄或许从中可以获得诸多启发。

党的十九大提出乡村振兴战略。乡村振兴并不局限于经济领域，而是一场涉及乡村政治、生态、社会和人的现代化的整体进步。党的十九大提出"富强、民主、文明、和谐、美丽"的全面实现社会主义现代化目标，在这个重要节点上，我们出版这一调研成果，试图以一种更加现代和开放的心态，为农村、农业、农民的全面现代化奉献微薄之力。

后　记

　　《一个苏南乡村的治理之道——张家港永联村调查》一书，是苏州大学社会学学科正在实施的"苏南乡村调查系列"之一，也是苏州市社科联委托课题"城镇化进程中的乡村治理研究"的最终成果。该课题是2014年3月，由时任中共苏州市委常委、宣传部部长蔡丽新同志提议设立的，并明确指示仅以张家港市永联村为个案进行深度调研。同年5月，时任中共苏州市委宣传部副部长、市社科联主席孙艺兵与市社科联副主席刘伯高（现任苏州市社科联主席）带领课题组一行赴张家港市永联村，与张家港市委宣传部领导、南丰镇领导以及永联村领导具体接洽，商讨并落实该课题调研事宜。在调研与成书期间，刘伯高主席多次提出具体指导意见和建议。

　　课题调研期间，永联村给予课题组热忱支持和多方关照。老吴书记不顾年事已高，欣然接受长时间访谈，小吴书记更是亲力亲为，协调安排调研工作，并多次接受访谈，与课题组坦诚交流，贡献心智；宋兴祥、胡文俊、沈静、钱叶飞、周智岗，以及书中提及或未曾提及的诸位领导、访谈对象与友人都以不同方式为课题调研提供了大力支持。

　　中国人民大学副教长、中国社会学会副会长洪大用教授在百忙之中为本书撰写序言给予鼓励；苏州大学出版社副总编辑袁勇志教授为本书出版做了周到安排；张家港市委党校林建生教授在调研期间多次与课题组进行了无私分享；学界同仁的优秀成果为本书注入了丰富的营养。

　　在本书行将问世之际，谨向一切关心、支持、爱护、帮助过我们的各界领导和朋友表示衷心的谢意！

　　本书是集体研究、通力合作的成果。本书撰写的具体分工是，高峰：第

后 记

四章、第七章、第九章；马德峰：第一章、第五章、第六章；王俊敏：第二章、第三章、第八章。

永联村是块"宝藏"，需要学界同仁不断发掘。本课题虽历经四年之久，其间几易其稿，但仍感存在诸多缺憾，敬希专家学者和各位读者不吝指教。

高　峰

于苏州独墅湖畔